T0348859

# Visión nocturna

# Mariana Alessandri

# Visión nocturna

Un viaje filosófico a través
de las emociones oscuras

Título original: *Night Vision: Seeing Ourselves through Dark Moods*
© Mariana Alessandri, 2023
Publicado por primera vez en inglés por Princeton University Press.

© Ediciones Kōan, s.l., 2023
c/ Mar Tirrena, 5, 08918 Badalona
www.koanlibros.com • info@koanlibros.com
ISBN: 978-84-10358-03-4 • Depósito legal: B-16806-2024
© de la traducción del inglés, Ana Isabel Sánchez Díez, 2024
Imagen de cubierta: Lucio Fontana, *Concetto Spaziale, Attesa,*
*1967/1968* © Fondazione Lucio Fontana, Milán, por SIAE/VEGAP, 2024
Diseño de cubiertas de colección: Claudia Burbano de Lara
Maquetación: Cuqui Puig

Impresión y encuadernación: Romanyà Valls
Impreso en España / *Printed in Spain*

1ª edición, octubre de 2024

*A todos los que son, en palabras de la doctora Gloria Anzaldúa, «insoportablemente sensibles al mundo» y, en especial, a mis alumnos*

# ÍNDICE

# INTRODUCCIÓN: DUDAR DE LA LUZ

Hay ocasiones, muchas de las cuales mantenemos en secreto, en las que caemos en picado en la oscuridad: largos días de tinieblas y sombra, horas de duda que nublan la mente, una depresión tan profunda que parece imposible ver la salida. Lo único que queremos es un poco de luz, un poco de claridad, un poco de sol. Anhelamos el amanecer de un nuevo día. Es habitual que invoquemos la luz incluso cuando nos sentimos bien. «Vemos la luz», nos «iluminamos» cuando tenemos una idea, buscamos la «luz al final del túnel». Nos atrae la gente que «resplandece» o que tiene una sonrisa «radiante». Al menos en Estados Unidos —tradicionalmente, el país de la autosuperación, el optimismo y el poder del pensamiento positivo—, nos han criado con una dieta a base de luz. La asociamos a todo lo relacionado con la seguridad, la inteligencia, la paz, la esperanza, la pureza, el optimismo, el amor, la felicidad, la diversión, la frivolidad. A todo lo bueno. Tomadas en conjunto, estas pequeñas equivalencias conforman la metáfora de la luz, que sostiene que esta es preferible a la penumbra, que el sol es más alegre que las nubes y que los estados de ánimo radiantes son superiores a los sombríos.

Este libro trata sobre el ansia de emparejar la luz con el bien y la oscuridad con el mal. Exploraremos los orígenes subyacentes de este binomio, sus promesas y, en última instancia, sus efectos nocivos. Es comprensible que queramos evitar la oscuridad, pero nos hacemos daño persiguiendo la luz. Lo que necesitamos de aquí en adelante es dejar de intentar arrojar luz sobre la oscuridad y, por el contrario, aprender a ver en la oscuridad.

Los filósofos llevamos casi dos mil quinientos años pensando en la luz y en la oscuridad como metáforas del conocimiento y la ignorancia, el bien y el mal. Platón sugirió este emparejamiento en la *República* a través del personaje de Sócrates, que les cuenta a sus amigos una historia sobre un grupo de prisioneros que están encerrados contra su voluntad en una cueva y que no tienen ni idea de que el sol está justo afuera. Muchos filósofos infligen el mito de la caverna de Platón a sus indefensos alumnos un semestre tras otro. Yo lo hago el primer día de Introducción a la Filosofía.

Cuando mis alumnos* y yo leemos juntos la descripción que Platón hace de la cueva, les pido que la dibujen

---

* Los nombres de todos los alumnos se han modificado porque representan personajes compuestos.

en un papel. Ya interpretaremos su significado más adelante, les digo, pero como la escena es tan difícil de imaginar, primero debemos plasmarla en un papel.

—¿Qué hay en la cueva? —pregunto.

Prisioneros, una pared, fuego, varios marionetistas y una salida.

—En primer lugar, situad a los prisioneros —digo.

Ellos son humanos y nosotros también lo somos, y eso parece importante. Un futuro licenciado en Filosofía me señala que los prisioneros llevan cadenas en tres sitios: en el cuello, en las muñecas y en los tobillos. Están sentados en el suelo, inmovilizados, y ni siquiera pueden girar la cabeza para mirar a su alrededor. No alcanzan a ver más que lo que tienen delante, pero se oyen los unos a los otros. Los prisioneros de la imaginación de Platón están todo el día, todos los días, contemplando una pared. Pobrecitos.

—Muy bien. Dibujad la pared. ¿Qué hay en ella?

Con el rabillo del ojo, veo a una alumna de primer año haciendo garabatos en silencio, pero sospecho que no está dibujando la cueva. Parece distraída, y no es la única.

—Sombras —mascula una persona en ropa deportiva.

—¿De qué? —insisto.

—Animales, árboles, personas.

Es normal que los alumnos respondan a esta pregunta de forma lacónica el primer día de clase. No se atreven a desviarse del guion que llevan leyendo desde que tenían cinco años. Con el tiempo se relajarán y correrán más riesgos al pensar en voz alta.

—¿Cómo han llegado hasta ahí? —prosigo.

Un alumno solícito anuncia que las sombras son responsabilidad de las marionetas.

—¿Eh? ¿Qué marionetas? —pregunto.

—En la cueva hay una hoguera encendida —responde alguien—, y los marionetistas usan esa luz para proyectar las sombras de sus marionetas sobre la pared.

—¿Quieres decir como en la habitación de un niño, donde la luz de una lámpara basta para jugar a las sombras chinescas? —aclaro.

—Sí.

—¿Por qué hay gente proyectando sombras de marionetas sobre la pared de una cueva?

Formulo esta pregunta con la confusión de quien lee el mito por primera vez. Quiero despertar la curiosidad de los alumnos y hacer que se cuestionen la cordura de Platón. Lo que aún no son capaces de ver es lo rápido que pasaremos de las preguntas de tipo aclaratorio a las preguntas que harán que todo les dé vueltas.

Nadie sabe decirme por qué los titiriteros de Platón manipulan la mente de los prisioneros de la caverna. Pero se dan cuenta de que estos últimos confunden las sombras con objetos. Como nunca han visto un árbol de verdad, creen que las sombras de los árboles son árboles. Incluso organizan concursos para determinar su rango: ¿quién es el que siempre detecta más árboles? ¿Quién identifica el más alto? En esta cueva, tu valía se basa en tu pericia para transitar un mundo hecho solo de sombras.

En este punto ya podemos imaginarnos la caverna: es un lugar sombrío lleno de personas torpes e ineptas que se pasan la vida aproximándose a la realidad. Los alumnos comprenden por qué los reclusos no se rebelan: no saben que su realidad no es real. Alguien sugiere que Platón nos está llamando prisioneros. Un segundo alumno opina que nos creemos las mentiras de los medios de comunicación. A un tercero le preocupa que vivamos en modo piloto automático. En cualquier caso, a estas alturas ya estamos de acuerdo en que Platón nos está diciendo algo. Cree que estamos todos cautivos y que hay algo que hemos entendido terriblemente mal. Pero no sabemos qué es ni cuánto tiempo de nuestra vida llevamos creyéndolo. Algunos alumnos cierran los ojos. Otros dejan escapar el aliento que han estado conteniendo. Comienzan a soltarse y a mirarse los unos a los otros con incredulidad. Están perplejos.

La historia tiene un final más o menos feliz: a uno de los prisioneros le quitan las cadenas y después lo sacan por fuerza de la caverna. Arrojan su cuerpo a la luz del día, bajo la que se ve obligado a hundir los ojos en la parte interna del codo de inmediato. Durante semanas, es incapaz de reconocer nada a la luz del sol, salvo aquello que le resulta conocido, como las sombras en el suelo y los reflejos en el lago. Es ciego hasta que llega el ocaso, momento en el que empieza a ver con claridad los árboles de la ribera.

Tras un largo período de tiempo, nuestro héroe empieza a aclimatarse a la luz. Cuando se le adaptan los ojos, es capaz de distinguir los árboles de verdad. Con el tiempo, aceptará lo que mis alumnos se están planteando por primera vez en esta clase: incluso nuestras creencias más arraigadas pueden ser erróneas.

La interpretación de la caverna de Platón que hacen mis alumnos es una de las más típicas: el sol salva. Mis alumnos religiosos creen que el sol es Dios; los ateos prefieren llamarlo verdad. Al menos todos estamos de acuerdo en que lo que permite que el prisionero liberado vea realmente el mundo es el sol. Alguien compara la aclimatación al sol con la educación. Es un proceso de arrastrarse desde la ignorancia hacia la verdad, desde la oscuridad hacia la luz. Por mucho daño que el sol le haga al principio, reconocen los alumnos, al final salva al prisionero. Todos nos sentimos identificados. A nosotros también nos han enseñado a caminar bajo la luz.

Al cumplir los dieciocho años ya había acumulado una buena ración de amor y de luz. Había pasado los veranos sobre una toalla caliente en la playa Rockaway de Nueva York, así que, cuando empecé a aprender el origen filosófico de la metáfora de la luz en la universidad, estaba preparada para ello. Me gradué aferrándome a una certeza, la misma a la que mis alumnos recurren para no perder pie: la luz es necesaria para conocer la verdad.

El problema de esta concepción es que siempre me he sentido oscura en lo emocional. Soy una persona de mal genio por herencia genética y la mayor parte del tiempo me siento triste. Creo que el mundo es abrumadoramente trágico y que solo hay unos pocos rayos de sol que de cuando en cuando asoman. Siempre he sido una auténtica Ígor, como el burro pesimista amigo de Winny the Pooh.

Si eres como yo, ya sabes que no es fácil ser un Ígor en un mundo que prefiere a los Tiggers, ser una nube de tormenta a la que le dicen que el sol es mejor.[*] A quienes tenemos un carácter más sombrío nos cuesta que la positividad no nos lapide piedrecita alegre a piedrecita alegre. La televisión, Twitter, Instagram, Pinterest, los pódcast, los libros de autoayuda, las camisetas, los cojines, las pegatinas para el parachoques, las tazas de café y las vallas publicitarias quieren que vivamos la vida a tope. En los años ochenta eran la canción de Bobby McFerrin *Don't Worry, Be Happy* y la enorme cara amarilla y sonriente de Walmart. Hoy es *Let Your Light Shine*. Los estados de ánimo sombríos no despiertan simpatías en un mundo al que le gustaría verlos corregidos, sanados o transformados.

Para encajar en este mundo inundado de sol, algunos intentamos fingirlo hasta lograrlo. Recordamos que algunas personas están en peor situación que nosotros (lo cual suele hacer que nos sintamos culpables además de afligidos). Nos decimos que los nuestros son «problemas del primer mundo» (y nos echamos encima un sentimiento extra: la vergüenza). Y leemos libros sobre cómo ser más

---

[*] Cómo y por qué Tigger terminó convirtiéndose en el símbolo del optimismo es un misterio, si lo lees como un manojo de nervios que da saltos para autorregularse.

felices. Las ventas de libros parecen sugerir que no soy la única que se ha agotado persiguiendo la luz.

El libro de Rachel Hollis *Amiga, lávate esa cara* (2018) vendió más de dos millones de ejemplares porque muchos de nosotros queríamos creer que somos capaces de controlar nuestra felicidad con nuestra actitud. Doce años antes, *El secreto* y *La ley de la atracción* llegaron a ser superventas por el mismo motivo: queríamos aumentar el retorno de la inversión en pensamiento positivo. Estas no son más que iteraciones modernas del clásico de 1952 *El poder del pensamiento positivo*. Cuando Norman Vincent Peale hizo su debut, los estadounidenses lo convirtieron en autor superventas. Con eso aceptamos transformarnos en soldados de la metáfora de la luz mediante la repetición de los mantras que aseguran que la luz es más inteligente que la oscuridad; la felicidad, más moderna que la tristeza; la tranquilidad, más actual que la ira, y el optimismo, más sagrado que el pesimismo. Sonreímos ante la adversidad, asistimos a talleres de control de la ira, enseñamos a nuestros hijos que llorar es de débiles e intentamos borrar químicamente nuestra ansiedad, nuestro miedo y nuestra tristeza. Obedecimos los tres mandamientos de la metáfora de la luz: silencia, sofoca y trágate tus estados de ánimo sombríos.

Funcionó. Vencimos la oscuridad. Luchamos contra nuestros sentimientos negativos hasta que logramos acorralarlos en lo más profundo de las mazmorras subterráneas de nuestra alma, donde se perdieron por completo y desaparecieron para siempre. Después de derrotar nuestros estados de ánimo más sombríos y de plantarnos una sonrisa en la cara, vivimos felices para siempre en el séptimo cielo y sin una sola señal de preocupación a la vista.*

O tal vez no.

¿Por qué no?

Porque Platón estaba equivocado. O, como mínimo, los lectores de Platón se han equivocado al inferir de su alegoría que la verdad solo puede encontrarse en la luz. Nos equivocamos al creer que el sol será lo único que nos salvará. Lo peor de todo es que no tuvimos en cuenta el coste intelectual, físico y emocional que supone colocar el astro a esa enorme altura en el cielo.

Después de Platón, la metáfora de la luz cobró verdadero auge. Jesús se autodenominó la luz del mundo. Copérnico declaró que la Tierra (y todo lo demás) gira alrededor del Sol. La luz se convirtió en nuestra salvadora y la oscuridad se hundió bajo el peso de sus prosaicos atributos. La oscuridad fue denigrada (literalmente, «ennegrecida») y vilipendiada de tal manera que ocupó su lugar en la filosofía, la religión y la historia como algo aterrador, feo, ignorante y pecaminoso. «Siento que estoy en un punto muy oscuro de mi vida.» «No veo la luz en esta situación.» «No quiero volver a verlo todo negro.» La

---

* En inglés, originalmente, el equivalente de la expresión «estar en el séptimo cielo» era «*to be on cloud seven*», pero con el tiempo se popularizó «*to be on cloud nine*» (estar en la novena nube). Incluso nuestra meta imaginaria de felicidad suprema aumenta.

metáfora de la luz insiste sin cesar en que la oscuridad es fea, negativa, miserable.

No es de extrañar que a las personas de piel oscura les fuera tan mal con las filosofías de la Ilustración, que surgieron mucho después de Platón, puesto que estaba «científicamente» demostrado que eran menos humanas e inteligentes que las de piel clara. Dentro de este marco sesgado, los blancos apenas podían concebir el conocimiento o la sabiduría de los negros. Tras la emancipación de las personas esclavizadas en Estados Unidos, a los hombres negros se les representó como monstruosos violadores que aterrorizaban a las inocentes mujeres blancas. A las mujeres negras, como los equivalentes sexualmente insaciables y pecadores de tales monstruos. El daño que causaron estos estereotipos fue inconmensurable, y ni siquiera hoy los hemos superado del todo. Hay mujeres de piel oscura a las que se ha convencido de que la luz es exquisita y la oscuridad es deficiente, que siguen utilizando la crema «Fair and Lovely» para aclarar la piel. En las comunidades latinas como la mía, es habitual elogiar la piel clara o los ojos azules de un recién nacido y no la piel oscura y los ojos marrones. Y aunque *Visión nocturna* no se centra tanto en los prejuicios sociales contra la piel oscura como en los estados de ánimo sombríos, las dos ideas crecieron juntas. Nunca superaremos el colorismo mientras continuemos equiparando la oscuridad con la deformidad y la deficiencia.

En un mundo que rinde culto a la luz, se obliga a que la oscuridad cargue con el peso de cientos de males, entre ellos la ignorancia, la fealdad, el disgusto, la tristeza, el dolor, la pesadez, la monstruosidad y todo lo relacionado con la falta de salud. Déjate de estados de ánimo sombríos, jamás tuvieron la menor oportunidad.

Después de leer la historia de la caverna de Platón, a mis alumnos les cuesta creer que tal vez se hayan criado entre sombras. Del mismo modo, mientras escribía este libro, he pasado malos ratos dudando de la inequívoca bondad de la luz. ¿Quién desea oponerse a practicar el optimismo o tener una actitud positiva? ¿Qué estadounidense se atreve a dudar de que somos nosotros quienes creamos nuestra propia felicidad o de que una disposición alegre conduce al beneficio económico? ¿Quién no querría deleitarse bajo la luz de una industria de la autoayuda valorada en once mil millones de dólares?

Pues justo aquellos a los que la metáfora de la luz ha terminado por quemarnos. Cualquier persona a la que le hayan dicho que mire el lado bueno de las cosas estaría en lo cierto al pensar que quien se lo dice ve nuestra rabia, tristeza, duelo, depresión y ansiedad como autocomplacientes. Pocos de los que ofrecen este consejo quieren oír hablar del lugar tenebroso en el que nos encontramos ni de por qué pensamos que esta vez las cosas no saldrán bien. A quienes juran que «somos nosotros quienes hacemos brillar nuestro propio sol» tiende a faltarles empatía. Lo más probable es que den por hecho que no nos estamos esforzando lo suficiente.

Esta es la historia que nos dice que somos seres rotos, que hace el papel de poli malo frente al poli bueno de la metáfora de la luz. Si la metáfora de la luz canta: «¡La felicidad es una elección!», la historia de que somos seres rotos ladra: «¿Por qué lloriqueas ahora?». Oímos esta historia cada vez que no logramos vivir en la luz, que somos incapaces de obligarnos a sentirnos más radiantes. Es la voz que nos llama débiles, desagradecidos, autocompasivos y autoindulgentes. En nombre de la fortaleza, avergüenza a los que no sonreímos a pesar del dolor (o a los que ni siquiera apretamos los dientes y lo soportamos). ¿Podría ser que durante todo este tiempo hayamos estado esforzándonos demasiado? ¿Que hayamos estado intentando blanquear algo que nunca estuvo destinado a ser claro? Quizá la oscuridad sea la condición humana, quizá ni siquiera Tigger pueda «ser como un protón: siempre positivo». En este caso, lo que dejan a su paso los autores de autoayuda y los gurús de la positividad que nos parten en dos con sus propias manos y una sonrisa son un montón de almas divididas que nos sentimos oscuras a pesar de que desearíamos que no fuera así. En lugar de sentirnos humanos, los enfadados, los heridos, los afligidos, los deprimidos y los ansiosos tenemos todos los motivos para sentirnos rotos.

¿Ayuda o perjudica que la mayoría de nuestros estados de ánimo sombríos se clasifiquen como enfermedades mentales? La luz de la medicina occidental no ha sido bondadosa con nuestra oscuridad. La terminología médica para la depresión, la ansiedad, el dolor, la tristeza y la ira nos ha hecho más parciales, no menos, contra la oscuridad. Además de caracterizarlos como «espantosos», «feos», «ignorantes» y «pecaminosos», los médicos han pintado nuestros estados de ánimo más oscuros como enfermedades, afecciones, trastornos, patologías, dolencias, padecimientos y males. Estos términos médicos convierten en ciencia nuestro estar rotos, nuestro alejamiento definitivo de la completud. Bajo las luces fluorescentes de la psiquiatría, es tan difícil reconocer la dignidad de nuestros estados de ánimo sombríos como lo fue para el preso recién liberado reconocer un árbol de verdad en pleno día. No conozco a nadie que piense que llorar hasta quedarse dormido en el suelo del baño sea digno. Pero muy a menudo es diagnosticable.

Los buenos psicólogos admiten sin reparos que no existe una definición consensuada de trastorno, enfermedad mental o afección. Ni siquiera se ponen de acuerdo en si es mejor clasificar los cinco estados de ánimo que se analizan en este libro —la ira, la tristeza, la aflicción, la depresión y la ansiedad— como enfermedades mentales o si convendría llamarlos de otra manera. Pero a pesar del intento de humildad de la psicología, es imposible pasar por alto la «epidemia» de ansiedad entre los adolescentes y los millones de personas «aquejadas» de depresión que viven en Estados Unidos. Los términos que utilizamos para nombrar nuestras condiciones existenciales suelen ser hostiles o aterradores, aparte de degradantes. Se dice que «luchamos» contra la enfermedad mental o que «sucumbimos» a ella recurriendo al suicidio.

Las palabras importan: nos enfrentan a nosotros mismos o nos ponen de nuestro lado. No puede decirse que «enfermedad cerebral» sea una expresión que inspire a la gente a honrar su depresión; «diagnóstico» no rima con «dignidad». «Todos somos enfermos mentales» no es ni por asomo tan edificante como «la ansiedad te convierte en un auténtico ser humano». Juzgar los estados de ánimo sombríos por cómo se ven a la luz genera un vocabulario que hace que la dignidad brille por su ausencia. Aprender a ver nuestros estados de ánimo dolorosos en la oscuridad implicará adoptar palabras nuevas para males antiguos.

A estas alturas las investigaciones dejan claro que fingir estar más alegres —dándole la vuelta a nuestro ceño fruncido— nos hace daño. Hemos oído que reprimir o evitar los sentimientos negativos puede enfermarnos literal, emocional y mentalmente. Con la ayuda de autores como Kate Bowler, Brené Brown, Austin Channing Brown, Tarana Burke, Susan David, Glennon Doyle y Julie K. Norem, e impulsados por movimientos como el Me Too y el Black Lives Matter, algunos estamos experimentando con no secarnos los ojos ni lavarnos la cara. Algunos hemos empezado a aceptar el lado oscuro de nuestro espectro emocional.

Hasta cierto punto está funcionando. Algunos experimentamos un hormigueo de comprensión la primera vez que oímos el término *positividad tóxica*, porque, aunque habíamos sentido el fenómeno opresivo durante años, no sabíamos que podíamos ponerle nombre. Parece que desde el inicio de la pandemia de la COVID-19, es más aceptable hablar de la depresión y la aflicción. Tenemos muchas pruebas de que no estamos solos y es agradable ver a la gente relajarse y mostrar su lado más auténtico. Cuando la publicidad nos dice que la depresión no es pereza, que la ansiedad no es debilidad y que la ira, la tristeza y la aflicción son estados de ánimo sombríos con los que todo el mundo tiene que lidiar, resulta más fácil creer que hay más gente como nosotros. Las campañas de salud mental como MakeItOK.org nos dicen: «No estás solo».

Aun así, cuesta no terminar esa frase con «... porque estamos todos hechos polvo». Es posible que «no tienes por qué avergonzarte de tu ansiedad porque el 30 por ciento de los estadounidenses están en el mismo barco que tú» se encuentre más cerca de la verdad que «la ansiedad es un pecado», pero no es tan cierto como «la ansiedad significa que estás prestando atención».[1] Hablar públicamente de la ansiedad y de la depresión nos muestra el tamaño del barco que compartimos. Pero no nos ofrece dignidad.

Al diablo con los libros de autoayuda: es imposible construir un concepto positivo de uno mismo partiendo del estar roto. Es imposible sacar conclusiones alentadoras sobre los estados de ánimo oscuros mirándolos a la luz.

Incluso el más acérrimo defensor de los estados de ánimo sombríos —alguien que cree que la oscuridad es más que la luz fallida— sigue sintiendo la presión de iluminarse. A la misma persona que sabe que el #staypositive la consume se le escaparán frases como «montar un drama» o «regodearse en la autocompasión» para describir sus momentos más sombríos.

Por ejemplo, puede que durante el día yo defienda el derecho a la ira de cualquier mujer, pero por la noche siento vergüenza si esa mujer airada resulto ser yo. Cuando estamos solos, es posible que nos preguntemos si los partidarios de la manifestación tienen razón cuando afirman que atraemos lo que aportamos al mundo. Puede que incluso nos preocupe que el movimiento de «todas las emociones son válidas» nos falle. La vulnerabilidad podría servir solo para dejarnos expuestos. Perseguir el equilibrio emocional nos ha situado a muchos en una posición ambivalente: en principio estamos de acuerdo con dejar de negar nuestros estados de ánimo sombríos, pero seguimos sintiendo vergüenza cuando nos superan. Aunque vayamos adquiriendo inteligencia emocional, la metáfora de la luz nos recuerda que, llegada la medianoche, estaremos rezando para que se haga de día con la misma seguridad con la que en la cocina de nuestro vecino se lee: «No pierdas el optimismo: vendrán días mejores».

Cuando me hundo en la historia de que somos seres rotos y empiezo a preguntarme si Dios no creará chatarra de vez en cuando, me refugio en la filosofía. Dos milenios después de Platón llegaron los existencialistas. Se trata de un grupo —la mitad de cuyos miembros rechaza el término *existencialista*— que cree que la vida es muy muy dura. Ven a los humanos como quienes te sujetan el pelo mientras vomitas y te agarran la mano mientras agonizas. Creen que poseemos una gran capacidad para sentir tristeza, además de profundidades insondables de rabia y ansiedad, aflicción y depresión. Para ellos no es ningún misterio: caminamos descalzos sobre esta tierra escarpada y vemos a nuestros seres queridos desarrollar cáncer. Los existencialistas entienden por qué pasamos tanto tiempo ideando formas de evitar tener pensamientos oscuros. Escriben acerca de que nos mentimos a nosotros mismos y a los demás, de que decimos que estamos bien cuando no lo estamos y encontramos excusas para no hablar con nuestros hijos sobre la muerte. Los existencialistas escriben cosas como: «El infierno son los demás» y «Amar es sufrir».[2] Para mí fue amor a primera vista. Los existencialistas llevan más de veinte años ayudándome a ver la dignidad en la oscuridad.

Antes de que los profesionales de la salud y los blogueros superestrellas asumieran la labor de relatar nuestras vidas psíquicas, los principales narradores del alma eran los filósofos (o los «médicos», si se les preguntaba a los antiguos). Los filósofos cuyas historias comparto en este libro dedicaron mucho tiempo a explorar sus cavernas y a contar lo que allí veían. Ninguno de ellos pondrá objeciones a que vistas de negro y escuches a Morrissey, pero tampoco te lo exigirá. Nos permitirán pensar en la muerte y en la decadencia sin llamarnos «morbosos» ni «dramáticos». Cuando necesitemos refugiarnos de la luz, podemos recurrir a estos seis filósofos existencialistas que fueron íntimos de la oscuridad: Audre Lorde, María Lugones, Miguel de Unamuno, C. S. Lewis, Gloria Anzaldúa y Søren Kierkegaard.[3] Ellos pueden proporcionarnos sombra cuando el sol empieza a quemar. Las palabras que utilizaron y las posturas que adoptaron ante la ira, la tristeza, la aflicción, la depresión y la ansiedad me ayudan a mantener la cabeza alta. Espero que a ti también te ayuden.

Las preguntas centrales de este libro son: ¿y si la verdad, la bondad y la belleza no residen solo en la luz, sino también en la oscuridad? ¿Y si creer lo contrario ha sido un error atroz? Durante todo este tiempo, nos han enseñado a tener prejuicios contra la oscuridad cuando en la caverna de Platón había una fuente de peligro mucho más tangible: los marionetistas. Su trabajo consistía en engañar a los prisioneros para que creyeran que las sombras eran objetos reales. Lo que salvó al prisionero imaginario de Platón hace dos mil quinientos años no fue el sol, sino escapar de los titiriteros. Sin embargo, mi yo de la época universitaria, mis estudiantes y la historia occidental han extraído erróneamente de la historia de Platón un miedo a la oscuridad y un odio concomitante hacia ella.

El problema no es la caverna. La solución no es la luz. Las sombras también existen a plena luz del día, y cualquiera que te ofrezca la luz de la verdad sin la verdad de la oscuridad te está vendiendo el orgullo del mediodía y la vergüenza de la medianoche.

*Visión nocturna* no es una filosofía positiva[*] de nuestros estados de ánimo sombríos. No te pedirá que agradezcas tu aflicción ni que ames tu ansiedad. Es una crítica social lanzada por seis filósofos en defensa de esos estados de ánimo. Bajo la luz, nuestros estados de ánimo oscuros hacen que parezcamos rotos. En la oscuridad, sin embargo, parecemos plenamente humanos. Cada estado de ánimo es un nuevo par de ojos a través del cual podemos ver un mundo que los otros no distinguen... o no quieren distinguir. Todos los filósofos de este libro ofrecen palabras nuevas para nuestros estados de ánimo sombríos. Y, aunque no sorprenderás a ninguno de ellos calificando tu depresión de superpoder, van más allá del «Mereces ser amado "a pesar de" tu enfermedad». Entienden que cada uno de nosotros tiene una proporción de oscuridad y luz única y que toda combinación de ambas es respetable, digna, plenamente humana. Pueden enseñarnos a ver en la oscuridad.

Los sucesores de Platón nos enseñaron a evaluar los estados de ánimo sombríos a la luz de la ciencia, la psicología y la religión. Te invito a dudar de tu herencia intelectual y a considerar la posibilidad de que, para encontrar dignidad en esos estados de ánimo más oscuros,

---

[*] Barbara Ehrenreich denunció la tendencia en Estados Unidos a atemorizarnos para que permanezcamos en el lado positivo de la vida en *Bright-Sided: How the Relentless Promotion of Positive Thinking Has Undermined America* (2009). A su libro le siguió poco después, en 2013, el de Oliver Burkeman: *The Antidote: Happiness for People Who Can't Stand Positive Thinking.* (Hay versión española: *El antídoto. Felicidad para gente que no soporta el pensamiento positivo*, 2013.)

tengas que salir de la luz y volver a entrar en la caverna. Sigo el ejemplo del novelista, ecologista y poeta Wendell Berry, que escribió:

*Entrar en la oscuridad con una luz es conocer la luz.*
*Para conocer la oscuridad, ve a oscuras. Ve sin vista*
*y descubre que la oscuridad también florece y canta,*
*y que la recorren pies oscuros y alas oscuras.*[4]

Si Berry tiene razón en cuanto a que los estados de ánimo sombríos se conocen mejor en la oscuridad, dejemos de arrojar luz sobre ellos.

Todos los hemos experimentado. Algunos de nosotros los estamos experimentando en este momento y otros están a punto de empezar a vivirlos. Oponiéndonos a la multitud de titiriteros superventas que pregonan sus diarios de gratitud, adentrémonos en la caverna durante el tiempo que dura este libro para aprender lo que podemos conocer en la oscuridad. La visión nocturna es una forma de ver en el sentido de que es una forma de conocer. Incluye todo tipo de sentimientos, imaginaciones, juicios, encarnaciones y pensamientos. A partir de ahora apagaremos las luces y dejaremos de sonreír. Apartaremos temporalmente la idea de que hay que temer la oscuridad, minimizarla o escapar de ella. Haremos caso omiso de las voces que dicen que el aprendizaje se produce solo a la luz del día. Aquí no hay marionetistas, solo filósofos que han conocido la ira, la tristeza, la aflicción, la depresión y la ansiedad.

# 1

## SINCERARSE SOBRE LA IRA

Si hubiera sabido que en Estados Unidos solo un tercio de los estudiantes universitarios de Filosofía eran mujeres, quizá no hubiese elegido esta disciplina. Si hubiera calculado que al cabo de diez años me convertiría en una de las alrededor de veinte filósofas profesionales latinas que hay en todo el país, es posible que hubiera abandonado.[1] Como mínimo, me habría enfadado por el hecho de que mi especialidad académica tenga las estadísticas de diversidad más bajas de todas las humanidades. Pero, por aquel entonces, todavía era blanca.

Si hubiera sido morena, tal vez no hubiese asistido a una universidad mayoritariamente blanca o, dado que eso fue lo que hice, supongo que me habrían orientado hacia los estudios étnicos. Si hubiese sido negra, quizá me hubieran dicho que «la filosofía no es para mujeres negras», como le ocurrió a la hermana de la filósofa profesional Kristie Dotson no en 1969, sino en 2009. El efecto combinado del color claro de mi piel, mi entorno de clase media, mi nombre anglicanizado (Mary), mi condición de ciudadana estadounidense y mi educación heteronormativa me dio acceso al mundo de la filosofía profesional. Pasar por blanca (y creer a mi abuela chilena cuando me decía que lo era) me ayudó a doctorarme en filosofía. Mary, la ciudadana estadounidense de primera generación, se ganó el derecho a brillar ante otros filósofos (en su mayoría hombres blancos) en los congresos profesionales.

Hasta hace diez años no empecé ni a cuestionarme el rechazo generalizado de la sociedad hacia la oscuridad ni a tomarme en serio la sugerencia de varios colegas de que soy una mujer de color. Mi reticencia a adoptar esta categoría siempre se ha debido a que no quiero ofender a las «verdaderas» mujeres de color, cuya piel más oscura o ciertas marcas étnicas como el idioma o el acento les impiden acceder a los círculos académicos, económicos y sociales exclusivos. (Según una lógica muy convincente, «si tienes que preguntarte si eres o no una mujer de color, ¡no lo eres!».) Pero cuando me mudé al sur de Texas, en la frontera entre Estados Unidos y México, me sorprendí oscureciéndome cada vez más en varios sentidos. Ahora utilizo el nombre por el que me llamaban en casa, Mariana, porque por fin vivo en un lugar donde no se enreda en las lenguas nerviosas. Dado que casi el 90 por ciento de la población del valle del Río Grande es hispana o latina, mi tono de piel y mi español encajan a la perfección. Pero no olvidaré que franqueé las puertas de la filosofía como Mary, que aún vive dentro de Mariana. Juntas nos doctoramos para abrir paso a la próxima generación de académicos de color. Este libro, que rechaza el supuesto básico de que la luz —la emocional y la de otro tipo— es más sagrada que la oscuridad, es producto de mi experiencia de ser las dos.

Los filósofos de color que se enfrentaron a los prejuicios de la filosofía —o el «pasaporte filosófico», como lo llama un académico mexicoestadounidense— y aun así consiguieron doctorarse siguen enfrentándose al racismo y a la discriminación.[2] Muchos de ellos, sobre todo las mujeres, son expulsados del mundo académico a pesar de haberse ganado su puesto. A Angela Davis, por ejemplo, la despidieron de la Universidad de California en Los Ángeles por ser «demasiado política». A Joyce Mitchell Cook, la primera mujer negra que se doctoró en Filosofía en Estados Unidos, le negaron la titularidad en Howard, al igual que a LaVerne Shelton en Rutgers y a Adrian Piper en la Universidad de Michigan. Estas mujeres de color cruzaron la frontera de la filosofía profesional de forma legal, pero las deportaron de todos modos. El hartazgo de otras llegó al punto de que se marcharon de manera voluntaria. A algunas les concedieron asilo en otras disciplinas, como a María Lugones, de quien hablaremos en breve. Hasta su muerte en 2020, sus departamentos de acogida en la Universidad de Binghamton fueron el de Literatura Comparada y el de Estudios sobre la Mujer, el Género y la Sexualidad. De un modo u otro, la filosofía académica drena a sus mujeres de color.

Cuando esto ocurre, cuando se aparta a las mujeres de color de la filosofía académica, sus ideas —sobre la ira y sobre cualquier otra cosa— no se toman en serio. Kristie Dotson (a cuya hermana el consejero académico trató de disuadir de estudiar Filosofía) publicó un ensayo titulado «How Is This Paper Philosophy?» en el que argumenta que es habitual que las filósofas de color —las que logran superar la carrera de obstáculos aquí descrita— sigan viéndose obligadas a justificar por qué sus ideas deberían contar como «auténtica» filosofía.[3] Es exasperante. Y, más pertinente para este libro, es indicativo de un problema mayor: una sociedad a la que le cuesta asociar la piel oscura con la sabiduría también tiene dificultades para emparejar un estado de ánimo sombrío como la «ira» con algo «saludable» o «justificado».

Durante siglos, los filósofos fueron los narradores oficiales de nuestra alma. Aunque ahora —seamos sinceros— la filosofía sea más bien un goteo de ideas que se filtra por las baldosas rotas que cubren las aulas sin ventanas, lo que los estudiantes universitarios aprenden en sus clases de Filosofía sigue llegando al público. Y cuando casi todos los profesores son varones, mayoritariamente blancos, mayoritariamente cisgénero y mayoritariamente heterosexuales, y enseñan en aulas llenas de filósofos varones, mayoritariamente blancos, mayoritariamente cisgénero y mayoritariamente heterosexuales, es probable que sus enseñanzas sobre los estados de ánimo como la ira reflejen esa realidad. No es ni una sorpresa ni una coincidencia que casi ninguna de las ideas sobre la ira que circulan por las aulas de Filosofía —y, por extensión, por nuestra sociedad— sean aportaciones de mujeres de color.

Puede que dentro de cien años nuestras creencias corrientes sobre la ira provengan de una distinguida línea de mujeres de color como Audre Lorde, bell hooks y María Lugones, que abogan por que la escuchemos. Pero hoy en día nuestras opiniones aún provienen de los primeros grandes defensores de la metáfora de la luz: los antiguos filósofos griegos y romanos. Sus historias acerca de cómo funciona la ira y por qué es mala han sido dominantes a lo largo de toda la historia, y no son muy benévolas con las mujeres airadas del siglo XXI. A la luz de sus antiguas filosofías, la ira parece irracional, loca y fea. Rota.

Platón comparaba las pasiones como la ira con un caballo difícil de controlar, de sangre ardiente y piel negra, que el «auriga» de la razón tenía que refrenar.[4] Opinaba que debíamos recurrir al autocontrol para contener nuestra ira, y no era el único. El estoico romano Séneca, que describía la ira de un modo similar, contó una vez una historia en la que Platón se ponía furioso.[5] En lugar de golpear a uno de sus esclavos, como habrían hecho otros instintivamente, el filósofo se quedó paralizado, con la mano echada hacia atrás en posición de ataque. Un amigo suyo entró en escena y le preguntó qué le pasaba. «Castigo a un hombre iracundo», respondió él.[6] Para Platón, la ira es una señal de que has perdido el control. Aunque muchas personas utilizan —con éxito— la rabia como excusa para dañar a otros (quienes cometen «crímenes pasionales» suelen recibir condenas más cortas que quienes llevan a cabo el mismo acto con calma y racionalidad), la parálisis de Platón fue su forma de reconocer que la rabia es debilidad. Séneca formuló el ejemplo de Platón en un principio: el único momento apropiado para expresar la ira es cuando no estás furioso. De lo contrario, eres esclavo de tu emoción.

Muchos de nosotros conocemos a personas que se enfadan con demasiada frecuencia. Algunos de nosotros somos esas personas. La pandemia llegó poco después de que me concedieran un glorioso año de excedencia de mis responsabilidades docentes y administrativas para escribir este libro. En principio tendría jornadas de ocho horas diarias, cinco días a la semana, que dedicaría a escribir. Pero entonces cerraron las escuelas y, de repente, me vi admitiendo ante las maestras de mis hijos que no creía que el «aprendizaje a distancia» fuera una buena idea, y menos para una criatura de primero de primaria. Así que opté por el menor de dos males: me deshice de los iPads y me puse a darles clases en casa utilizando solo libros y lápices.

«¡No soy vuestra esclava!», grité cuando me interrumpieron por quinta vez en una hora. Estaba tocando el piano, que es mi forma de pasar treinta minutos conmigo misma, pero el Kindle de alguien se había quedado sin batería. Antes de eso no había ningún libro bueno en el Kindle. Antes de eso, el Kindle se había perdido. Debía de haber gritado «¡Soy una persona!» unas setenta veces desde que la cuarentena del COVID-19 había empezado el año anterior. Más de una vez fantaseé con volcar la mesa del comedor como si fuera una de las verdaderas *Mujeres ricas de Nueva Jersey*. Me imaginé la satisfacción que obtendría al empujar a mi hijo de seis años contra la pared e, inmediatamente después, me reprendí. Sabía que no debía hacer daño a mis hijos, pero en aquellos momentos de furia era incapaz de recordar por qué. Ansiaba liberarme de la tarea de alimentarlos tres veces al día y de la de educarlos con la esperanza de que algún día dejaran de llamar a la puerta de mi cuarto de baño y se fueran a la universidad.

Más tarde, aquella misma noche, acusé abruptamente a mi marido de irse a trabajar al garaje para no tener que acostar a los niños ni oír cómo salían a hurtadillas de sus respectivos dormitorios y empezaban a sacarme de mis casillas. «Por Dios santo» fue una expresión que se me escapó más veces de la boca aquel mes que en los doce anteriores al COVID juntos, y en cada improperio que profería contra los niños oía la voz de mi padre gritándome en español: «¿Cómo se te ocurre?». Cerraba los ojos y veía a mi madre encogerse ante él como ahora lo hacían mis hijos ante mí.

Me crie viendo la ira de un padre que golpeaba la mesa de la cena de manera bastante predecible. Sabíamos que ocurriría, pero no en qué noches ni por qué. Las señales de advertencia de su temperamento volcánico incluían tres movimientos recurrentes: primero se agarraba la colosal nariz con la mano derecha varias veces seguidas y, luego, se pasaba la misma mano por el pelo blanco y espeso mientras tomaba aire entre los dientes: clic. Durante la cena, en el coche o en el super-mercado, a la primera señal de nariz-pelo-clic, te pre-parabas. Mirabas al suelo, te quedabas callada y decías «Sí, papá» cuando, con su marcado acento, hacía alguna pregunta retórica del tipo «¿Sabes que soy tu padre?». Rezabas para que la erupción verbal fuera rápida y para que no te quemara demasiado. Yo temblaba, pero no lloraba. Creía que llorar empeoraría las cosas y, además, no quería que mi padre ganara.

Como a Platón y a Séneca, la ira me daba miedo, pero debido a que las primeras veces que vi a mi padre estallar todavía era una niña, yo también empecé a echar humo. Algunos hijos de padres iracundos siguen el camino in-verso, pero muchos de nosotros nos convertimos en adul-tos iracundos. Todos estamos, en cierto sentido, lidiando con la ira que vimos o no vimos durante la infancia.

Mi primera explicación para mi «ira covidiana» fue que era un monstruo. Sin embargo, ese relato me des-pertaba ciertos recelos. Olía a filosofía antigua. Aunque Platón no hablaba de mí (ni de ninguna otra mujer), no tenía más que mirarme al espejo para ver lo que el filóso-fo describía: pelo enmarañado, ojos salvajes y hundidos, ropa desaliñada. El confinamiento me había transforma-do en un oscuro caballo desbocado. No quería transfor-marme en una mujer amargada de por vida, no quería arremeter contra mis hijos y mi marido por cada pequeña transgresión. Pero tampoco era capaz de evitar que la oleada de furia me subiera a la cabeza y se me escapase por la lengua.

Como todas las madres, había absorbido los mensajes de nuestra sociedad acerca de cómo deben y no deben comportarse los progenitores. Las buenas madres no asustan a sus hijos ni les preguntan de qué van. Las buenas madres no llaman a sus hijos egoístas o malcriados ni les hacen sentirse pequeños. Y no es necesario haber asistido a clases de filosofía para ser heredera del antiguo mensaje: la ira es vergonzosa. En realidad, la vergüenza es solo una aproximación a lo que las más enfadadas de entre nosotras experimentamos después de una explosión. Las mujeres iracundas tienden a carecer de compasión hacia sí mismas. Algunas acudimos a los libros de autoayuda. En mi caso, al ser filósofa profesional, volví, sadomasoquistamente, a mis fuentes. Analicé mi ira más a fondo a través de todas esas lentes que tanto me habían gustado; a pesar de que eran las fuentes más arcaicas y anticuadas, no era la única sobre la que seguían ejerciendo un control sorprendente.

Para atemperar mi «ira covidiana», recurrí a uno de mis filósofos de la luz favoritos, el hombre que acuñó la idea de que podíamos ser felices si trabajábamos lo suficiente. Epicteto era el filósofo estoico cuyo breve *Enquiridión* o *Manual* solía releer todos los años. Por decimoquinta vez me dijo que «Obra es de quien carece de formación filosófica acusar a otros de lo que a él le va mal; quien empieza a educarse se acusa a sí mismo; quien ya está educado ni a otro ni a sí mismo acusa».[7] Aunque no podía controlar mis circunstancias —Epicteto admitía que no estaba en mis manos acabar con una pandemia ni reabrir las escuelas—, sí podía controlar mis ataques de ira. En lugar de culpar a mi marido y a mis hijos de mis problemas, debía culparme a mí misma por esperar que la vida fuera más fácil. Mejor aún, no debía culpar a nadie, sino aceptar la nueva normalidad con dignidad. Esa idea me recordó al estilo americano de la autosuperación. Y me gustó. Al fin y al cabo me había criado en Nueva York («si triunfas aquí, puedes triunfar en cualquier parte») como ciudadana estadounidense de primera generación. Me habían enseñado a amar el trabajo duro. Así que seguí esforzándome.

Volví a leer las *Meditaciones* de Marco Aurelio, el emperador romano del siglo II y estoico que creía que ceder ante la ira es un signo de debilidad.[8] Marco Aurelio reformuló uno de los principios centrales del estoicismo: «Las turbaciones surgen de la única opinión interior».[9] ¿Su consejo? Reduce las expectativas. Recuerda que la única persona a la que puedes cambiar es a ti misma. Para ello, espera que la gente te irrite a diario y estarás preparada para ello.[10] Para mí, eso significaba recordar que tener hijos significaba que hubiera caos y desorden. Tenía que dejar de sorprenderme o de molestarme por ello. Pero esperar el desorden no recogía la mesa todas las noches, no cargaba ni descargaba el lavavajillas ni aspiraba el suelo lleno de migas. Marco Aurelio no envió a sus sirvientes a limpiarme la casa. Recoger los desastres del confinamiento me recordó por qué había abandonado el estoicismo la primera vez que lo había practicado, hacía casi siete años.

• • •

Cuando nació mi primer hijo, intenté caminar a la luz del estoicismo. Durante el primer año de su vida, me repetí que los seres humanos controlan sus sentimientos. Siguiendo el consejo de Marco Aurelio, me entrené para esperar que me exasperaran a diario. Me imaginaba las causas de enojo con las que seguramente tendría que lidiar para que, cuando me las encontrase, no me sorprendieran. A veces me ayudaba: imaginar que a mi hijo de seis meses le rebosaba el pañal hacía que me resultara más fácil subirme a un avión con él que si, siendo optimista, hubiese esperado unas deposiciones moderadas.

Por aquel entonces les pedí a los estoicos que me echaran una mano para dar con la manera de no enfadarme con mi precioso recién nacido cuando lloraba durante veinticinco horas al día en lugar de dormir como el bebé que me había imaginado. Probé la práctica estoica del *memento mori*: contemplaba mi propia muerte con la esperanza de poder decir: «¡Qué rápido pasa el tiempo!». Probé escribir un diario, como Marco Aurelio, en el que detallaba mis disgustos y los calmaba con la pluma. Probé «la mirada desde lo alto», en la que te imaginas lo pequeño e insignificante que es ese momento de tu vida en comparación con toda tu existencia e incluso con el universo.[11] Caminé, leí, medité. Pero aun después de esperar la decepción y de imaginarme como un insecto insignificante en un universo descomunal, sentí poco alivio. Seguía queriendo tirar por la ventana a aquel fardo llorón.

Nunca lo hice, pero mi incapacidad para dejar de sentir ira bastó para que siguiera sintiéndome también una fracasada. Era demasiado débil («carente de formación», me susurraba Epicteto) para estar a la altura de los estoicos. Así que los dejé por Aristóteles.

La filosofía de Aristóteles me funcionó mejor durante los primeros años de crianza. Aprecié su consejo de no perder demasiado el tiempo intentando controlar mis sentimientos, no solo porque los sentimientos van y vienen, sino también porque no son ni por asomo tan importantes como las acciones. En lugar de dibujar nuestra alma como un auriga que refrena caballos, al estilo de Platón, la imagen de Aristóteles me recordaba a una caja de palomitas dividida en tres sabores: sentimientos, predisposiciones y condiciones activas. Con lo que más experiencia tenemos es con los sentimientos: alegría, tristeza, enfado, nerviosismo, etcétera. Los sentimientos ocurren sin más y, mientras que algunos son apropiados, como la ira ante la injusticia, otros no lo son tanto, como la envidia. No obstante, decía Aristóteles, los sentimientos son difíciles de cambiar, así que no debemos malgastar demasiada energía intentándolo. Las predisposiciones marcan la probabilidad de que experimentemos esos sentimientos. Hay personas que pierden las llaves y rompen a llorar; otras se enfurecen. La gente tiene diferentes predisposiciones emocionales.

Si yo hubiera estado predispuesta a la tristeza, quizá habría llorado durante la cuarentena cuando mi hijo pequeño se negó a hacer sus deberes de ortografía. Sin embargo, como estoy predispuesta a la ira, le dije que se fuera a su habitación porque no quería ni verlo. Pero luego era a mí a quien no quería ni ver. Cuántas veces deseé, en vano, poder llorar como la gente «normal», la gente tierna, la gente femenina, cuando las cosas se desmoronaban. Todas las noches durante el confinamiento, Aristóteles me pasaba un brazo por los hombros y me recordaba con delicadeza que mis predisposiciones no determinaban mi comportamiento.

Los sentimientos y las predisposiciones son importantes, decía Aristóteles, pero solo porque conocerse a uno mismo es una virtud filosófica. Es útil saber que me enfado con facilidad y a menudo; por ejemplo, cada vez que se atasca un cajón o que las lengüetas de una caja de donuts Entenmann's se niegan a ceder. Algunos nos enorgullecemos de estar en contacto con nuestros sentimientos, y Aristóteles nos aplaudiría por ello, pero luego nos llevaría de inmediato hacia el escenario principal: el comportamiento.

Este filósofo creía que lo más importante era cultivar las «condiciones activas» adecuadas, controlar cómo nos «comportamos» ante los sentimientos y las predisposiciones. Como era un fan incondicional de la acción correcta, sugería que entrenáramos nuestra alma para reaccionar de forma bella incluso ante un desastre horroroso. Ha habido ocasiones en las que, en lugar de amenazar a mi hijo pequeño con castigarlo por no vestirse, he ayudado a su agotado cuerpo a caminar hasta el armario para elegir la ropa. Esa es una acción bella. ¿Por qué avergonzarme por sentir ira cuando tenía a Aristóteles, que me permitía sentirla siempre y cuando actuara con belleza? Los sentimientos de enfado son útiles, creía él, porque nos ofrecen la oportunidad de practicar el buen comportamiento a pesar de sentir el impulso de tirarlo todo por la borda. Muchos somos aristotélicos sin saberlo, y estar a punto de hacer algo feo pero elegir actuar de forma bella puede incluso provocarnos un sentimiento de heroicidad.

A diferencia de los estoicos, Aristóteles rechazaba compasivamente los «deberías» en lo referido a los sentimientos, ya que consideraba que son naturales e inofensivos si no actuamos en consecuencia con ellos. Sentir tanto enfado como para querer defenestrar a un bebé es de lo más natural, pero lo importante para Aristóteles era que yo me negara a obedecer a ese impulso. Sentir ira y resentimiento cuando, además de trabajar y hacer las tareas domésticas, tienes que darles clases a tus hijos es aceptable, pero desahogar esa rabia no lo es. Míster Rogers, el protagonista del programa televisivo *Mister Rogers' Neighborhood*, explicó el argumento de Aristóteles de una forma encantadora: «Todo el mundo siente de muchas formas distintas. Y todos esos sentimientos son normales. Lo que importa en esta vida es qué hacemos con lo que sentimos».[12]

Por desgracia, a pesar de todo esto, durante el confinamiento incluso la montaña menos crítica de Aristóteles me parecía demasiado alta para escalarla. Aunque su filosofía me daba permiso para sentir ira siempre que no actuara de forma iracunda, me cansé de comportarme con belleza. Su filosofía me había ayudado a superar los primeros años de crianza, pero ya no me resultaba útil. Sus puntos de vista sobre la ira me provocaron sudores cuando no pude evitar lanzarle un puñado de almendras tostadas a cada niño una vez que se estaban peleando a causa de quién de los dos había recibido más. Empecé a ver a Aristóteles no como a mi media naranja, sino como a una figura paterna que me decía: «No pasa nada por coquetear con la oscuridad, pero no te cases con ella». Estaba decidida a rebelarme.

Mi experiencia con la ira del confinamiento me dejó atrapada entre dos luces brillantes: los estoicos, que me decían que no debía permitirme enfadarme, y Aristóteles, que decía que podía enfadarme siempre y cuando no actuara en consecuencia. Incluso probé el consejo de Pitágoras de «aplacar la rabia con música» escuchando a Debussy y a Alice in Chains.[13] No obstante, cada vez que tenía lo que los griegos llamaban un «acceso de ira», sentía que había algo gravemente defectuoso en mí.[14] La mujer de aspecto demacrado y encerrada en casa que me miraba desde el espejo era fea, irracional y estaba loca. Eso decían los antiguos y, con sus palabras resonándome en la cabeza, lo mismo decía yo. Estaba oyendo la historia de que somos seres rotos.

Cada vez que calificamos la ira de «irracional», «fea» o «loca», invocamos a los filósofos de la Antigüedad igual que si fuéramos por ahí diciendo que la ira significa que estamos poseídos por demonios o que padecemos un exceso de bilis amarilla.[15] En *El sutil arte de que (casi todo)* *te importe una mi\*rda: Un enfoque rompedor para alcanzar la felicidad y el éxito*, Mark Manson afirma que podemos decidir qué nos importa una mi\*rda y qué no, tal como creían los estoicos. Igual que estos últimos, se apoya mucho en la elección: podemos decidir qué valoramos, cómo afrontamos la adversidad y qué significa todo ello. Si la vida nos deja una bolsa de mi\*rda humeante en la puerta, afirma Manson, puede que no sea culpa nuestra, pero sí es responsabilidad nuestra.[16] Según su lectura, yo podría haber decidido no tomarme la falta de respeto de mis hijos como algo personal. No debía permitir que otras personas me exasperaran. Manson niega estar participando en el renacimiento histórico de la filosofía estoica que se está produciendo desde 2012 —en el que se incluyen el blog «Stoicism Today», el libro *Diario para estoicos* de Ryan Holiday y Stephen Hanselman y las actividades públicas Stoic Week y Stoicon—, pero sus libros sugieren lo contrario.[17] En la actualidad, el grupo demográfico más atraído por el estoicismo —el que le ha valido el insolente apodo de «broicismo»— es el mismo al que Manson parece dirigirse con su «lenguaje directo» lleno de improperios.

En la esquina de Aristóteles, *Deja de hacer p\*ndejadas*, de Gary Bishop, habla de que podemos sentirnos mal, pero hacer las cosas de todos modos.[18] (Siendo «las cosas» el deber requerido. Por ejemplo, en alguna ocasión le he dicho a un niño malhumorado: «Es normal que estés enfadado/triste por tener que volver a casa en bici. Llora si quieres... mientras pedaleas».) Según esta filosofía, te enfrentes a lo que te enfrentes, sigues teniendo el poder de controlar tu comportamiento. Gary Bishop espera que, pese a todo, mantengas la compostura, ¡maldita sea!

Tanto si crees que puedes impedirte sentir ira (como los estoicos) como si crees que puedes sentirla siempre y cuando no actúes en consecuencia (como Aristóteles), hay muchas probabilidades de que los antiguos griegos y romanos te hayan dejado en herencia un prejuicio contra ella. Sin embargo, darle la espalda no te ayudará a verla con más claridad.

Puede que Aristóteles y los estoicos arrojaran luces distintas sobre mi lanzamiento de almendras a la hora de la cena, pero todos estaban de acuerdo en que tenía que calmarme. En teoría, yo también estaba de acuerdo, pero una parte de mí se enfurecía ante dicha sugerencia. Recordé la historia de Alejandro Magno, que domesticó a su caballo salvaje, Bucéfalo, obligándolo a mirar al sol. El caballo tenía miedo de su propia sombra, así que clavar la mirada en la luz impedía que se asustara. Pero también lo cegaba y lo volvía obediente. Como muchas mujeres, cuando me calmo, acabo concluyendo que lo que fuera que me ha enfurecido no era para tanto, que seguro que he exagerado. Como Bucéfalo, no me defiendo. Obedezco.

Los antiguos filósofos griegos y romanos no nos decían que escucháramos nuestra ira. No nos dejaron una lente útil a través de la cual ver o cuestionar las injusticias estructurales que tanto nos están enfureciendo. La industria actual de la autoayuda tampoco nos la proporciona. La autoayuda no se diseñó para ensanchar los pasillos demasiado estrechos de nuestra existencia. Solo promete ayudarnos a vivir nuestra mejor versión de la vida una vez que aceptemos que los caballos no se moverán lo más mínimo. Pero ¿y si creyéramos que sí pueden corcovear?

Durante la pandemia, las mujeres perdieron un millón de empleos más que los hombres. Las mujeres negras, latinas y asiáticas fueron las más afectadas de todas. Podemos luchar para cambiar este mundo —para ensanchar los pasillos de la existencia de las mujeres de color—, pero nunca lo haremos si estamos convencidos de antemano de que nuestra ira es irracional, fea o loca. Sentirnos culpables por sentir ira ha hecho que demasiados de nosotros nos mostremos distraídos y obedientes.

Es hora de demoler y reconstruir, de renovar nuestra forma de pensar sobre la ira y de ensanchar los muros emocionales que nos rodean. Podemos empezar por darnos más espacio para estar enfadados. ¿Qué cambiaría si extrajéramos nuestras ideas sobre la ira no de los antiguos griegos y romanos, sino de las mujeres de color del siglo xx? ¿Y si convirtiéramos a las mujeres de color en nuestras guías en la caverna de la ira? ¿Qué nos ayudarían a ver?


Es posible que Audre Lorde fuera la primera mujer de la historia moderna en defender su ira de forma explícita y en insistir en que, sin ira, no llegaremos a ninguna parte.

Antes de Lorde, entre las pioneras de la ira se cuentan la exesclava Sojourner Truth, cuyo airado discurso «¿Acaso no soy una mujer?» —pronunciado durante la Convención Nacional por los Derechos de las Mujeres celebrada en Ohio en 1851— dejó claro que las mujeres negras recibían un trato distinto al de las mujeres blancas; Ida B. Wells Barnett, que en 1892 denunció pública y airadamente el linchamiento de negros en Memphis; y Rosa Parks, que en 1955 declaró que su ira surgía de estar «cansada». En 1981, cuando ya era una figura literaria muy respetada en la comunidad negra, Lorde ofreció un famoso discurso en el que se quejaba de que le hubieran pedido que modificase su tono para que las oyentes se sintieran más cómodas. A Lorde le indignaba que a las personas menos apropiadas para ello se les exigiera una y otra vez que hablasen con mayor suavidad, cuando en realidad debían hacerlo más alto. Al negarse a calificar la ira de irracional, la escritora alumbró una alternativa filosófica a los textos antiguos.

Audre Lorde nació en Harlem en 1934, la tercera hija de una pareja de inmigrantes antillanos. Destacó en la escritura y la rebeldía, para consternación de su estricta madre, que se avergonzaba de tener una «niña salvaje». La madre de Lorde tenía la piel clara y podía pasar por no negra. Quizá por eso despreciaba a los negros de piel más oscura, los «otros», los que comían alubias de ojo negro y sandía. Al mismo tiempo, aunque la familia Lorde no hablaba de la injusticia racial, Audre captó el mensaje de que los blancos tampoco eran sus aliados.

El señor y la señora Lorde intentaron proteger a sus hijos de la fealdad del racismo, tal vez en un esfuerzo por superarlo, pero en un viaje a Washington D. C. no pudieron seguir escondiéndose de él. Después de visitar un museo histórico, fueron a una heladería en la que se les negó el servicio. Nadie le explicó a Audre por qué no podía comerse un helado. Su familia tampoco la ayudó a comprender lo que estaba sucediendo en Estados Unidos. Entre la opacidad de su familia respecto al racismo y la estricta educación que recibió, la rebeldía de Audre no hizo más que aumentar.

Puede que la señora Lorde pensara que educar a sus hijos para que desconfiasen de los blancos y se sintieran superiores a los negros les proporcionaría algún tipo de ventaja en la vida, pero Audre se negó a reproducir los prejuicios de su madre. En lugar de heredar esa parcialidad contra la piel clara y oscura, Audre se rodeó de hombres y mujeres de todas las tonalidades. Y se defendió a sí misma, primero en la poesía que escribió en el Hunter High School y más tarde en la poesía que publicó mientras estudiaba filosofía en el Hunter College.[19]

A los cuarenta y siete años, Lorde pronunció «Los usos de la ira» como discurso de apertura del congreso de la Asociación Nacional de Estudios de las Mujeres en Connecticut. El primer paso para comprender la ira, según Lorde, era dejar de temerla. «Mi miedo a la ira no me aportó nada —afirmó—. Vuestro miedo a la ira tampoco os enseñará nada.»[20]

Parece lógico temer a la ira, puesto que puede ser muy destructiva. Séneca no tuvo que forzar su miedo a ese sentimiento: como consejero de Nerón, un niño emperador muy enfadado y loco, fue testigo de que un hombre incendiaba una ciudad por pura diversión. Yo he temido a la ira desde que me di cuenta de que vivía bajo el techo de un padre iracundo. Es posible que tú también le tengas miedo a esa emoción si la has visto demasiado o demasiado poco. No temer a la ira requiere cierto esfuerzo, pero, si Lorde está en lo cierto, es necesaria para avanzar.

«Bien canalizada —le dijo Lorde a su público—, la ira puede convertirse en una poderosa fuente de energía al servicio del progreso y el cambio.»[21] Antes de 1981, pocas voces asociaban la ira con el progreso y el cambio, y las que lo hacían, como la de Malcolm X, terminaban retratadas en la prensa como oscuras y peligrosas. A quienes estamos acostumbrados a relacionar la ira con el peligro, emparejarla con el progreso y el cambio nos supone un esfuerzo extra.

Por si nos preocupa que la ira nos convierta en *haters*, Lorde insistió en la diferencia entre ira y odio. Su discurso sobre la ira iba dirigido contra el racismo, dijo, no contra las personas. «El odio es la furia de aquellos que no comparten nuestros objetivos, y su fin es la muerte y la destrucción.»[22] Lorde diría que poner bombas en clínicas abortistas no es ira en acción, es odio. Sin embargo, enfurecerse por una política que aparta a los niños inmigrantes de los brazos de sus padres no es odio. «Su objetivo es el cambio.»[23] La escritora hizo hincapié en que aprendiéramos a diferenciar la ira del odio para poder estar alerta ante las personas que los mezclan.

La filósofa contemporánea Myisha Cherry acuñó el término *rabia lordeana* para describir la ira dirigida contra el racismo.[24] Pero podemos extender a otros casos la defensa de la ira que hace Lorde; por ejemplo, a la exigencia de la igualdad salarial para las mujeres deportistas, a la eliminación de la brecha de género en cuanto a la empatía (personas que perciben que los hombres sufren más que las mujeres), al respeto y el apoyo a la neurodiversidad y a la reivindicación de derechos para las personas encarceladas. El tipo de ira de Lorde es aplicable a cualquier cosa que tenga la justicia como núcleo.

Enfadarse no siempre nos da la razón, pero tampoco nos convierte en irracionales. La ira puede ser muchas cosas, pero, en palabras de la autora, sin duda está «cargada de información y energía».[25] Si desestimamos nuestra ira porque pensamos que debe ser irracional, nunca la escucharemos. Si nos volvemos contra nosotros mismos, no descubriremos lo que nuestra ira pretende decirnos.

A muchos de nosotros, en pleno arrebato de ira, nos dicen que nos calmemos. En su discurso, Lorde relató una experiencia en la que se encontraba en un congreso académico dando «expresión directa a la ira provocada por algo concreto». Una mujer blanca anónima respondió al enfado de Lorde diciendo: «Cuénteme cómo se siente, pero no lo cuente con tanta crudeza porque me impide escucharla».[26] Yo también he sido víctima de la policía del tono, y es una distracción insidiosa. La persona con la que estás hablando desvía la atención de lo que le estás diciendo a cómo se lo estás diciendo. Cuando a una mujer enfadada se la reprende por su tono, se le está recordando que debe avergonzarse de su ira, que debe saber cuál es su sitio. En un mundo inundado de luz, no hay lugar para la oscuridad. Los partidarios del *statu quo*, los titiriteros, la llamarán irracional e incluso la harán callar por la fuerza si es necesario.

Platón pensaba que actuar con ira era irracional. Los estoicos pensaban que era una locura. Aristóteles opinaba que era feo. Atrapado entre estas luces antiguas, no es muy probable que seas capaz de confrontar a la policía del tono si va a por ti. Lo más normal será que te retractes, lo reformules o lo dejes pasar. Por si fuera poco, puede que también te avergüences de haberte «permitido» enfadarte (gracias, estoicos). A menudo, mi ira me ha hecho sentir defectuosa y débil, me ha hecho desear ser más dócil. A muchas de las personas que vivimos en Estados Unidos, el sentimiento de ira nos provoca una vergüenza que no hace más que agravarse si la expresamos.

Lorde no se rindió ante la policía del tono. Más bien se preguntó si la mujer blanca que la reprendió por su ira no lo haría porque no podía soportar escuchar las palabras que Audre estaba pronunciando. Escuchar le habría exigido cambiar.[27] Dirigiéndose a la policía del tono de todo el mundo, Lorde proclamó: «Yo no puedo ocultar mi ira para evitaros el sentimiento de culpa, la susceptibilidad herida, la ira que desencadeno en vosotras; ocultarla sería menospreciar y trivializar nuestros esfuerzos».[28] Si la escritora hubiera creído que su ira era irracional, jamás se habría atrevido a ocupar un espacio en la sala de conferencias aquel día. La creencia de Lorde en la racionalidad de su ira le permitió buscar justicia.

Una sociedad que equipara la fuerza de una mujer con su capacidad para reprimir las quejas, una sociedad que nos amonesta con el eterno recordatorio de que siempre hay alguien que está peor, una sociedad que le da a una mujer un libro de autoayuda en lugar de reconocer que su situación es injusta, es una sociedad llena de mujeres enfermas. En *Enfurecidas: Reivindicar el poder de la ira femenina*, la experta en ira Soraya Chemaly analiza un estudio según el cual «la furia es el factor emocional más destacado de los que afectan al dolor».[29] Y como las mujeres sufren más en silencio que los hombres, concluye Chemaly, la ira afecta al cuerpo de la mujer de formas de las que aún no nos hemos siquiera percatado.[30] Lo que mi querida prima de Minnesota lleva tiempo llamando «dolor pélvico crónico» bien podría ser ira reprimida. A fin de cuentas, hemos aprendido que, cuando nos tragamos la ira, esta no desaparece. También hemos oído decir que cuando la expresamos (como se anima a los chicos a hacer con más frecuencia), sobrevivimos. En un estudio citado por Chemaly, las pacientes de cáncer de mama que expresaron su ira tuvieron un índice de supervivencia que duplicaba al de las que se la guardaron.[31]

La ira que Lorde describía en su discurso era intensamente oscura. También era metódica, lúcida y calculadora, justo aquellas características que adoptamos cuando tenemos que movernos en la oscuridad. Audre nos pedía que confiáramos en nosotras mismas y que utilizáramos la ira como una herramienta con la que «cavar en busca de la verdad», la nuestra y la de nuestro mundo.[32] No podemos hacerlo escarbando con nuestras propias manos. Necesitamos que la ira sea la pala que inicia la excavación y aparte la tierra a un lado y a otro del problema. Solo podemos llegar a la verdad si aprendemos a utilizar nuestra herramienta en lugar de dar por hecho que es algo que debemos ocultar.

Es probable que incluso quienes, estando de acuerdo con Lorde, hemos empezado a hacer pequeños esfuerzos para vincular «ira» con «herramienta» y «verdad» sigamos lastrados por las otras dos cargas que nos ha legado la antigua filosofía de la luz: «loca» y «fea».

El 6 de enero de 2021, cientos de personas, en su mayoría hombres blancos, irrumpieron en el edificio del Capitolio de Estados Unidos para «detener el robo», es decir, para impedir que Joe Biden fuera declarado ganador oficial de las elecciones presidenciales de 2020. El mundo vio a los manifestantes ir ganando terreno: primero superaron las barricadas policiales para invadir la escalinata del Capitolio. Después accedieron al edificio destrozando ventanas y cuerpos. Yo no era la única espectadora que esperaba que la policía respondiera con más violencia a la violencia de los manifestantes. Contuvimos la respiración colectivamente mientras aguardábamos a que los agentes sacaran las porras y las pistolas, pero ese día no los vimos golpear a ningún amotinado. En lugar de ver a delincuentes heridos trasladados en camilla, vimos a cientos de personas que sonreían mientras las escoltaban hacia el exterior del edificio como si fueran los asistentes a un espectáculo de Broadway cuando los invitan a salir por una puerta de doble hoja al final de la función. En el interior del Capitolio no se arrestó a ningún amotinado iracundo y, cuando terminó la jornada, solo habían detenido a cincuenta y dos personas, a la mayoría por violar el toque de queda de las cinco de la tarde.[33] Al día siguiente, el FBI hizo un llamamiento en el que pedían colaboración para localizar a las personas a las que la policía había permitido «hacer de las suyas» el día anterior a cambio de un incentivo económico.[34] Eso hizo que muchos nos preguntáramos por qué los agentes no habían arrestado a los manifestantes mientras estaban en el edificio. ¿Por qué los habían dejado marchar?

Los más confundidos estábamos acostumbrados a ver vídeos de policías apaleando a negros. Habíamos visto a cuatro mil miembros armados de la Guardia Nacional, vestidos con el uniforme del ejército, «proteger» las escaleras del Lincoln Memorial durante una protesta del

Black Lives Matter hacía seis meses.[35] Habíamos leído acerca del uso de granadas aturdidoras, balas de goma, pistolas paralizantes, gases lacrimógenos, espráis de pimienta y porras contra los participantes en las protestas tras el asesinato de George Floyd.[36] Habíamos oído hablar de las miles de detenciones que se habían llevado a cabo aquella noche y en las décadas posteriores al inicio del movimiento por los derechos civiles, y no precisamente por aplastarle la tráquea a algún agente de policía, sino por el mero hecho de sentarse.[37]

La metáfora de la luz —que en un anuncio publicitario tiene el aspecto de una mujer blanca con una sonrisa resplandeciente y, en el programa de televisión *Cops*, el de un hombre negro al que están inmovilizando— ha hecho que resulte más difícil que la ira blanca se vea como peligrosa. «El asalto al Capitolio, un ataque más siniestro de lo que parecía a primera vista», decía un titular de Associated Press.[38] ¿Qué era lo que no parecía «siniestro a primera vista» de aquella turba enfurecida que rompía las ventanas del Capitolio? ¿A quién no se lo parecía? Uno de los hombres que participaron en el motín llevaba una horca, un símbolo de la violencia ejercida contra los cuerpos negros tras la emancipación; otro entró en el edificio con una bandera confederada; y no fueron pocos los amotinados que se dedicaron a reventar cristales. Llevaban armas: pistolas, cuchillos, tuberías y correas. Montaron un patíbulo dentro del edificio y gritaban: «¡Colgad a Mike Pence!».[39] Escondieron bombas por todo el Capitolio. ¿Qué parte de una sudadera que decía «MAGA CIVIL WAR JANUARY 6, 2021» (guerra civil del MAGA,* 6 de enero de 2021) daba la impresión de que aquella gente iba en son de paz?

Desde el ataque, la gente ha especulado con que si los amotinados hubieran sido negros, les habrían disparado.[40] Para que quede claro: no se tendió una alfombra roja para que aquellos hombres blancos entraran en el Capitolio, pero tampoco puede decirse que su ira se interpretara inmediatamente (ni nunca, en algunos casos) como una locura o un peligro.

Los estoicos negarían la sensatez de la ira, también la de los amotinados del Capitolio. Aristóteles habría reprendido el comportamiento, no el sentimiento. ¿Quién gana en este debate? Puede que dependa de los medios de comunicación que sigas. Para muchos espectadores y participantes, el ganador fue Aristóteles. No era la ira lo que estaba mal, decían los comentaristas, sino el comportamiento motivado por ella. Incluso uno de los amotinados, al que un periodista consiguió identificar más tarde, reconoció que «las cosas se les fueron de las manos».[41] No admitió que su ira fuera una locura, solo lo había sido su comportamiento. Si los amotinados hubieran sido negros, quizá habrían ganado los estoicos. Quizá los espectadores habrían considerado que la ira, y no solo las acciones llevadas a cabo en su nombre, era una locura.

---

* Movimiento «Make America Great Again», que podría traducirse como «haced que Estados Unidos vuelva a ser grande». (N. de la t.)

En *Killing Rage* (1995), la autora y filósofa estadounidense bell hooks critica el libro de 1968 *Black Rage*, que es un retrato psicológico del temperamento del hombre negro. Hooks se queja de que, aunque los autores son negros, intentan «convencer a los lectores de que la rabia no era más que un signo de impotencia».[42] La autora sostiene que la ira del hombre negro suele patologizarse o calificarse de enferma, mientras que lo más habitual es que la ira del hombre blanco se considere justificada por las circunstancias (como los disturbios del Capitolio, añadiría yo).[43] Deberíamos plantearnos la idea, sugiere hooks, de que la ira de los negros nunca ha recibido un trato justo. Mientras asociemos la oscuridad con lo patológico, no seremos capaces de ver la ira negra tal como la ve hooks: como una «reacción potencialmente sana, potencialmente curativa a la opresión y la explotación».[44]

Lorde creía que la ira es informativa y racional, a lo que hooks añadiría que es potencialmente sana. Ambas me ayudaron a ver que cuando me entraba la «ira covidiana» porque mis hijos me interrumpían, me equivocaba al enfadarme con ellos por necesitar ayuda y al hacerlos sentir como una carga. Pero alinearme con Lorde y con hooks como filósofas de la ira en lugar de con Aristóteles y con los estoicos me permitió aprender que no tendría que haber juzgado mi rabia antes de escucharla.

Si la hubiera escuchado, habría podido utilizarla para «cavar en busca de la verdad», para preguntar qué estaba ocurriendo en realidad en mi casa. A partir de ahora, me dije, escucharé a mi ira. Veré mi estado de ánimo sombrío como un aliado que intenta facilitarme información. Dejaré de dar por supuesta mi propia irracionalidad o locura y llevaré la cabeza iracunda un poco más alta.

Pero aún quedaba un problema: la ira me hacía sentir fea. La metáfora de la luz dice que las mujeres iracundas son feas en comparación con las que, cuando hablan de sus insoportables circunstancias, dicen: «¡No puedo quejarme!». Esas son las que reciben los apelativos de bellas, radiantes, resplandecientes.

En la década de 1970, llamar fea a una feminista era una forma estupenda de evitar tomarse en serio sus ideas. Es una táctica barata pero eficaz: centrarse en el aspecto físico de una mujer en lugar de escuchar sus palabras es una forma de diluir su mensaje. A la filósofa argentina María Lugones no parecía importarle si la consideraban fea o no. Una vez la vi comerse una pera entera: piel, semillas, corazón. En comparación con mi madre chilena —que se come las peras con delicadeza, pelándolas con un cuchillo y cortándolas luego en trocitos que después se lleva a la boca con un tenedor de postre—, Lugones parecía un animal. Tal vez fuese su manera de desafiar las convenciones —mostrar su desprecio hacia la civilización— o tal vez no quisiera desperdiciar comida. En cualquier caso, se arriesgó a parecer una bárbara mientras confiaba en que su cuerpo absorbiera los nutrientes de la fruta y eliminara los residuos. Para entonces, María ya había aprendido a confiar en su mente para que distinguiera lo bueno y lo malo de lo que ella llamaba su «ira difícil desbordante».[45]

Al contrario que Audre Lorde y bell hooks, Lugones no siempre fue defensora de la ira. Como le ocurrió a Séneca mientras veía arder Roma, Lugones tenía motivos para mostrarse escéptica ante ese sentimiento. En su juventud vio el tipo de ira que se manifiesta como violencia: «Me mudé a Estados Unidos huyendo de la violencia. Mi ubicación es la de alguien que se trasladó para alejarse del maltrato, la violación sistemática y la tortura psicológica y física extremas por parte de las personas más cercanas a mí. Me reubiqué en el sentido de salir en busca de un nuevo lugar geográfico, de una nueva identidad, de un nuevo conjunto de relaciones».[46] En la década de 1960, Lugones huyó de Argentina a Estados Unidos, donde se licenció y luego se doctoró en Filosofía. Fue profesora en el Carleton College de 1972 a 1994, cuando se trasladó a la Universidad de Binghamton para continuar ejerciendo la docencia hasta su muerte en 2020.[47]

A Lugones le preocupaba lo que la ira decía de ella, en quién la convertía: «Por un lado, me descubro cada vez más enfadada; por el otro, nunca me ha gustado que la emoción me sobrepase».[48] A muchos de nosotros nos resulta familiar el conflicto interior de Lugones. Durante un buen arrebato de ira, es posible que nos sintamos como el Coyote, que ya ha superado el borde del acantilado, pero cuyos pies siguen pedaleando. Cuando nos damos cuenta de que hemos ido demasiado lejos, lamentamos haber abandonado la tierra firme. Deseamos volver a la tierra de la gente amable.

«Sobre todo —escribió Lugones—, me he desagradado en la ira profunda y abrumadora.»[49] Pocas mujeres iracundas son capaces de mirarse al espejo mientras están enfurecidas y pensar que les gusta lo que ven. La ira tiende a hacernos sentir aún más feas que la tristeza o la ansiedad. Tal vez sea porque la ira es una emoción estereotipadamente masculina que se supone que nosotras no debemos sentir y mucho menos expresar. Puede que Lugones se sintiera fea. Puede que la hubieran educado para mantener su ira a raya y para comerse una pera «como una dama»: pelándola, cortándola y desechando las partes bastas.

Sin embargo, las mujeres estamos cada vez más enfadadas, y esa suposición automática de que la ira es fea empieza a molestarnos. Comenzamos a darnos cuenta de que aunque el hecho de que una mujer exija que se la escuche en una reunión de trabajo pueda parecer feo, eso no tiene por qué ser así. Si reeducamos nuestra vista para ver en la oscuridad, es posible que algún día lleguemos a la conclusión de que nuestra ira es bella. Aun así, con el tiempo, cuando hayamos progresado de verdad, superaremos el ámbito de lo meramente estético, como ya ocurre con algunos grupos. No solemos calificar ni de fea ni de bella la ira de un blanco; solo nos preguntamos si está justificada.

Lugones nos ofrece tres perlas de sabiduría sobre la ira en la oscuridad:

En primer lugar, deja de hablar de la ira en singular. Lugones no fue la primera filósofa en sugerir que este sentimiento tiene muchos nombres. Los griegos distinguían entre diferentes iras y le asignaban a cada una su propio nombre. *Némesis* es la hija de la Justicia. Vuela por ahí, daga en mano, enmendando las cosas. Repara los agravios. Exige compensaciones y le entrega a la parte perjudicada lo que se le debe.[50] *Orgē* es la ira intensa rayana en la locura, la que tanto temían Séneca y Cicerón. También están *mēnis* (cólera), *chalepaino* (fastidio), *kotos* (resentimiento) y *cholos* (amargura, derivada de «bilis»).[51] No solo hay distintos términos para describir las distintas iras, sino que, además, en los textos griegos a algunas de ellas se las representa como emociones animosas en lugar de deprimentes.[52] Cuando Lugones nos recuerda que hay múltiples iras, se está vinculando con una larga tradición que hemos olvidado y que, al menos, respetaba la diversidad de ese sentimiento.

La idea de que existen varias iras explica muchas cosas. Explica por qué algunas personas siguen sintiéndose feas a pesar de estar de acuerdo con Lorde en que la ira es una herramienta política sana y racional. La insidiosa voz de mi cabeza que me recuerda lo nerviosa que me ponía de pequeña cuando me sentaba a la mesa a cenar, la voz que me asegura que he heredado la ira de mi padre, no se equivoca siempre. A veces, mi ira daña a mis hijos y, a veces, también me daña a mí. Limitarnos a invertir las posiciones sobre la ira y concluir que la oscuridad es la nueva luz no servirá de nada. Siguiendo el ejemplo de Lugones, podríamos empezar a hablar de *kotos* frente a *némesis*, en lugar de hablar solo de «su ira» frente a «nuestra ira». No es cierto que la ira sea ira sin más: hay que estudiar la historia, el origen, el efecto y la productividad de cada una de ellas para determinar si es fea o no.

La idea de que existen muchas iras también explica cómo podría llegarse a concluir que la de los amotinados del Capitolio era fea. Dicha conclusión no es un mero producto engañoso de la propaganda contra la ira. El truco está en reconocer que nuestras iras son complejas y en no despreciar su complejidad reprimiéndolas como robots o haciéndolas estallar sobre agentes de policía y edificios gubernamentales.

En segundo lugar, Lugones estaba de acuerdo con Lorde en que algunas iras son «muy informativas». La filósofa argentina había observado a mujeres que, en los momentos de «ira difícil desbordante», se mostraban, según ella, «terriblemente lúcidas».[53] Sus palabras resonaban «limpias, verdaderas, sin diluir por el respeto hacia los sentimientos o las posibles reacciones de los demás».[54] ¿Alguna vez te has enfadado tanto que se te aclara la mente? Cuando dejas de malgastar energía en controlar cómo se te percibe, puedes dedicarla a encontrar las palabras adecuadas. Yo, por lo general, siempre soy más elocuente cuando mi ira supera mi preocupación por la impresión que causo.

En último lugar, Lugones nos dejó dos categorías filosóficas para ayudarnos a ver la ira con mayor claridad. No son tipos de ira como *némesis* y *thumos*, sino más bien dos maneras de utilizarla. A la primera la llama ira «de primer orden». Es «resistente, mesurada, comunicativa y mira al pasado».[55] La ira de primer orden pretende ser escuchada y comprendida.

De pequeño, expresaste ira de primer orden cuando alguien te robó un juguete y gritaste: «¡Es injusto!». La utilizas cuando necesitas comunicarle algo a alguien que quizá no sepa lo que está pasando, pero que te creería si fueras capaz de articular tu queja de manera adecuada. La ira de primer orden describe la de los amotinados del Capitolio. Pero también la de los manifestantes del Black Lives Matter. Ambos grupos afirman buscar la justicia, y ambas partes tienen algo importante que decir. No podemos saber de antemano si la ira de primer orden es virtuosa —eso dependerá del razonamiento, las pruebas y los precedentes—, pero siempre es comunicativa, siempre intenta decirnos algo. El problema es que solo tiene sentido para las personas que están dispuestas a escucharla y/o que hablan el mismo idioma. Para las personas que no comprenden el argumento de los manifestantes del Black Lives Matter, por ejemplo, la ira es un sinsentido, literalmente hablando. Los críticos son incapaces de entender por qué los negros están tan enfadados. Por supuesto, algunos de ellos ni siquiera lo intentan, atrapados como están en la narrativa de que la ira de las personas negras es una locura.

La ira de segundo orden puede estallar cuando una mujer comunica su ira de primer orden y se le niega su demanda de ser escuchada. Si alguna vez tu ira ha empezado siendo comedida pero —a medida que ibas dándote cuenta de que tu interlocutor no te escuchaba o no mostraba interés— se ha vuelto cada vez más desesperada y escandalosa, es posible que te hayas desviado hacia la ira de segundo orden. Cuando sientes que no te entienden, intentas expresarte con más claridad, articular tu argumento con mayor precisión. Por descontado, supones que la otra persona te hará caso si te esmeras más en comunicarte. Pero, cuando ni siquiera eso funciona —cuando el esfuerzo realizado te ha hecho romper a sudar por la tensión mental, la energía emocional y la confianza malgastada—, puede que termines «explotando». Sin embargo, con Lugones cerca ya no tienes por qué avergonzarte de ese momento. Tu ira no está haciendo más que adoptar un objetivo distinto: la autoprotección.

La ira de segundo orden no trata de comunicar nada. Lugones la describió como «resistente, rabiosa, poco comunicativa y mira hacia el futuro».[56] La utilizas cuando no se escucha, no se comprende o no se presta atención a tu ira de primer orden, cuando te tachan de persona que despotrica y desvaría. Si tu interlocutor no es capaz de ver o entender la razón de tu ira, sino que más bien te trata de «loca» o «dramática», lo más normal es que se pierda la esperanza de comunicación. Te han asignado el papel de un sentimiento en lugar del de una persona con una reivindicación coherente. Aquí es donde la ira de segundo orden puede resultar útil.

Lugones definió la ira de segundo orden como una «experiencia de conocimiento» más que como una experiencia comunicativa. También la describió como una forma de autocuidado.[57] En la ira de segundo orden, ya no estás intentando convencer a nadie de que tu ira está justificada. Dejas de manifestar que te mereces algo mejor, que el mundo es sexista, que necesitas un descanso o que estás harta. La ira de segundo orden nos protege de un mundo en el que las personas que querríamos que nos comprendieran no nos comprenden. Es la mujer antimascarillas mientras la escoltan hasta la salida del supermercado en plena explosión de COVID. Está pronunciando palabras, pero ha perdido la esperanza de que la entiendan, así que se revuelve para intentar aislarse de lo que percibe como una injusticia. La ira de segundo orden representa su decisión de resistir en un mundo que la tilda de loca, el mismo mundo que su amiga, su jefe o las personas con las que coincide en la compra intentan convencerla de que habita. Se envuelve en la oscuridad de la ira para escapar de la luz cegadora de las convenciones sociales. Al igual que la ira de primer orden, la de segundo orden no tiene por qué ser virtuosa, pero puede serlo.

Empleamos la ira de segundo orden cuando corremos el riesgo de creer que estamos locas.[58] En el momento en el que te das cuenta de que, literalmente, una persona o un grupo de personas no te entiende, dejas de comunicarte y empiezas a preservar tu cordura. Si a una mujer se la manipula psicológicamente —si se le dice que no hay motivo para su ira cuando sí lo hay—, lo último que necesita en ese momento es creer que su ira es irracional, loca o fea. Referirse a una mujer airada de cualquiera de estas formas es un intento de avergonzarla para que se conforme. La ira de segundo orden rechaza la vergüenza y, por lo tanto, nos permite permanecer en nuestro propio bando. En lugar de permitir que nos convenzan de que estamos siendo ridículas, la ira de segundo orden le cierra el paso al mundo de los que no te creen. Puede que en la ira de segundo orden estés gritando y señalando con el dedo, pero tus verbalizaciones y gestos no están dirigidos a comunicarse con los demás, sino que son un medio para alejar a los detractores y protegerte de ellos.

Cuanto más claro tengamos el tipo de ira que estamos sintiendo —*némesis*, de primer orden, o *kotos*, de segundo—, mejor sabremos utilizarla. «Conócete a ti mismo» es un antiguo mandamiento filosófico que aún sigue vigente. Reconocer y nombrar nuestras iras nos ayuda a ver cuáles son buenas y cuáles son malas, cuáles son respuestas útiles a la injusticia y cuáles son miedo disfrazado. Si empleo la *némesis* de primer orden en mi interacción con otra persona, significa que creo que puedo ganar terreno hablando con ella sobre la injusticia. Si empleo *kotos* de segundo orden, significa que, de una manera u otra, soy consciente de que estoy resentida porque no se me ha tomado en serio.

Como he heredado una gran cantidad de ira de mi padre, antes desconfiaba de todas mis iras. Sin embargo, escuchando a Lugones he llegado a darme cuenta de que no todas ellas son feas. A algunas solo hay que entrenarlas.

. . .

Cuando Aristóteles sugería que entrenáramos nuestra ira, se refería a que aprendiéramos a controlarla. Ese es el tipo de consejo que se obtiene cuando arrojas luz sobre una emoción oscura como la ira. Las técnicas de control de la ira, según Soraya Chemaly, se idearon para controlar «la furia monstruosa y destructiva», o la que asociamos «a los hombres». Los antiguos no estudiaban la ira de las mujeres, como tampoco lo hacen hoy muchos de los expertos en ira. Concebir la ira solo de la manera típicamente masculina lleva, de forma inevitable, a la conclusión de que la ira debe ser controlada y manejada.[59] «En cuanto a las mujeres —escribe Chemaly—, un control saludable de la ira no implica ejercer más control, sino menos. Todo el tiempo estamos gestionando la furia sin ser ni siquiera conscientes de ello.»[60]

Dado que mi ira covidiana coincidió con la redacción de este capítulo, me desafié a mí misma a permanecer con ella en la oscuridad hasta que fuera capaz de ver algo nuevo. Empecé refiriéndome a mi ira como «veneno», tal como hacía siempre, y regurgitando el tópico de que estaba destruyendo a mi familia. Había llegado a un lugar conocido. Las personas iracundas cargan con mucha vergüenza. La diferencia era que esta vez no estaba sola en la oscuridad. Tenía a Lorde, a hooks y a Lugones sentadas a mi lado.

Después de horas de pensar, escribir y habitar la oscuridad de mi ira, por fin vi lo que no había conseguido ver bajo la luz. Lo dije en voz alta: «Estoy quemada».

Decir que estaba quemada era totalmente distinto a decir que estaba rota. Estar rota significa que en el interior hay algo que está estropeado, como una tubería de agua que estalla detrás del pladur. Estar quemada significa que en el exterior hay algo que nos está haciendo daño, como si los ladrillos de la parte externa de una casa se erosionaran por estar demasiado expuestos al agua. El problema es que muchas de nosotras no sabemos hacer esa distinción: nos han condicionado para dar por sentado que, cuando percibimos podredumbre, viene de dentro, que es cosa nuestra.

Los filósofos tienen un término especializado para el descrédito de ciertas voces: *injusticia epistémica*.[61] La «justicia» epistémica se produce cuando a una persona que sabe algo se la percibe como conocedora y se la trata como a alguien que sabe cosas. La injusticia epistémica se produce cuando a una persona que sabe algo no se la percibe como conocedora. En Estados Unidos, donde las mujeres de color se enfrentan de forma rutinaria a la injusticia epistémica, ha sido casi imposible convencer a la comunidad de filósofos profesionales que siempre ha asociado «conocimiento» con «luz» y «hombres» de que empiece a asociarlo con «oscuridad» y «mujeres». Como me crie en Estados Unidos, donde todavía dominan las filosofías antiguas, me enseñaron a pensar que sentir ira significaba que estaba rota, con síndrome premenstrual, enferma. Me enseñaron a desconfiar de mi ira. Me creí la historia de que somos seres rotos.

Al principio del período de confinamiento de la pandemia había visto titulares acerca de que las mujeres no lo estaban llevando bien, variaciones de «Las mujeres se están derrumbando». Muchos de estos comentaristas parecían insinuar que, desde el punto de vista emocional, las mujeres eran demasiado frágiles para la pandemia. Puede que el «sexo débil» fuese demasiado sensible al aumento del número de muertos. A lo mejor el exceso de lágrimas nos estaba reventando las tuberías.

Con el tiempo, en cambio, empecé a ver artículos que detallaban las malas condiciones de trabajo de las mujeres durante el confinamiento, pues se esperaba que supervisaran el aprendizaje a distancia de sus hijos al mismo tiempo que trabajaban a jornada completa desde casa. Los estudios sobre los hogares con dos ingresos en Estados Unidos ya habían demostrado que las mujeres llevaban a cabo más tareas domésticas de las que les correspondían y cobraban menos por el trabajo externo, pero en el transcurso de la pandemia las exigencias domésticas para las mujeres no hicieron más que aumentar. Para hacerles frente, las mujeres redujeron su jornada o abandonaron la fuerza laboral a un ritmo sin precedentes. Esos artículos me ayudaron a darme cuenta de que estaba sobrecargada. Mi cuerpo me estaba diciendo que no y, a posteriori, me doy cuenta de que lo decía alto y claro. Salir de debajo de la luz de la filosofía antigua también me ayudó.

Cuando decidí confiar en Lorde, hooks y Lugones, las tres me ayudaron a permanecer en mi propio bando. Identifiqué mi ira como el tipo de «experiencia de conocimiento» de la que habla Lugones. Mi ira estaba reconociendo y resistiéndose a las expectativas adicionales que se habían depositado sobre mí. Había tomado la forma de *kotos* de segundo orden: se había convertido en resentimiento por lo injusto de mi situación y no tenía intención de intentar comunicar nada. Escuchar a mi ira me ayudó. En lugar de seguir perdiendo el tiempo reprendiéndome, empecé a pedir, a exigir y a crear más tiempo para mí. Empecé a comunicar mis necesidades, de manera que transformé la ira de segundo orden en ira de primer orden. Por suerte, mis demandas se vieron satisfechas. Dejé de fregar los platos, reduje a la mitad las exigencias de la educación en casa y conseguí un descanso de tres días en el cuidado de los niños pidiéndoles a mis suegros que se encargaran de ellos.

No todo el mundo obtendrá el alivio que exige su ira. Pero volverte contra tu sentimiento por el mero hecho de que tus necesidades no vayan a obtener satisfacción sería un error. La función de la ira es protegernos, mantenernos ancladas a la realidad de lo injusto de nuestra situación. Lorde, hooks y Lugones discreparían de todo el que dijera que la ira es inútil si no puedes cambiar la situación. Una de las funciones de la ira es preservar la dignidad. Las mujeres que están casadas con parejas que ejercen de policías del tono o que las manipulan psicológicamente podrían cambiar su ira de primer orden, con la que esperan obtener resultados, por la de segundo orden, con la que renuncian a la satisfacción, pero preservan su cordura. Conocer esta diferencia podría ayudarlas a decidir si se quedan o se van.

Si continuamos escuchando a los mercaderes de la luz que nos dicen que la ira es, por defecto, fea, loca e irracional, perderemos un medio para luchar por la justicia. Si no nos refugiamos en Lorde, Lugones y hooks, corremos el riesgo de perdernos a nosotras mismas y nuestra oportunidad de ver en la oscuridad. Nos volvemos contra nosotras mismas, preguntándonos si los promotores de la luz tendrán razón en cuanto a que nos gusta ser negativas. Para permanecer en nuestro bando, tendremos que aprender a sustituir «¿Qué problema tengo?» por «¿Qué problema tiene mi situación?». Las que seguimos tentadas de mirar hacia el interior para encontrar la falla en nosotras mismas solo necesitamos salir fuera y echar un vistazo a nuestro alrededor. Alguien o algo nos está apuntando con una manguera y se está beneficiando de nuestra vergüenza.

Como había llegado a dudar de mi ira con tanta intensidad y desde tan joven, no ha sido fácil aprender a confiar en ella. Al principio, es probable que a las personas que no sienten ira con facilidad les parezca un error. Pero respetar nuestras iras nos libera para lanzar algunas críticas hacia el exterior, críticas que estarían a nuestra disposición si la vergüenza no nos hubiera silenciado. El tiempo que dediqué a intentar acallar mi rabia y a reprenderme por no ser capaz de hacerlo fue tiempo que no dediqué a escuchar una historia de dinámicas de género corruptas en mi hogar y en la sociedad. Para ver algunas de nuestras iras como dignas e incluso posiblemente justificadas, tendremos que empezar a entrenarlas para que trabajen a nuestro favor, como nos animó a hacer Lugones, en lugar de seguir el consejo de controlarlas que nos daba Aristóteles.[62]

A estas alturas de la historia, es innegable que estamos airadas, incluso las que pensamos lo contrario. Esta constatación nos presenta una elección: no la de si sentir la ira o no, sino la de si volcarla hacia dentro o hacia fuera, la de entrenarla o sufrir las consecuencias de no entrenarla. La próxima vez que nos encontremos en la oscuridad de la ira, intentemos no calmarnos contando hasta diez o golpeando un cojín. No respiremos ni hagamos yoga para mejorar nuestro estado de ánimo. Permanezcamos en la oscuridad durante una o dos horas y escuchemos a nuestra ira.

No estaremos solas. El movimiento Black Lives Matter surgió del reconocimiento de la ira. A pesar de que ni la obra de Audre Lorde ni la de bell hooks son aún muy conocidas, han reeducado a un puñado de defensoras contemporáneas de la ira. Soraya Chemaly, Brittney Cooper, Myisha Cherry, Rebecca Traistor y Austin Channing Brown rechazan la historia de que somos seres rotos y nos están ayudando a darnos cuenta de que la oscuridad de la ira es una reacción apropiada ante la injusticia. Aunque las enseñanzas de Buda dicen que la ira causa sufrimiento y debe abandonarse, el maestro del dharma y budista contemporáneo Lama Rod Owens dio cabida a la ira en su libro de 2020 *Love and Rage: The Path of Liberation through*

*Anger*.[63] Esta nueva generación de activistas de la ira nos recuerda que buscar la justicia implica expresar nuestra insatisfacción, incluso cuando eso contraría a los críticos que viven tanto dentro como fuera de nuestro hogar. Y aunque la ira no es una emoción agradable, lo menos que podemos hacer es poner en duda el supuesto de que es loca, irracional y fea. Si evitamos sentir desconfianza en nosotras mismas —además de ira—, utilizaremos nuestra ira de una forma más eficaz e impediremos que «nos corroa por dentro», en palabras de Howard Thurman.[64]

Sin embargo, muchos años antes de que estas activistas contemporáneas de la ira publicaran sus primeros libros, Audre Lorde, bell hooks y María Lugones ya nos mostraron cómo es la ira en la oscuridad. Si este trío de color te convence de que la ira es una herramienta personal y política —siempre y cuando quieras continuar en tu propio bando, claro—, puedes ponerte manos a la obra para cavar en busca de la verdad de tu corazón y, lo que es igual de importante, para transformar la sociedad. No hagas caso omiso de tu ira ni la reprimas. Gracias al legado de estas mujeres, aquellas a las que tradicionalmente no se nos ha permitido enfadarnos, y mucho menos expresarlo, tenemos la oportunidad de conocer la ira en la oscuridad. Una vez que aceptemos permanecer en la ira en lugar de encender una luz, veremos que las filosofías antiguas que nos han mantenido bajo una lámpara de calor durante casi dos mil quinientos años no nos conocían ni a nosotras ni a nuestra ira cuando dijeron que estábamos equivocadas al sentirla o expresarla.

En la oscuridad vemos que, por lo general, las primeras personas a las que se califica de irracionales, locas y feas son aquellas que sienten una ira más legítima. En la oscuridad, vemos que hay que entrenar la ira, no reprimirla ni manejarla. Escucha a tu ira. Estúdiala. Ponle nombre. Úsala para «cavar en busca de la verdad». Y luego transmite la sabiduría de Lorde, hooks y Lugones a toda persona a la que le hayan impuesto una dieta de filosofía carente de color.

# 2

## SUFRO, LUEGO EXISTO

Una vez, en el parque, mientras tomaba en brazos a mi hijo de dos o tres años porque estaba llorando, un desconocido me dijo que si reconoces su dolor, los niños lloran más, así que es mejor no atenderlos. Recuerdo que, de pequeña, oía hablar de «regodearse en la autocompasión» o de «querer llamar la atención». Oía a esas mismas personas decirles a sus hijos: «Esto es lo que hay, y ni se te ocurra enfadarte». Los niños que oyeron este tipo de expresiones se criaron con la idea de que nadie quiere oír dónde les duele ni verlos llorar. Habernos criado en un mundo tan frío podría ser uno de los motivos por los que algunos de nosotros somos reacios a transmitir nuestro dolor físico, emocional o psicológico.

En Estados Unidos, el aumento de la depresión ha desconcertado tanto a la comunidad psiquiátrica que se han pasado por alto otros estados de ánimo complicados, entre ellos la «tristeza intensa».[1] La tristeza es real, argumentan, y merece la pena estudiarla. Pero cuando se la examina, esta emoción empieza a esfumarse tanto teórica como lingüísticamente. La tristeza tiene elementos físicos, pero también psicológicos y emocionales. Tristeza y dolor son sinónimos muy a menudo, pero no siempre. En general, los estados de ánimo ambiguos provocan que la gente anhele la simplicidad. Los primeros lectores de este capítulo sobre el dolor concebido de una forma amplia me preguntaban una y otra vez: «Pero ¿aquí no estás hablando de la preocupación? ¿No te refieres ahora al dolor físico? ¿Y esto no es solo tristeza?».

Quiero alejarme y tener la perspectiva suficiente para ver dónde convergen la angustia física y la emocional, dónde se fusionan la preocupación, la tristeza y el dolor. Como filósofa bilingüe, he elegido una palabra española para designar esta complicada zona gris que se resiste a una traducción simplista al inglés. En español, la palabra *dolor** se refiere tanto al dolor físico como a sus primos emocionales, la pena, la tristeza, el sufrimiento, el pesar, la angustia y la depresión. Las fronteras entre lo emocional y lo físico, o lo físico y lo psicológico, nunca han estado tan claras como nos gustaría, pero la palabra *dolor* cruza esas fronteras con facilidad. Puedes sentir *dolor* en un tobillo o en el corazón, en una muela o en el alma. Una mujer recién divorciada podría decir que siente *dolor* por el fin de su matrimonio. Mi hijo de tres años, que lloraba cuando su padre se iba a trabajar, sentía *dolor*. Cuando, a

---

* A partir de este momento, cada vez que la palabra *dolor* aparezca en cursiva en el texto significa que en el original está en español y que, por lo tanto, se refiere a este concepto que engloba tanto lo físico como lo emocional. *(N. de la t.)*

los ocho años, un palillo me atravesó la planta del pie, yo también sentí *dolor*.

La mujer que me sacó el palillo —la madre de una amiga— no estuvo de acuerdo. Me sentó en el fregadero de su cocina, me lavó la herida y me dijo que en realidad no dolía tanto. Aprendí entonces que el *dolor* (tal como se entiende en español) no es solo el dolor del corazón sino también el del pie, y mi corazón no se tomó nada bien que lo llamaran mentiroso. También aprendí que quejarse del dolor es arriesgado. Me convertí en una persona, como muchas otras, que tiene historias de dolor intenso y que incluso sabe que debemos esperar sufrir dolor de vez en cuando, pero que ni por asomo habla lo suficiente de ello. Nuestras ideas sobre el *dolor*, como nuestras ideas sobre la ira, proceden en gran medida de los antiguos filósofos griegos y romanos. Échales la culpa si nuestro mundo te resulta un poco anémico en cuanto a lo emocional.

En la antigua Atenas, siempre podías saber quién pertenecía a qué escuela filosófica por el lugar en el que se reunían. Los discípulos de Aristóteles, que profesaban que «las acciones importan más que los sentimientos», lo seguían literalmente de un lado a otro durante todo el día, y continuaron caminando y hablando después de la muerte de su maestro. Los estoicos, para quienes los «sentimientos pueden controlarse», se juntaban en el porche de un edificio hoy en ruinas. Los seguidores de Epicuro se congregaban en el jardín de este, apartados de la mala influencia de la vida urbana. El entorno les encajaba: se dice que las flores de la felicidad crecen en la tierra de Epicuro.

Epicuro creía que somos infelices debido a que la «tempestad de nuestra alma» está en continua gestación.[2] Achacaba nuestra infelicidad a dos factores: en primer lugar, a que nos obsesionamos con conseguir las cosas que deseamos y a que después, cuando las conseguimos, nos angustia perderlas. Observó que una persona que está sintiendo dolor no está sintiendo placer, y que el dolor enturbia el placer. Puede que estemos visitando a nuestra madre anciana, escuchándola contar la historia de su primer amor, cuando, de repente, percibamos el olor de la muerte en su aliento. Amamos de manera adecuada y sincera a nuestras parejas, hasta que un día sentimos el peso de la decepción en el estómago. Por suerte para nosotros, Epicuro tenía una cura para el «dolor de la carencia»: deja de querer cosas nuevas y no te preocupes por perder las viejas. Esta cura, junto con el hecho de que a las mujeres y a los esclavos se les permitía la entrada en el jardín por principio, hace que el epicureísmo resulte bastante atractivo. Epicuro se convirtió en una celebridad, casi en un dios, y tras su muerte pasó a ser una leyenda.

A principios del semestre les pregunto a mis alumnos: «¿Preferirías ser bueno o ser feliz?». Los más codiciosos contestan que ambas cosas: creen que una persona debería poder ser buena y feliz a la vez. Les digo que

Aristóteles es su hombre. Otros eligen el bien. Este grupo suele tener experiencia con el autosacrificio y considera que toda persona debe elegir entre convertirse en un ser humano decente y ser alguien que antepone sus propios intereses. A estos alumnos les ofrezco a los estoicos, que sitúan la virtud por encima del placer. El tercer grupo quiere ser feliz, pero no quiere parecer egoísta. Por suerte, siempre cuentan con un líder que, sentado al fondo de la clase, se encoge de hombros y dice:

—YOLO.*

—Los epicúreos son vuestra gente —respondo.

Epicuro era hedonista, lo cual significa que concebía todo lo bueno, incluso la virtud, en términos de placer. Si somos completamente sinceros, argumentaba, todo el mundo quiere ser feliz. Epicuro estaba de acuerdo con los estoicos en que la felicidad significaba *ataraxia*, estar libre de preocupaciones. Pero pensaba que también significaba *aponía*, estar libre de dolor. No puedes ser feliz si eres desgraciado, razonaba. Y dado que el placer puede ser fugaz, y el *dolor*, implacable, los epicúreos intentan maximizar el placer y minimizar el dolor.[3] Para Epicuro, la felicidad es lo contrario del *dolor*.

A veces se critica el hedonismo por aconsejarnos sacar el máximo partido del placer. Es posible que la palabra *epicúreo* evoque la imagen de un anciano rico tumbado en un sofá mientras le dan de comer uvas y una joven escla-

---

* Traducción para los amigos que no tienen contacto con mileniales: «*You Only Live Once*». («Solo se vive una vez». *N. de la t.*)

va medio desnuda lo abanica agitando una hoja gigante. También se les lanza esta palabra a las celebridades de Hollywood que se compran una segunda mansión o una isla, y a los magnates que se gastan miles de dólares en cenar en un restaurante. Las críticas superficiales a los ricos y famosos suelen equivaler a algo bastante parecido a la envidia, pero los críticos más incisivos rechazan la maximización del placer como objetivo vital.

Por desgracia, ni los derrochadores ni sus críticos parecen haber estudiado a Epicuro. Para decepción de mis jóvenes «hay que hacerse rico cuanto antes», les anuncio que los placeres de las celebridades no son el tipo de placeres que Epicuro tenía en mente cuando equiparó el placer con la felicidad. Los verdaderos epicúreos no buscan lujos. Buscan placeres pequeños, asequibles y sencillos. La mujer que saliva a las cuatro de la tarde al acordarse del arroz con judías que tiene pensado cenar esa noche será más feliz que la mujer cuyo paladar se ha acostumbrado a las ostras y al Veuve Clicquot pero no puede permitírselos. Si solo deseas lo que está a tu alcance obtener, decía Epicuro, tendrás la vida resuelta. En lugar de esforzarte por aumentar tu poder y tu riqueza, concéntrate en simplificar tus deseos. La felicidad no es la euforia de las apuestas ni la emoción de la persecución. Es un placer estable que alcanzas maximizando los placeres sencillos.

Pero para que la felicidad se mantenga estable también hay que minimizar el dolor. «Soportar el sufrimiento mental —admitió Epicuro— es una agonía.» Pero «una vez que comprendas la filosofía epicúrea no tendrás que volver a enfrentarte a él». Así que no te molestes en preocuparte por el dolor físico, nos tranquilizaba Epicuro, porque no suele ser un problema.* Al minimizar el dolor mental y emocional y adoptar un estilo de vida sencillo y saludable, podemos liberar nuestra alma de la «perturbación» y empezar a vivir una «vida bienaventurada».[4]

Si el epicureísmo te resulta razonable, o al menos familiar, es porque vivimos en una cultura que ha heredado la idea de que el placer es bueno y el dolor es malo. Es difícil negar la afirmación de Epicuro de que el placer es un «congénito bien» y el «principio y fin de vivir felizmente». ¿Quién se niega a más placer y menos dolor? Encontramos versiones actualizadas del método epicúreo y cálculo antiguo no solo en el rincón de la librería que lleva la etiqueta «Superar la negatividad», sino también en la sección infantil.

*A Little Spot of Sadness* (que podría traducirse como *Un puntito de tristeza*), publicado en 2019, se anuncia como un libro sobre «la empatía y la compasión».[5] La dedicatoria les dice a los niños que tienen el poder de «calmar» su «punto de tristeza» y convertirlo en un «punto de paz». Según la autora, Diane Alber, «nos sentimos mejor» cuando transformamos la tristeza, la ansiedad y la ira en paz. Llorar puede ayudarte a sentirte mejor, escribe. La compasión y la empatía pueden calmar el «punto

---

* Epicuro sufrió una muerte lenta y dolorosa a causa de que una piedra en el riñón le obstruyó el tracto urinario.

de tristeza» de un amigo, al igual que el amor, el juego y la creatividad. Alber termina el libro diciendo que puedes calmar tu propio punto de tristeza trazándote un círculo en el centro de la palma de la mano y respirando hondo.

Alber, al igual que Epicuro, no quiere que suframos, así que les ofrece a los niños herramientas para minimizar su *dolor*. Está intentando ayudar de verdad y, si vamos a seguir atrapados en la metáfora de la luz, en la que es mejor minimizar la oscuridad, sus herramientas podrían ayudarnos a encajar. Aun así, cuando alguien te ofrece «herramientas», el lenguaje sugiere que hay algo roto. ¿Qué piensa Alber que se les ha roto a los niños tristes?

Diane Alber no es psicóloga, así que quizá deberíamos acudir a los profesionales si queremos saber qué debemos pensar en realidad sobre el *dolor*. Se podría esperar que los psicólogos rechazaran una teoría que sostiene que las manchas blancas son mejores que las negras o que, si queremos sentirnos más felices, tendremos que sentirnos menos tristes. Pero resulta que los psicólogos positivos son sorprendentemente epicúreos.

En *Niños optimistas* —que sostiene que a los niños optimistas les va mejor en la vida que a los pesimistas—, Martin Seligman cuenta una historia destinada a iluminar los peligros del pesimismo. Pero yo quiero convencerte de que, en realidad, muestra la naturaleza compleja de nuestros *dolores*. Jody es un ama de casa cuyos hijos han crecido y que ahora está intentando reincorporarse al mercado laboral. Una noche, durante la cena, les revela a su marido y a su hijo adolescente que se siente angustiada y preocupada por llevar casi diez años sin trabajar. Sin embargo, antes de que le dé tiempo a decir nada sobre sus sentimientos, su solícito marido le recuerda lo mucho que disfrutó en su último empleo como agente inmobiliaria, así que «¿por qué no empiezas por llamarles a ellos?».[6]

Jody dice que no quiere volver a trabajar para esa empresa. Su marido cambia de estrategia: quizá puedan elaborar una lista de los puntos fuertes e intereses de su esposa y compartir ideas sobre empleos en los que encajaría bien. En un abrir y cerrar de ojos, el marido y el hijo de Jody se lanzan a la tarea. Empiezan a hacer una lluvia de ideas sobre las distintas maneras en las que ser una buena madre es sorprendentemente vendible. Caracterizan a Jody como «paciente», «creativa» y con «un montón de energía», lo cual lleva a su marido a sugerirle que trabaje en «una guardería».[7] No obstante, enseguida se da cuenta de que la paciencia, la creatividad y la energía van incluso más allá de las guarderías. Antes de que pueda lanzar su siguiente idea, Jody consigue articular una protesta:

Aprecio mucho tu ayuda, pero no es posible. No importa qué trabajo se nos ocurra: *el hecho es que voy a competir con personas mucho más jóvenes, con una educación mucho mejor, y que no han estado apartadas del mundo laboral durante una década.* ¿Por qué contratar a un ama de casa de mediana edad cuando puedes tener a alguien mucho mejor preparado y con una mayor cualificación?[8]

El marido empieza a pensar que Jody es un hueso duro de roer: «Cielos, Jody, realmente estás nerviosa». Aun así, se niega a desistir. Anuncia en tono alegre que lo único que Jody necesita es «lanzarse».[9] Le sugiere que aproveche la semana para preparar su currículum y examinar con detenimiento las ofertas de empleo. Sin duda, una estrategia concreta. Ahora es el hijo de Jody el que interviene, y compara la abrumadora tarea que su madre tiene por delante con la de limpiar su habitación. A fin de cuentas, ¿no le había enseñado Jody a recoger toda la ropa del suelo antes de ponerse con las estanterías? Por última vez, nuestra protagonista intenta comunicarse con su marido y su hijo:

> No es cuestión de que necesite un empujón para empezar. Es cuestión *de que no tengo los requisitos necesarios para que me contraten*; y no importa los trucos que inventemos para motivarme: el resultado final seguirá siendo el mismo.[10]

Los interlocutores de Jody están haciendo un gran esfuerzo por minimizar su tipo concreto de *dolor*, su mezcla de preocupación, falta de confianza en sí misma y cualquier otro malestar sin nombre que se encuentre agazapado en lo más profundo de su ser. Jody está dolida y no tiene la menor intención de permitir que su familia le calme ese punto de tristeza. Cada vez que le dicen: «¡Tú puedes!», ella responde: «No, no puedo». Más tarde, esa misma noche, quizá a su hijo se le ocurra la réplica convincente que tendría que haberle dado: *La pequeña locomotora que sí pudo*, un cuento que seguro que Jody le leía de niño cada vez que se sentía desanimado. Lo único que tiene que hacer ahora es leérselo a sí misma.

La conclusión que Seligman extrae de la historia de Jody es que era una «pesimista obsesiva» que sufría de «pensamientos catastrofistas». Aplaude los intentos de su familia de «contrarrestar su negatividad» con positividad. Ellos tenían razón y ella estaba equivocada. Ella tenía un «estilo explicativo» deficiente, mientras que el de ellos era mejor.[11] En definitiva, Seligman atribuye al marido y al hijo el mérito de presentar mejores argumentos que Jody sobre la situación de esta. Ella estaba interpretando sus circunstancias de forma incorrecta y necesitaba ciertas herramientas para corregirse. Jody estaba a oscuras y su familia, con todo el cariño, intentaba sacarla a la luz.

No hay que subestimar el estatus profesional y el alcance popular de Martin Seligman. Lejos de ser un curandero clandestino con un cristal y una idea excéntrica, Seligman es un psicólogo profesional, innovador y laureado, que además de haber fundado la «psicología positiva», es experto en depresión clínica y tiene décadas de experiencia en el tratamiento de *dolores* como el de Jody, en los que las fronteras entre el dolor emocional, físico, psíquico y mental se desdibujan. Un año después de la publicación de *Niños optimistas* se convirtió en presidente de la Asociación Estadounidense de Psicología en una votación en la que obtuvo la mayoría más amplia de la historia moderna. Seligman tiene un público popular, pero sus ideas (epicúreas) también han sido aceptadas y respaldadas por expertos de todo el país.

Me apostaría una mano a que a muchos otros psicólogos positivos les encantaría trabajar con Jody para mostrarle tanto lo capaz que es como el hecho de que hablarse con esa negatividad está saboteando su felicidad. Todos ellos son expertos en proporcionarles a las personas como Jody las herramientas necesarias para cambiar esa narrativa y lanzarse a conseguir ese empleo. En explicarle los hechos a Jody. En bañarla con la luz de la «perspectiva» hasta que vea lo empleable que es. El caso es que después de afirmar que nuestra protagonista está objetivamente equivocada, Seligman no vuelve a hablar de ella. Se la ofrece a los lectores como un mero ejemplo de pensamiento distorsionado. Tal vez crea que un ama de casa de mediana edad y desempleada no tendría grandes problemas para encontrar trabajo. A fin de cuentas, lo único que tiene que hacer es creer en sí misma y demostrarle al mundo lo paciente, creativa y enérgica que es. La lógica continúa: desde luego, Jody no será capaz de conseguirlo si tiene la cabeza ocupada con sus obsesiones.

Seligman ha tratado el sufrimiento de miles de niños y adultos. Ha visto de cerca *dolores* tan oscuros que paralizan, así como desesperación, desesperanza y suicidios. Se preocupa por la gente tanto como Epicuro y Diane

Alber y, al igual que sus predecesores, tiene una luz con la que iluminar a quienes nos encontramos en la oscuridad.

Pero ¿es posible que la luz de Seligman le impidiera reconocer la nictofobia (el miedo a la oscuridad) cuando la vio? A lo mejor el marido y el hijo de Jody tenían tanto miedo de su oscuridad que, justo en el momento en que ella los estaba invitando a entrar, la hicieron callar con soluciones. ¿Cabría la posibilidad de que ella tuviera razón al sentirse triste o pesimista respecto a sus perspectivas laborales? ¿Podría ser que a su marido y a su hijo se les diera muy bien aportar ideas, pero pésimo escuchar a los demás? Jody estaba triste (algo bastante habitual) y la respuesta de su familia fue intentar animarla (algo también bastante habitual). Este movimiento a la contra se ofrece, desde el cariño, en nombre del equilibrio: si alguien tiene un mal día, equilíbralo con positividad. El epicureísmo ha inspirado toda una lista de opuestos relacionados: placer/dolor, pesimismo/optimismo, felicidad/tristeza. En Estados Unidos se nos dice, no menos que en la antigua Grecia, que si queremos ser felices, tendremos que dejar de estar tan tristes. Se nos dice que para derrotar al *dolor* debemos iluminarlo con pruebas, pero ¿qué ocurre con todas las pruebas de prácticas de contratación sexistas y discriminatorias debido a la edad que Jody veía con total claridad?

No es la idea epicúrea de maximizar el placer lo que viene atormentando a nuestra sociedad, sino la suposición automática de que la tristeza es el antónimo puro de la felicidad, de que para ser más felices solo debemos expulsar la tristeza. ¿Qué perdemos pensando así? ¿Cómo hemos aumentado el sufrimiento intentando disminuir el *dolor*?

Utilicemos la imaginación para volver a la historia de Jody y ver qué podría ocurrir a continuación si continuáramos siguiendo la luz epicúrea. Después de cenar, se plantea llamar a su mejor amiga para hablar de la mezcla de sentimientos incómodos con la que está lidiando. Pero ni siquiera llega a descolgar el teléfono porque sabe lo que ocurrirá. Su cariñosa amiga le dirá lo mismo que le ha dicho su cariñosa familia:

«¡Te va a ir genial! Deja de dudar de ti misma.»

A estas alturas, todo lo que Jody diga podrá utilizarse en su contra, pues se considerará sesgo de confirmación, un fenómeno que hace que «una persona solo vea las evidencias que confirman su punto de vista sobre sí misma o sobre el mundo» y rechace las que señalan lo contrario.[12] Como sospecha que sus verdaderos sentimientos están incomodando a todo el mundo, nuestra protagonista los reprime.

A la mañana siguiente durante el desayuno, Jody oculta su *dolor* más de lo habitual. Finge una sonrisa radiante cuando su marido y su hijo le preguntan cómo está. Sin embargo, cuando salen de casa, la mujer se desploma sobre la mesa de la cocina. Sigue sintiéndose triste y preocupada, pero ahora, además, se siente sola y avergonzada por no ser capaz de encontrar la confianza que ellos buscan. «Les haría muy felices —piensa—. Una mujer más fuerte no estaría tan insegura ni tan angustiada por lo que empieza a oler a crisis de los cuarenta. Una esposa y madre mejor no decepcionaría así a su familia.» Por desgracia, la vergüenza de Jody ni hace que se sienta mejor ni amplía sus perspectivas laborales.

El optimismo no siempre alivia el *dolor*, pero la vergüenza —sentirse mal por sentirse mal— lo agrava de manera considerable. Cualquier persona que esté convencida de que la felicidad puede conseguirse a base de fuerza de voluntad pero, a pesar de ello, experimente tristeza también debe enfrentarse a sentimientos de debilidad o pereza, de no estar esforzándose lo suficiente. He aquí una vez más la historia de que somos seres rotos. Además de sentir miedo, duda y arrepentimiento, ahora también sentimos vergüenza por decepcionar a nuestros seres queridos, que, cuenta la leyenda, «solo intentan ayudar».

Una cultura que aplaude al marido y al hijo de Jody sin sospechar que la están excluyendo emocionalmente es una cultura que no puede manejar el *dolor* y que, de hecho, lejos de manejarlo, lo expulsa de manera literal. En un mundo en el que triste es igual a malo, los tristes están condenados. Cada vez que alguien dice: «Anímate», «No llores» o «Seguro que te irá bien», está intentando darnos una linterna en lugar de tratar de comprender nuestro *dolor*. Sin embargo, cuando los tópicos no nos apartan del sufrimiento, pueden hundirnos más en la soledad. Los psicólogos que ofrecen herramientas a las Jodys del mundo en lugar de a sus seres queridos corren el riesgo de no ver el bosque de la disfunción social por estar mirando el árbol de *dolor* que tienen sentado en el sofá. ¿Hay alguna forma de pensar en el *dolor* que no desencadene la historia de que somos seres rotos?

En mi escritorio encontrarás un trozo de papel que recorté de un calendario de 365 días con frases acerca de cómo ser feliz, una especie de nuevo tipo de galleta de la fortuna que te dice qué hacer en lugar de qué te ocurrirá en el futuro. Despojado de su fecha, ahora el papel aconseja eternamente: «No hables de tus irritaciones». Sonrío con sorna cuando me imagino a algún desconocido sentado frente a mi ordenador, leyendo esa frase y sonriendo con aprobación al imaginarme reprimiendo virtuosamente mis quejas por el bien de mi familia, de mis compañeros de trabajo, de la sociedad o incluso por el mío propio. Cómo querríamos y nos querrían, implica este consejo, si nos guardáramos los sentimientos negativos para nuestros adentros y no nos agobiáramos los unos a los otros con ellos. Si dedicáramos más tiempo a aprender a ocultar, a negar y a tragarnos nuestras irritaciones, no cabe duda de que seríamos más felices.

Si el filósofo español Miguel de Unamuno oyera esto o leyese la historia de Jody, pondría el grito en el cielo. Nos instaría a pensar en Jody como en una mujer de *carne y hueso* que, al expresar su *dolor*, estaba pidiendo con gran valentía que su familia la viese por lo que era. Como persona que dominaba catorce idiomas, a Unamuno le preocupaba mucho la comunicación. Incluso podría haber llegado a asegurar que la familia de Jody era analfabeta emocional.

Nacido en 1864 en Bilbao, Miguel de Unamuno fue fruto del incesto. Su padre, Félix, tenía cuarenta años cuando se casó con su sobrina Salomé. Félix acababa de volver a España tras vivir y trabajar en México. Salomé y Félix tuvieron seis hijos, y Miguelito, el futuro santo patrón de la melancolía, fue uno de los cuatro que sobrevivieron a su desventaja genética.

Félix murió de tuberculosis antes de que su pequeño cumpliera seis años. Miguelito tenía pocos recuerdos de él y, a primera vista, la muerte del anciano no pareció afectarle. Cuesta creer, no obstante, que la pérdida de un progenitor a tan tierna edad no contribuyera a la preocupación adulta de Unamuno por el dolor, el sufrimiento y la muerte. El *dolor* tiñe toda la filosofía de Unamuno y su libro de 1913, *El sentido trágico de la vida*, puede leerse como la transformación de la sentencia filosófica que Descartes acuñó en 1637, «Pienso, luego existo», en «Sufro, luego existo».[13]

Unamuno se casó con Concha, su amor de la infancia, y tuvieron nueve hijos. Raimundo, el sexto, que tenía los ojos azules, desarrolló hidrocefalia (acumulación de líquido en los ventrículos del cerebro) y murió de meningitis a los seis años, la misma edad que tenía Miguelito cuando murió su padre. La fe católica de Unamuno se derrumbó temporalmente bajo el peso de la prolongada enfermedad y la muerte de Raimundo. La vida del afligido padre se convirtió en una «constante meditación sobre la muerte».[14]

Unamuno intentó escribir de la forma más antagonista posible. «Y lo más de mi labor —admitió— ha sido siempre inquietar a mis prójimos, removerles el poso del corazón, angustiarlos si puedo.»[15] He aquí un dramático intento:

> Mira, lector, aunque no te conozco, te quiero tanto que si pudiese tenerte en mis manos, te abriría el pecho, y en el cogollo del corazón te rasgaría una llaga y te pondría allí vinagre y sal para que no pudieses descansar nunca y vivieras en perpetua zozobra y en anhelo inacabable.[16]

Unamuno no nos quiere menos que Epicuro, Diane Alber y Martin Seligman. Pero, a diferencia de ellos, no quiere arreglar nuestro *dolor*. Vivir sin dolor, asegura, no conduce a una vida significativa. Unamuno desea desesperadamente que desenterremos a los vivos y a los moribundos, el dolor, el sufrimiento y el anhelo que tenemos acumulados en nuestro interior, junto a nuestro «arsenal de ira».[17] El libro más filosófico de Unamuno, *El sentido trágico de la vida*, fue su intento de zarandear al pueblo español para que despertara de su letargo, lo mismo que Sócrates había intentado hacer con los atenienses. Ambos filósofos trataron de despertar a la gente en nombre del amor.

Una advertencia: la filosofía de Unamuno es un tanto extrema. Es más difícil de vender que la tranquilidad emocional y puede resultar peligrosa para los masoquistas. Unamuno no quería que cortejáramos el *dolor*, pero insistía en que no hiciésemos caso omiso de él cuando llegara a nuestras vidas todos los días, todas las semanas, todos los meses, todos los años. No tenemos por qué invitar al sufrimiento. Y nunca tenemos por qué agradecerle su llegada. Pero podemos recibirlo cuando se presente ante nuestra puerta, porque lo hará.

Cuando Unamuno y Concha perdieron a su pequeño de ojos azules, compartieron un *dolor* que pocas parejas conocen y al que muchas no sobreviven. Unamuno lo llamó un «abrazo de desesperación» que llevó al nacimiento del «verdadero amor espiritual». Aunque amaba a Concha desde que tenía catorce años, y aunque sus cuerpos se habían fundido en el lecho conyugal, el autor relata que sus almas no se fundieron «sino luego que el mazo poderoso del dolor ha triturado sus corazones remejiéndolos en un mismo almirez de pena».[18] Juntos, dice Unamuno, Concha y él se doblegaron bajo el «yugo de un dolor común», y eso abrió una nueva dimensión para su matrimonio. Descubrió que el *dolor* ofrece algo más que daño.

La famosa frase de Unamuno «el sentido trágico de la vida» se refiere al hecho de que todo ser vivo muere. Cuando muere alguien a quien queremos mucho, nos quedamos destrozados, con unos ojos inyectados en sangre que ven *dolor* por todas partes. En ese momento, nuestra elección es o minimizar la oscuridad o sentarnos con ella. Los epicúreos aconsejarían lo primero. Pero ¿y la segunda opción? Si nos sentamos con el *dolor*, ¿nos quedaremos atrapados en él? Al final, cada uno de nosotros debe adoptar una postura respecto del lado más sombrío de nuestra vida emocional. Los epicúreos ofrecen una filosofía del *dolor* —la felicidad y la tristeza no pueden coexistir— que, como he sugerido, conduce a la vergüenza. Unamuno ofrece una filosofía alternativa que puede ayudarnos a vivir con el *dolor* y a comprenderlo mejor como parte esencial de nuestra condición humana común de criaturas que sufren y mueren.

En Estados Unidos, un consejo como el de mi calendario («no hables de tus irritaciones») es lo habitual. Expresar tus irritaciones —anunciar lo que te está provocando dolor, tristeza, malestar— hace que la gente se acobarde. El *dolor* es difícil de escuchar. Pero, por desgracia, con demasiada frecuencia también recibimos el mensaje de que, si de verdad quieres a tu familia, debes ocultarles tus pensamientos y sentimientos más sombríos. No soportan verte triste, así que eso hará que se pongan tristes. Peor aún, hará que se sientan impotentes.

Si Unamuno hubiera creado un calendario, la cita que yo recortaría sin ningún tipo de ironía para exponerla diría: «Cuando he sentido un dolor, he gritado, he gritado en público».[19] Este autor creía que expresar el *dolor* debía verse como un regalo para la gente que te rodea, como un acto de entregarles un hilo como el que Ariadna le dio a Teseo, el héroe griego, cuando entró en el laberinto de Minotauro. El hilo de Ariadna sacó a Teseo del laberinto, pero el nuestro guía a nuestros seres queridos hacia el dédalo donde nos encontramos solos con nuestro *dolor*. Sin embargo, a una sociedad de tendencias epicúreas, la idea de que dar a conocer tu *dolor* constituye un regalo para tus seres queridos le suena retrógrada, contracultural, incluso obscena. Mi hermana se comía los cereales Cheerios llenos de babas que le regalaba su bebé. Puede que la idea de Unamuno se parezca un poco a eso.

El hecho de que la familia de Jody no viera su expresión de *dolor* como un regalo les privó de conectar con una mujer que hablaba de sus sentimientos en muy pocas ocasiones. Al tratar de ayudarla, la pasaron por alto. Como un perro al que han reprendido, el *dolor* de Jody respondió escabulléndose. Muchos de nosotros somos como ella, y aunque nos gustaría creer a Brené Brown cuando dice que la vulnerabilidad es fortaleza, las personas que deben consolarnos siguen frustrándose y dejando nuestros hilos. Están atascados en la metáfora de la luz, preguntándose: «¿Qué puedo hacer? ¿Cómo puedo arreglarlo?». Por eso nos dejan solos en la oscuridad, donde la tentación de contarnos a nosotros mismos la historia de que somos seres rotos es implacable.

Unamuno no consideraba que el *dolor* fuera lo contrario de la felicidad y, desde luego, no se sentía obligado a minimizarlo. Creía que contrarrestar la negatividad con positividad cercena las oportunidades de intimidad y conexión, de empatía y compasión. Si Unamuno viviera hoy, nos aconsejaría luchar contra la «tiranía de la actitud positiva», a sabiendas de que al hacerlo nos granjearíamos las miradas perplejas de la gente que dice tan campante: «Esto es lo que hay, y ni se te ocurra enfadarte».[20] Pero también nos uniríamos a quienes creen que la negatividad ni está rota ni es inútil y que el dolor, la pena y la pérdida nos hacen humanos. Esto es lo que hay, y a veces es terrible.

¿Por qué hablar de tus irritaciones? Para darles a las personas de tu vida la oportunidad de quererte. El dolor ansía reconocimiento y expresión, no represión y que nos levanten el ánimo. El dolor es un signo de vitalidad, y aceptarlo nos da ojos para reconocerlo cuando está sentado al otro lado de la mesa de la cocina. Las personas que sufren no están rotas. Solo están sufriendo.

Tras la muerte de su hijo, Unamuno encontraría más sufrimiento, y con él, más alimento para su filosofía del sufrimiento. En 1924 lo destituyeron de su puesto de rector de la Universidad de Salamanca y el gobierno español lo exilió a la isla de Fuerteventura por ser un intelectual crítico que se negaba a doblegarse ante los dictadores. Al cabo de seis meses escapó a Francia, donde se empeñó en vivir durante seis años como protesta contra el régimen de Primo de Rivera. Tras la muerte de este, Unamuno regresó a su país y se vio involucrado en más problemas políticos. En un acto que el autor presidía como rector restituido, un alto cargo franquista gritó la consigna «¡Muera la inteligencia! ¡Viva la muerte!». En lugar de quedarse callado, Unamuno le replicó a gritos.[21] Esta vez, en lugar de desterrarlo, lo pusieron bajo arresto domiciliario.

Unamuno no sobrevivió a su castigo y tampoco llegó a ver el final de la Guerra Civil española. Algunos dicen que lo asesinaron debido a su declarada oposición al gobierno de Franco, y otros que murió por causas naturales. Tenía setenta y dos años y el pueblo al que le había ofrecido una identidad trágica y poética lo adoraba. Sus escritos populares habían elogiado la calidad de la literatura, la poesía, la música y el arte españoles, y Unamuno había deseado que sus compatriotas recuperaran su alma artística y literaria, incluida, por supuesto, la apreciación estética del *dolor*.

En las décadas siguientes, la filosofía de Unamuno se extendió por América Latina e incluso por Estados Unidos, donde las ideas de Peale habían ganado gran influencia. Sus meditaciones sobre el *dolor* calaron entre los lectores que se rebelaban contra *El poder del pensamiento positivo*. Desde la década de 1960 hasta la de 1980, los libros de este autor español se enseñaron en las clases de filosofía, donde meditar sobre la muerte era parte del proceso. Por desgracia, Unamuno se convirtió en víctima de la luz. En Estados Unidos nos hemos ido volviendo cada vez más nictofóbicos y la importancia de las ideas de este filósofo no ha dejado de disminuir. Si comento ante personas de más de sesenta años y con formación universitaria que yo aún las enseño, sonríen con ganas y me dicen que lo leyeron en clase de filosofía. Es poco habitual tener esa misma experiencia con alguien de treinta y tantos.

Unamuno creía que el *dolor* desea ser aceptado, no desoído ni sermoneado. Pero es frecuente que nuestras expresiones de *dolor* se manejen mal, como en el caso de Jody. Las personas que deben consolarnos no se dan cuenta de que una expresión de *dolor* pretende provocar compasión y conexión, no soluciones desdeñosas.

No tenemos que perder un hijo, como le ocurrió a Unamuno, para conocer el sufrimiento emocional, pero sí habremos de sentir *dolor* en alguna ocasión. No siempre podemos trazarnos círculos en la mano hasta que desaparezca. El *dolor* puede presentarse en nuestra casa sin avisar, pero hacer caso omiso del timbre no quiere decir que no nos esté esperando en la puerta. Un mundo sin *dolor* sería, sin duda, más luminoso, pero lo más probable sería que ese mundo más luminoso estuviera consumido desde el punto de vista emocional. Si, erróneamente, interpretamos el *dolor* como sinónimo de «hay algo en mí que no funciona», pasaremos por alto el elemento de la compasión, tanto hacia nosotros mismos como hacia los demás. Al igual que Teseo logró salir de un laberinto oscuro y confuso porque se aferró al hilo que Ariadna le entregó por amor, nosotros debemos aferrarnos al hilo que nos entregó alguien a quien queremos y que nos conducirá al laberinto de su *dolor*.

Una vez que crecemos en compasión hacia nuestros semejantes, afirma Unamuno, la cadena de la compasión no deja de expandirse. El amor «personaliza» todo aquello hacia lo que siente compasión, señala el autor, incluidos los árboles, los animales, los insectos. En el *dolor* del otro, reconozco que somos iguales. Unamuno escribe:

> Solo compadecemos, es decir, amamos, lo que nos es semejante, y en cuanto nos lo es, y tanto más cuanto más se nos asemeja, y así crece nuestra compasión, y con ella nuestro amor a las cosas a medida que descubrimos las semejanzas que con nosotros tienen. [...] Si llego a compadecer y amar a la pobre estrella que desaparecerá del cielo un día, es porque el amor, la compasión, me hace sentir en ella una conciencia, más o menos oscura, que hace sufrir por no ser más que estrella, y por tener que dejar de ser un día.[22]

Cuando reaccionamos al *dolor* de alguien, crecemos en compasión y en amor hacia esa persona.[23] Este tipo de amor —Unamuno lo llama «espiritual»— nace de la tragedia y a veces nos lleva de vuelta a un yo del que nos habíamos alejado. El *dolor* puede abrirnos los ojos a lo que antes no veíamos.

Al no aceptar el regalo que Jody les estaba ofreciendo, su marido y su hijo perdieron la oportunidad de ubicarla.

Ella les estaba tendiendo la mano (nada menos que con palabras, lo cual es casi un milagro), pero las suposiciones de sus familiares acerca del *dolor* les impidieron acercarse a ella. Centrados en el combate y no en la compasión, fueron incapaces de encontrarla. Ella les había entregado un hilo, pero ellos lo dejaron caer. Tenían las manos llenas de linternas.

Puede que la familia de Jody minimizara su *dolor* porque considerara que, cuando estamos bien, la intimidad entre unos y otros crece más que cuando estamos mal. A lo mejor su marido se imaginó la cena con la que celebrarían el primer día de Jody en su nuevo trabajo. Estarían muy orgullosos, y ella también, y esa noche idílica sería el momento adecuado para conectar a un nivel profundo. Mantendrían las luces encendidas.

Pero ¿acaso los seres humanos conectan mejor cuando están de buen ánimo? Epicuro debía de pensar que sí, y Diane Alber y Martin Seligman también. Unamuno admitió que eso es cierto en el caso de los cuerpos que se unen en «supremo deleite». Sin embargo, pensaba que, en el caso de las almas, no lo era. Nuestros espíritus conectan mejor a través del *dolor*.[24] Se forman grupos de apoyo para compartir el pesar, y ahí es donde es más habitual que la gente se sienta escuchada. El *dolor* atrae a la gente al mismo «almirez de pena» y nos ofrece la posibilidad de vernos los unos a los otros en la oscuridad.

Aunque el marido de Jody quería inspirarla con su actitud positiva, no lo consiguió. Este es el punto débil de esa actitud de buscar siempre el lado bueno de las cosas: los sentimientos optimistas pueden cegar a las personas ante el sufrimiento. Ya sea porque no quieren o, como ocurre con frecuencia, porque son sencillamente incapaces, las personas optimistas no ven que pueden empeorar las cosas con su positividad. Que alguien a quien queremos mantenga la ternura de corazón necesaria para sostener nuestro dolor requiere mucho esfuerzo, especialmente cuando esa persona no está sufriendo. Le resultaría mucho más fácil suprimir, negar y rechazar nuestro *dolor*, y nuestra sociedad le aplaudirá por ello. Dentro de la metáfora de la luz, nuestro sufrimiento es un obstáculo para la alegría de los demás.

Teniendo en cuenta la tendencia epicúrea de nuestra sociedad, es verdaderamente trágico que en la oscuridad el *dolor* vea mejor que la alegría. El *dolor* detecta a una semejante que sufre aunque esté bronceada y lleve unos vaqueros nuevos.[25] El *dolor* la ve, tomando prestada una frase del filósofo Arthur Schopenhauer, como una «compañera de miserias» bajo esa fachada nueva y reluciente. Las personas que no están en sintonía con el *dolor* solo ven lo externo y dan por hecho que el sufridor está sano y es feliz. Pero, tal como ocurre en el mundo físico, siempre estamos mejor preparados para ver a alguien en la oscuridad cuando nuestros ojos ya se han adaptado a ella. Nuestra capacidad de identificar a las personas que sufren (algo que, con el tiempo, la industria de la autoayuda podría llegar a calificar de superpoder) depende de nuestra voluntad de afrontar con amor nuestro propio sufrimiento sin concluir de manera automática que nosotros o las demás personas que sufren estamos rotos. El *dolor* es un radar que no podemos fabricar, pero también es un radar con cuyas piezas ya contamos todos y que, con práctica y paciencia, podemos construir.

Es importante ser sinceros acerca de cómo nos sentimos, pero también es importante mirar a nuestro alrededor. Si estamos sofocando, ignorando o intentando minimizar nuestro *dolor*, lo más probable es que no nos estemos percatando del sufrimiento de la gente como nosotros. Si el marido de Jody hubiera estado atravesando la crisis de los cuarenta, quizá la hubiera entendido mejor. Puede que hubiera observado: «Eres como yo». Esa constatación podría haberlos llevado a mantener conversaciones radicalmente sinceras. Podrían haber descubierto la ambivalencia de Jody respecto a los diez últimos años. «He perdido tiempo», podría haber dicho, «he perdido credibilidad». Quizá temiera que los directores generales y los compañeros de trabajo la viesen como a un ama de casa y no como a una persona capaz. «No es justo —podría haber añadido— que la población activa menosprecie a las mujeres mayores. Esta sociedad es brutal con las personas que pasan de los cincuenta e intentan forjarse una carrera.» Si su marido y su hijo se hubieran mostrado receptivos, es posible que Jody incluso hubiera expresado su deseo insatisfecho de haber sido madre a tiempo completo sin dejar de trabajar a jornada completa. No había querido perderse la infancia de su hijo, habría dicho, pero tampoco había querido dejar de trabajar.

«En este país —podría haber continuado— te obligan a elegir. Y ahora tengo que pagar por la decisión que tomé. Por muy creativa y paciente que sea, y aunque tuviera tanta energía como parecéis creer que tengo, no soy tan competitiva como una treintañera. No me arrepiento de haberme quedado en casa, pero me entristece la pérdida de mi yo profesional durante estos últimos diez años.» Esa noche, sentada a la mesa, Jody podría haberse convertido en un ser humano completo para su familia, en lugar de seguir siendo solo «esposa» y «madre». Ojalá hubieran atenuado las luces.

Las dudas no desaparecen porque alguien te diga que no te preocupes, pero quizá pierdan fuerza si percibes que la otra persona no pretende minimizarlas. Si la familia de Jody continuara manteniendo «conversaciones íntimas» como la charla hipotética que acabamos de reproducir, se habrían acercado más a ella. Jody confiaría en que no tiene que ocultar sus preocupaciones ni poner «buena cara» por ellos. Estaría convencida de que su familia es capaz de afrontar su tristeza, sus dudas y sus frustraciones. Sabría que no tiene por qué enfrentarse sola a su *dolor*. Su marido y su hijo, por su parte, se sentirían más seguros siendo más vulnerables tanto entre ellos como con Jody. ¿Quién sabe qué tipo de conversaciones llegarían a surgir entre nosotros si dejáramos de reprimir nuestro *dolor* y empezáramos a hablar de él con regularidad?

El hecho de que Unamuno defienda la capacidad del *dolor* para crear vínculos sugiere que no deberíamos pensar tanto en este sentimiento como en una toxina que elaboramos y con la que nos envenenamos los unos a los otros como en una copa de congoja que la naturaleza nos proporciona, que nos pasamos de mano en mano y de la que, a veces, bebemos juntos. De Unamuno podemos extraer la determinación de dejar de combatir el *dolor*. Cuando nos encontramos en un estado de ánimo doloroso podemos mirar a nuestro alrededor y responder a las peticiones de compasión de los demás. En esos momentos podemos practicar cómo recibir un hilo y cómo aferrarnos a él. Cien años antes de que Brené Brown lanzara la idea, muy en boga hoy en día, de que ser vulnerable requiere fortaleza, no debilidad, la inclinación de Unamuno a expresar su *dolor* en voz alta sugiere que estaría de acuerdo con ella. Si el filósofo español tiene razón cuando dice que el amor verdadero se encuentra compartiendo con los demás los gritos de nuestro corazón, podemos considerar que los momentos de dolor compartido son vías de conexión.

Puede que yo sea la única de todos mis hermanos que quiere ver a mi padre más enfermo. Lleva un año recuperándose del derrame cerebral que sufrió tras un infarto. Mi padre nunca había sido ajeno al dolor físico, me habían contado que de joven se fracturó un brazo y no fue al médico, y que en otra ocasión, aunque se había roto un tobillo patinando sobre hielo, esperó dos días a que amainara la tormenta de nieve que azotaba el Bronx para ir a urgencias. Muchos médicos como mi padre son reacios a ir al hospital porque ven la camilla de reconocimiento desde el otro lado. Como patólogo, la de mi padre estaba situada en el depósito de cadáveres. Lo conocí durante cuarenta años antes de que sufriera el derrame, pero jamás lo oí quejarse de dolor físico o sufrimiento mental.

En la UCI, a los ochenta y cinco años, mi padre experimentó *dolor*. Esbozaba muecas de dolor mientras le insertaban agujas intravenosas y le sacaban sangre. A pesar de que estaba más cerca de la muerte que nunca, jamás lo había visto más humano y vivo. Siempre había considerado que mi padre poseía una resistencia extrema al dolor, así que nunca me había sentido cómoda hablándole del mío. Había establecido otro tipo de vínculos con él, como nuestro amor mutuo por la literatura y la poesía. Nuestra relación había ido suavizándose a medida que él se hacía mayor y su temperamento se aplacaba, pero nunca había visto a mi padre como una persona vulnerable hasta que compartió su *dolor*.

En el hospital, se sumió en una oscuridad muy profunda con relación a su pasado y experimentó cierta culpa y paranoia. Por lo visto, es algo normal cuando se sufre ese tipo concreto de ictus. Verlo fue triste, pero también estimulante. Nunca lo había visto demostrar tanta emoción; no, mejor dicho: nunca lo había visto demostrar tanta emoción sin que fuera ira.

En el peor día que pasó durante mi visita, los niveles de potasio de mi padre disminuyeron peligrosamente. Los médicos habían probado a administrarle potasio oral, pero no estaba funcionando, así que decidieron ponerle una vía intravenosa. Como se había negado a la intubación, debido a su avanzada edad, la única vía de entrada era el brazo, que según internet es una zona espantosa para inyectar potasio debido al escozor que provoca. Leí noticias de hombres adultos que habían tenido que interrumpir la infusión por la intensidad del dolor. También descubrí que el cloruro potásico es una de las sustancias químicas que se mezclan en la inyección letal. Cuando empezó el goteo, mi padre rompió a gritar y ya no paró. «¡No me *abusen*! ¡Sean buenas conmigo! *¡Por favor!*» Yo estaba hecha polvo, pero a mi alrededor todo el mundo parecía comportarse como si no fuera más que un niño grande. Me di cuenta de que mi padre estaba sintiendo dolor y de que lo estaba gritando en público. Como a Unamuno, su sufrimiento lo humanizaba, y yo lo agradecía. Por fin me estaba enseñando cómo y cuándo gritar. Unamuno dio a conocer los gritos de su corazón «para hacer vibrar las cuerdas dolorosas de los corazones de los demás».[26] Los acordes dolorosos de las cuerdas del corazón de mi padre hicieron que las mías vibraran, de manera que durante un tiempo pude acercarme a él de una manera nueva. Sin sus gritos, no lo habría conocido. Gritar en público no garantiza la cercanía, pero puede fomentarla. Jody gritó, pero nadie la oyó. ¿Y si lo hubieran hecho?

En el ascensor del hospital le pregunté a un hombre con bata cómo era capaz de trabajar allí, en medio de tanto dolor. Acababa de presenciar el abrazo de una mujer y de un hombre mientras lloraban tiernamente en el pasillo. Me contestó que él veía todo lo contrario: alegría y esperanza incluso en los pacientes más enfermos. Me planteé si la experiencia de aquel hombre no pondría en duda mi teoría unamuniana sobre el *dolor*, la compasión y la conexión. Pero entonces me di cuenta de que la aceptación de la enfermedad pone a la gente en la situación de compartir un «abrazo de desesperación». La alegría y la esperanza no tienen por qué ser el lado positivo. Quizá lo que aquel hombre con bata presenciaba a veces no era la negación del sufrimiento y la muerte, sino la alegría y la esperanza de unas relaciones renovadas o fortalecidas. La fricción del dolor físico y psíquico nos deja el cuerpo en carne viva, pero una vez que perdemos la piel, nos volvemos sensibles al dolor de los demás. La tristeza no es lo contrario de la felicidad.

Cuatro meses después, ya en casa y recuperándose, mi padre volvió a tornarse callado, reservado, más lúcido. Ya no quería tomarme de la mano ni tumbarse en la cama para que le leyera poemas. Cuando empezó a vestirse y a asearse solo todos los días, se alejó de mí. Seguimos teniendo días buenos, pero cuanto más recupera el sentido de la vergüenza, más se desvanece su vulnerabilidad.

¿Qué clase de hija sádica debo de ser para desear que mi padre esté enfermo? Pero no es eso lo que quiero. Lo que quiero es tomarle de la mano y, por desgracia, eso solo puede ocurrir cuando está enfermo. Encontré alegría y conexión —un tipo de recuperación diferente— durante los momentos más vulnerables de su enfermedad. Ahora, mientras experimenta la «curación» tal como se define tradicionalmente, vuelve a ser un hombre que no habla de su *dolor*. Solo me tiende la mano —para establecer una conexión humana tierna— cuando está enfermo. La enfermedad no es necesaria para conectar, desde luego, pero la vulnerabilidad sí lo es, la vulnerabilidad que se esconde de la luz y emerge en la oscuridad. Por supuesto, sería mejor que consiguiéramos despojarnos de unas cuantas capas antes de tener un roce con la muerte. Pero es difícil hacerlo en un mundo en el que los calendarios sobre la felicidad nos ordenan no hablar de nuestras irritaciones. Los reencuentros y reconciliaciones en el lecho de muerte se producen, si acaso, tras décadas de arrepentimientos sofocados, represiones y *dolores* silenciados.

Visto a través de la lente de Unamuno, el *dolor* no es un signo de que estamos rotos. Es una perturbación que puede llevarnos a pedir ayuda a nuestros seres queridos. Pero no siempre oyen nuestra llamada. El sufrimiento puede hacernos más accesibles a los demás, pero Unamuno no dice en ninguna parte que deba ser así. Sí pregunta, en cambio, por qué esa conexión no se produce siempre. Su respuesta es dura: no sirve de nada «si [los demás] no tienen esas cuerdas [dolorosas del corazón] o si las tienen tan rígidas que no vibran —espeta—, mi grito no resonará en ellas».[27]

Me gusta pensar que nuestros seres queridos sí disponen de esas cuerdas, aunque algunas se les hayan vuelto rígidas tras tantos años de hacer caso omiso del dolor y calmar los puntos de tristeza, como les han enseñado.

Nos han dado consejos horribles con la mejor de las intenciones, y nuestra vida emocional se ha resentido.

La mayoría aún somos novatos en esto de ver en la oscuridad, aun en el caso de que llevemos tiempo viviendo en ella, pero filósofos como Unamuno pueden ayudarnos. Su *dolor* nos pregunta si las cuerdas del corazón se nos han puesto rígidas y nos enseña que el amor consiste en escuchar sin evadirnos ni dar ánimos. El sufrimiento emocional puede hacer que bajemos las defensas y nos volvamos emocionalmente sinceros, quizá hasta un nivel que nunca habíamos experimentado.

¿Qué sabiduría podrían extraer de Unamuno la familia de Jody o incluso Seligman? Si el filósofo español hubiera podido decidir cómo reaccionarían el marido y el hijo de Jody ante su *dolor* aquella noche, sentados a la mesa del comedor, tal vez habría sucedido así. Ella expresa sus dudas y preocupaciones acerca de ser capaz de encontrar un buen trabajo a su edad. Su familia, negando su impulso instintivo y autoprotector de iluminar la oscuridad de Jody, se vuelve hacia ella y se acerca. Le hacen preguntas no retóricas y la escuchan como si sus palabras fueran sagradas. Mientras los tres están sentados en la oscuridad, el marido y el hijo empiezan a prestar atención. Le preguntan qué es lo que más le preocupa: «¿Es la gestión de las horas de trabajo, las dudas sobre tu competencia o lo que sentirías teniendo un jefe?».

En la cueva hay mucho silencio, el silencio que se produce al escuchar, sentir y pensar. Le ofrecen a Jody el espacio necesario para pensar en voz alta, incluso para repetirse una y otra vez si eso la ayuda a aclimatarse a la oscuridad y a descubrir lo que siente. Ella se da cuenta de que lo que le ocurre es algo más que la falta de amor propio. Mientras la escuchan, su marido y su hijo se enteran de lo que muchas mujeres inteligentes y de cierta edad ya han aprendido: diez años como ama de casa ponen en desventaja a una mujer que busca trabajo. Jody no está equivocada. No es una pesimista obsesiva. Sus sentimientos tienen lógica. Entonces ocurre algo mágico: las cuerdas del corazón de su marido y de su hijo empiezan a vibrar. Lo que la oyen decir los conmueve y el marido le coge la mano. Le pregunta si se siente rezagada, demasiado vieja o inútil. Los tres corazones se mueven al unísono.

«Debió de ser duro cambiar la ropa informal de trabajo por los baberos.»

Profundizan más.

«¿Desearías no haber dejado de trabajar?»

Ahora que siente que está en un espacio diferente, Jody expresa su ambivalencia sin miedo a ofenderlos.

«No. Volvería a hacerlo. Pero me gustaría haber podido tener las dos cosas: una carrera exitosa mientras era el tipo de madre que quería ser. No renunciaría a esos años, pero representan una pérdida para mí, y no solo a los ojos de los demás. A veces me gustaría que viviéramos en Dinamarca o en Suecia, donde te ayudan a conciliar ambas cosas. No me parece justo haber tenido que elegir, y ahora estoy pagando las consecuencias de la decisión que tomé.»

«Sí», contestan su marido y su hijo, cuyo coeficiente emocional aumenta por momentos. La familia de Jody aprende que no hace falta arrebatarle el *dolor* a una persona para proporcionarle la alegría de la compasión. Los epicúreos se equivocaban: podemos sentirnos bien y mal a la vez. Saber que nuestros seres queridos no huirán cuando nos sintamos mal puede hacernos sentir bien.

Las cuerdas del corazón que están en armonía dicen sí en lugar de no. Vibran basándose en la conexión. Cuando sus familiares dan por finalizado el rato de estar sentados con ella, escucharla y afirmarla, Jody se siente más cerca de ellos, mejor comprendida, validada. Ha expresado su *dolor* y nadie la ha obligado a tragárselo de nuevo. Ahora que su *dolor* ha sido escuchado y no penalizado, puede aflojar los puños y plantearse la posibilidad de que quizá sí consiga un trabajo. Hablar de su *dolor* podría incluso haberle dado una idea de a qué campo le gustaría dedicarse ahora que es una mujer más madura. Esa noche se acuesta sintiéndose más ligera, flexible, relajada. Agradece que su familia haya soltado las linternas y se haya aferrado a su hilo. Esa noche se han visto los unos a los otros en la oscuridad.

Una vez, una amiga mía vio a su hijo de cinco años dibujando caras tristes en su almohada. Se quedó hecha polvo. Se sintió culpable y abrumada ante la franqueza del mensaje del niño. El *dolor* de su hijo era una crítica contra su forma de criarlo, y su almohada, una prueba de su incapacidad para mantenerlo feliz. A mi amiga le pareció que preguntarle al niño por las caras tristes era demasiado trágico, así que fingió no verlas.

Hacer caso omiso del *dolor* es algo bastante habitual, pero ¿y si mi amiga hubiera tomado el hilo que su hijo le estaba ofreciendo con tanta confianza? Habría estado más cerca de verlo en la oscuridad si simplemente le hubiera dicho: «Parece que estás triste».

Acurrucarse juntos en la oscuridad es un buen comienzo para adquirir visión nocturna. Para dominarla, no obstante, debemos creer que el *dolor* solo parece un fracaso cuando se ve a la luz. En la oscuridad, parece cuerdas del corazón y conexión espiritual.

Cuando negamos, ocultamos o minimizamos el *dolor*, no le ofrecemos a la gente la oportunidad de abrirse camino hacia nosotros. Peor aún, nos convertimos en personas torpes e incómodas. Debemos desarrollar la visión nocturna no solo por nosotros mismos, sino también por los demás. Si queremos que nuestros hijos, parejas y amigos hablen de su *dolor*, tenemos que estar dispuestos a atenuar las luces y permitir que nuestros ojos se adapten.

Y en ningún momento necesitamos una mejor visión nocturna que cuando pasamos un duelo: el *dolor* de los vivos ante la muerte.

# 3

## AFERRARSE AL DUELO

Una vez oí a un amigo decirle a un señor que acababa de quedarse viudo: «Me impresiona mucho lo bien que lo estás llevando». Era un hombre que, cuatro días después de perder a su esposa, estaba lidiando con sus emociones de la única manera que sabía: lavando platos y ocupándose de la logística. «Es estupendo que te mantengas ocupado y no pierdas la calma.» No sé si los comentarios de mi amigo hicieron que el viudo se sintiera mejor o peor. A lo mejor se sintió reconocido, como si sus esfuerzos no fueran una pérdida de tiempo o energía. Quizá valorase su productividad y estuviera agradecido de no haber perdido su capacidad de funcionamiento, además de a su mujer. Tal vez le gustase recibir una estrella dorada por estar pasando el duelo de la manera correcta. O quizá se sintiera presionado para seguir así.

Más tarde le pregunté a mi amigo si estaría igual de impresionado si el viudo no hiciera más que llorar durante todo el día. ¿Y si dejara los platos sucios y comiese *pizza* directamente de la caja todas las noches? ¿Y si durmiera con la bata de su mujer y se paseara vestido con ella por la casa todo el día? ¿Y si no levantara las persianas y rechazase las llamadas telefónicas? En cuanto a las posibles respuestas al duelo, ¿no es no lavar los platos cuando tu esposa muere una forma tan impresionante de llorar como lavarlos?

El tipo de persona que apoyaría el derecho de un viudo a derrumbarse probablemente no utiliza ni el término *derrumbarse* ni la expresión «no perder la calma». Seguramente no describiría ningún estilo de duelo como «impresionante». No sé cuántos de estos rebeldes emocionales existen en Estados Unidos, la tierra donde el estilo de duelo de «limpieza a fondo» impresiona más a amigos y familiares que el estilo trágico, que tiende a hacer que la gente murmure sobre la salud mental. ¿Por qué los no afligidos se empeñan tanto en mantener ocupados a los afligidos?

Mi amigo no pretendía insinuar que derrumbarse constituya una mala respuesta al duelo. Estaba verdaderamente sorprendido por lo «bien» que estaba llevando el viudo el asunto de llorar una muerte y me confesó que no sabía si él sería tan «fuerte». En un mundo en el que la metáfora de la luz declara que mantenerse ocupado es impresionante, la historia de que somos seres rotos no pierde ni un segundo a la hora de informar a los afligidos improductivos de que están defectuosos. Recibirán (y supongo que interiorizarán) el mensaje social de que están sucumbiendo a su dolor en lugar de dominándolo. Están pasando el duelo de forma errónea.

Tanto a mi amigo como al viudo los educaron en la creencia de que ser fuerte significa aguantar el dolor. Les enseñaron, como a millones de personas de varias generaciones, que es más sano mantenerse activo que dejarse vencer por el duelo. Leeat Granek es una socióloga que califica esta actitud de «patologización del duelo» cuando los médicos la adoptan. En demasiadas ocasiones, el objetivo del tratamiento del duelo «es conseguir que la gente funcione y vuelva al trabajo de forma rápida y rentable».[1] Por descontado, las compañías de seguros prefieren los tratamientos que tienen una fecha de finalización. A una persona que supera el duelo de forma rápida y limpia se la considerará más sana y capaz que a quien no lo hace así. Pero ¿acaso es mantenerse ocupado la única manera legítima de pasar el duelo? ¿Todo el mundo debe lavar los platos?

A Megan Devine, una experta en duelo de la que hablaremos más adelante, le dijeron durante su período de luto que lo que de verdad necesitaba era salir a bailar. Eso ocurrió pocos días después de que su pareja se ahogara. Ahí estaba la metáfora de la luz, amedrentándola para que permaneciera en el lado alegre de la vida. Ahí estaba también la historia de que somos seres rotos, lista para atacar si se negaba a obedecer. Devine tardó un año en lavar las sábanas que compartieron y, como veremos dentro de poco, defiende hasta el último minuto de su duelo.

Me aterra enfrentarme al duelo verdadero por primera vez, pero no por el *dolor* que provoca la muerte. Estoy aterrorizada porque, cuando llegue el momento, me imagino que acabaré en el suelo en lugar de delante de un fregadero, y he oído y leído demasiadas historias que avergüenzan ese tipo de duelo como para confiar en que saldrá bien. Nuestra sociedad está demasiado aferrada a una filosofía del duelo emocionalmente asfixiante, y cualquiera que dé cabida al estilo del desmoronamiento —el estilo de duelo de «invernación», por tomar prestado un término de la autora contemporánea Katherine May— va a pasarlo mal.[2]

Al igual que con la ira y con las enmarañadas formas de *dolor* que hemos examinado en el último capítulo, las luces de la antigua filosofía griega y romana son una de las razones por las que hoy apresuramos a los afligidos a pasar su duelo. El estoico romano Séneca, que alabó a Platón por reprobar su propia ira, se habría sentido impresionado por un viudo que se mantiene ocupado. En el año 40 d. de C., Séneca aconsejó a su amiga Marcia que dejara de llorar la muerte de su hijo. Habían pasado tres años y Séneca había decidido escribirle una carta pública comparándola con otras dos madres que habían perdido a sus hijos. La primera, decía, empezó a no amar «más que la soledad y el retiro», mientras que la segunda «en cuanto lo depositó en la tumba, juntamente con él puso su dolor, no gimiendo más de lo que convenía».[3] Séneca no pretendía ser un imbécil al sugerir que Marcia fuera como la segunda madre. Lo cierto era que no quería ver sufrir a su amiga, pero también pensaba que su dolor era irracional. Su conclusión era que el hecho de que Marcia continuara sintiéndose mal era algo que ella misma estaba eligiendo, y eso lo desconcertaba: ¿quién querría llorar una muerte durante tres años?

En la filosofía estoica elegimos la ira, elegimos la tristeza, elegimos la aflicción. Los sentimientos no surgen de manera espontánea en el alma, como había afirmado Aristóteles. Por lo tanto, no debemos elegir sentir dolor. Séneca llegó a comparar el duelo de Marcia con un vicio, un «placer malsano» que la atrapaba en una extraña lealtad al sufrimiento. En opinión del filósofo, era el amor de Marcia hacia el *dolor*, y no el amor hacia su hijo, lo que oscurecía su aflicción.

Séneca estaba convencido de que a esas alturas el luto de Marcia duraba más que sus sentimientos. Le pidió que prestara atención a cómo su dolor «diariamente se renueva y fortalece».[4] Y le sugirió que siguiera el ejemplo de los animales, que no «ayudan» a su dolor.[5] Allí estaba Marcia, hurgándose a diario la costra del dolor hasta hacerla sangrar, y allí estaba Séneca, intentando con todas sus fuerzas cubrirle las manos con unas manoplas.

Las opiniones de Séneca sobre los sentimientos sombríos pueden parecer sentenciosas, pero si Marcia viviera hoy, no sería tan extraño que sus amigos o los profesionales de la salud mental llegaran a la conclusión de que se estaba aferrando a su pena. Tres años son mucho tiempo para llorar a un ser querido. Odiaríamos ver a alguien atrapado en ese terrible punto intermedio en el que se encontraba Marcia, en el que «no puedes vivir y no te atreves a morir».[6] Y podríamos suponer que su duelo era un sustituto del hijo que perdió, un sustituto al que debe abrazar y mimar, no olvidar ni rechazar. Tal vez lamentáramos que su vida se hubiese hecho tan pequeña y le deseáramos toda la felicidad del mundo. A la luz de nuestro punto de vista cultural, la felicidad significaría que dejara marchar a su hijo.

Séneca dice que durante el duelo lloramos tanto por nosotros mismos y nuestra forma de malgastar el tiempo como por nuestros seres queridos. Lamentamos no haberlos apreciado en vida. Si nos hubiéramos dado cuenta de que están hechos de la misma pasta viscosa que nosotros, de que están sujetos a las mismas reglas de la mortalidad que nosotros, nuestro dolor sería mejor, más breve. Dado que sabemos que la gente muere, prosigue el razonamiento de Séneca, ¿por qué conmocionarnos cuando lo hacen? ¿Por qué no prepararse? No le sorprendería que algunas de las jóvenes madres en mi clase no hayan redactado un testamento. Leer a Séneca hace que se sientan reprendidas, pero suelen pensar que tiene razón.

Séneca no solo intentó ayudar a Marcia. También le escribió una carta consoladora a su propia madre, que estaba pasando un duelo por él a pesar de que aún no había muerto. (El emperador romano Calígula desterró a Séneca después de acusarlo de acostarse con su hermana.) Asimismo, escribió a un hombre que estaba de luto por su hermano. En esas dos cartas empleó una secuencia de argumentos similar a la que utilizó con Marcia. El mensaje siempre era el mismo: «Llorarse debe la vida entera. Nuevas desgracias caerán sobre ti antes de que hayas satisfecho las antiguas».[7] Sus argumentos equivalían a: «Los muertos no sienten nada. No quieren que sientas lástima por ellos. Una vida más larga no es necesariamente mejor. Tu duelo no los hará volver». En la carta a su madre añadió qué podía ser peor: que estuviese muerto (en cuyo caso, supongo, véase la carta a Marcia). Al final de todas sus epístolas de consolación, prescribía el mismo remedio: leer filosofía y poesía.

Séneca reconoció que su método era violento. Optaba por «luchar» con el dolor y «hacerlo añicos» para «conquistarlo».[8] No aplicaba «calmantes, sino el fuego y el hierro».[9] Era la única forma que se le ocurría de ayudar a los afligidos a superar su dolor. Pero Séneca también probó con un enfoque más suave. Le recordó a Marcia que todos nacemos para sufrir:

Has nacido para perder, para temer y desear la muerte, y lo que es peor, para perecer, para esperar, para inquietar a los otros y para no saber nunca cuál es tu condición.[10]

Con lo dolorosa que es la vida ya de por sí, razonaba, ¿por qué iba alguien a elegir, además, afligirse? Séneca removió cielo y tierra. Deseaba de verdad que la gente encontrara la *ataraxia* —que se vieran libres de preocupaciones— y, sin embargo, presenció la vida de seres humanos que, una y otra vez, elegían la aflicción.

Resulta sorprendente que Séneca fuera uno de los estoicos más indulgentes en cuanto al duelo. Permitía que la gente llorase, aunque deprisa, para que pudieran volver a la vida normal, y solo si era estrictamente necesario. No le gustaban las lágrimas, pero admitía que «no experimentar ninguno [se refiere al dolor], es inhumana dureza».[11] A diferencia de los estoicos más estrictos, Séneca permitía el luto con moderación, y se defendía de las acusaciones de aspereza afirmando que no le secaría las lágrimas a una madre el día del funeral de su hijo.[12] (No prometió nada respecto al día siguiente.)

Sesenta años antes del nacimiento de Séneca, Cicerón, estadista romano, y por momentos estoico, había avergonzado a los afligidos utilizando lo que hoy sin duda llamaríamos «masculinidad tóxica». Por ejemplo, calificó el duelo de «débil y afeminado».[13] Y voluntario. Para demostrar esta voluntariedad del duelo, Cicerón señalaba a los muchos aristócratas y comandantes militares que impedían que les brotaran las lágrimas porque «el llanto y la tristeza no eran propios de un hombre».[14] «¿Ves? —argumentaba—. El duelo no es algo espontáneo. Puedes elegir no llorar.»

Para que te ahorraras un período de aflicción «débil y afeminada», los estoicos sugerían practicar el *memento mori*: recordar todos los días que dejarás de existir y, además, imaginarte a tus seres queridos como si ya hubieran fallecido. Esta práctica debería despertar en ti la gratitud mientras conserves la vida. Los estoicos son los responsables del viejo adagio que dice que debemos abrazar hoy a aquellos que nos importan, porque puede que mañana no los tengamos.

Cuando, siendo madre primeriza, practicaba el estoicismo, cultivaba el *memento mori* a diario, por si acaso. Los estoicos pensaban que si meditamos sobre la muerte todos y cada uno de nuestros días, es más probable que apreciemos a las personas cuando aún están vivas. «Me voy a morir —pensaba—. Mis padres van a morir. Mi pareja va a morir.» Le tomaba la manita a mi bebé, lo miraba con amor mientras lo amamantaba y le susurraba: «Te vas a morir». A mis alumnos se les escapa una risita nerviosa cuando lo confieso y, aunque no soy demasiado supersticiosa, el ritual me hacía sudar.

Si Séneca era benevolente, el caballero sureño del grupo de los estoicos, entonces su sucesor Epicteto, era un francotirador que carecía de compasión hacia nuestros sentimientos. «Si te agrada una olla —decía—, has de decirte: "Una olla es lo que estimo". Con lo que, si se hace pedazos, no te alterarás.»[15] Por extensión, «cuando beses a tu hijito o a tu mujer, has de decirte que a un ser humano besas, pues así, aunque muera, no perderás la calma».[16]

Quizá Epicteto fuera así de tajante porque había sido esclavo. Cuenta la leyenda que su amo le estaba retorciendo la pierna como castigo por algo que había hecho. Sonriendo, Epicteto le decía: «Que me la vas a romper». Su amo siguió retorciéndosela y, en efecto, se la rompió. En tono calmado, el esclavo le dijo: «¿No decía yo que me la romperías?».[17]

Como neoyorquina, me encantaba Epicteto. Decía las cosas claras. De él aprendí que fingir que mi bebé era inmortal no era solo una idiotez, sino también parte de una receta más amplia para vivir mal. Y que sin duda desembocaría en aflicción si mi bebé moría. Los estoicos deseaban con todas sus fuerzas ayudarnos a resistir lo que Séneca llamaba la «tormenta» de la vida (la versión externa de la tempestad que Epicuro nos decía que gestamos en nuestra alma).[18] Sostenían que si nos atornillamos la cabeza con la fuerza suficiente, nos mostraremos serenos y resistentes cuando la vida nos haga zozobrar, así que podremos empezar a arreglar el barco al instante. Espera que tu mujer se muera; así no dejarás de fregar los platos cuando ocurra.

Aunque he visto a mis alumnos entusiasmarse ante la propuesta que nos han legado los estoicos de controlar nuestros sentimientos, y aunque muchas cosas de las que dicen pueden ayudarnos a desenvolvernos en una sociedad rota, la luz que desprende su adiestramiento para el duelo es cegadora. Por fascinada que esté (aún) con los estoicos (por su reconocimiento de que la vida es brutal), dudo que las cartas de Séneca consolaran mucho a sus afligidos destinatarios. No puedo estar de acuerdo con que el duelo debe ser algo entre inexistente y rápido. Es posible que las epístolas de Séneca incluso empeoraran la situación de los dolientes como Marcia, pues los avergonzaron de forma pública. El duelo es algo personal y, cuando la muerte me arrebate a un ser querido, mi objetivo no será mostrarme serena y resistente. No veo ninguna virtud en lavar los platos. No necesito impresionar a nadie. Al contrario, quiero la libertad de poder zozobrar sin disculparme. Como Montaigne.

El 17 de agosto de 1563, Michel de Montaigne se pasó la noche en vela viendo morir a Étienne de La Boétie, su mejor amigo, a causa de la peste. El autor francés tenía treinta años y la peste se estaba propagando por el sur de Francia. Aun así, se quedó y se arriesgó a morir por amor a su amigo. Diecisiete años después, escribió: «Desde el día que le perdí, no hago más que arrastrarme lánguidamente».[19]

Casi inmediatamente después de conocer a La Boétie, Montaigne pasó a considerarlo su otra mitad. Su amistad duró cuatro años, los cuatro mejores años de la vida del autor.[20] Tras la muerte de su amigo se casó y tuvo hijos, pero jamás alcanzaría con nadie la misma cercanía que había alcanzado con La Boétie. Cuando le pedían que explicara su excepcional amistad (acerca de la que más de un chismoso había especulado con que fuera más que platónica) y qué era lo que resultaba tan insustituible de aquel hombre, Montaigne no lo lograba. «Si me instan a decir por qué le quería —confesaba—, siento que no puede expresarse más que respondiendo: porque era él, porque era yo.»[21] Había encontrado a su media naranja y no era capaz de transmitir la experiencia con palabras.

El duelo de Montaigne fue crónico. Casi veinte años después de la muerte de La Boétie, seguía lamentando haber sobrevivido a su amigo. «Íbamos a medias en todo; me parece que le arrebato su parte.» Montaigne se convirtió en uno de los ensayistas más famosos de la historia, pero siempre sentiría que su vida no contaba ya «sino a medias».[22] El siempre afligido amigo encontró consuelo en el poeta romano Horacio:

> Si un golpe prematuro se llevó aquella mitad de mi alma, ¿por qué he de quedar yo, la otra mitad, sin ser estimado y sin sobrevivir íntegro? Aquel día trajo la ruina de las dos.[23]

Montaigne no se contagió de la peste aquella noche, pero la muerte de La Boétie lo dejó vacío. Además de las personas a las que quiso a lo largo de los últimos veintinueve años de su vida, llevó consigo a La Boétie sin el menor rubor, negándose a abandonar su duelo.

En defensa de su perenne aflicción, Montaigne citó de nuevo a Horacio: «¿Qué pudor o qué moderación puede haber en la añoranza de un ser tan querido?».[24] Esta pregunta aborda el luto desde un *ethos* más sombrío: *¿Por qué avergonzarse?* Los ensayos de Montaigne son asombrosamente vulnerables y personales; por ejemplo, en uno de ellos nos cuenta qué alimentos le hacen tirarse pedos. Sus ensayos celebran la condición humana en lugar de ocultarla. Tanto el amor del autor por su amigo (aun a riesgo de despertar habladurías) como su constante duelo por él durante varias décadas son ejemplos de dignidad. Al no arrepentirse de amar y sufrir con intensidad,

Montaigne nos mostró una forma nada estoica de ser plenamente humano. Me parece precioso.

Pero, según los estándares actuales, el duelo de Montaigne se consideraría patológico.

Aunque Séneca hubiera sabido que se tiene conocimiento de que los chimpancés cargan con sus bebés muertos de un lado a otro, imagino que no habría cambiado su postura sobre si el duelo es una respuesta racional a la pérdida.[25] El supuesto central del estoicismo —que los estados de ánimo sombríos son evitables— es una de las luces que desencadenan los diagnósticos contemporáneos de distintas enfermedades mentales, entre ellas la ansiedad, la depresión y, en los últimos diez años, el duelo. Las cartas de Séneca, los consejos de Epicteto basados en las similitudes entre las ollas de barro y los bebés y la observación de Cicerón acerca de que los comandantes militares son capaces de cerrar la boca y de contener las lágrimas sentaron las bases antiguas para que la luz contemporánea de la psiquiatría clasifique el duelo como un trastorno mental.

Antes, el «trastorno de duelo complejo persistente» se llamaba «trastorno de duelo complicado» y todavía a veces se le denomina coloquialmente «duelo complicado». Aparece entre los «episodios depresivos con hipomanía de corta duración» y el «trastorno por consumo de cafeína» en la sección «Afecciones que necesitan más estudio» de la quinta edición del *Manual diagnóstico y estadístico de los trastornos mentales* (*DSM-5*).[26] Los autores señalan que ninguna de las afecciones que aparecen en esta sección está reconocida de manera oficial y, por lo tanto, no deben utilizarse con fines clínicos; como tal, el duelo complicado es un diagnóstico no oficial, pero un diagnóstico al fin y al cabo.[27] Según consta, menos del 5 por ciento de la población estadounidense padece de duelo complicado. Al igual que la ansiedad y la depresión, también lo sufren más las mujeres que los hombres. Por lo visto Cicerón tenía razón: el duelo es cosa de chicas.

Para cumplir los requisitos del trastorno de duelo complejo persistente, la persona afligida debe llevar al menos doce meses llorando la pérdida y debe haber experimentado uno de los siguientes sentimientos «más días de los que no»: (1) Anhelo/añoranza persistente del fallecido; (2) pena y malestar emocional intensos, y (3) preocupación respecto del fallecido o acerca de las circunstancias de su muerte. No es difícil imaginarse que alguien continúe experimentando estos tres sentimientos «más días de los que no» un año después de la muerte de su ser querido. El afligido también debe mostrar seis de los siguientes síntomas: (1) dificultad para aceptar la muerte; (2) incredulidad o anestesia emocional; (3) dificultades para rememorar de manera positiva al fallecido; (4) amargura o rabia en relación con la pérdida; (5) autoinculpación y sus variantes; (6) evitación de los demás; (7) alteración social; (8) deseos de morir; (9) dificultades para confiar en otras personas; (10) sentimientos de soledad o de que la vida no tiene sentido; (11) disminución del sentimiento de identidad propia, y (12) reticencia a mantener intereses. Con una lista de criterios así de larga, tampoco es difícil imaginar que continúe cumpliendo seis de ellos incluso un año después.

La Asociación Americana de Psiquiatría informa de que, todos los años, casi uno de cada cinco adultos estadounidenses padece algún tipo de enfermedad mental.[28] De todos los diagnósticos, el duelo parece ser el que más se resiste a ser calificado de enfermedad, en parte porque muchos legos en la materia creen que es normal querer con intensidad y afligirse hondamente. Somos muchos, incluidos algunos profesionales de la salud mental, los que no nos sentimos a gusto confinando el duelo —que consideramos una experiencia universal— a un libro de trastornos médicos. Sin embargo, a pesar de nuestra amplia solidaridad hacia este tipo concreto de *dolor*, desde 2010 los investigadores han llevado a cabo ensayos clínicos sobre lo que las compañías farmacéuticas acabarán describiendo como medicamentos para el duelo.[29]

Suponiendo que sobreviva a algunos de mis seres queridos, es muy probable que entre en la categoría de personas a las que se les puede diagnosticar un duelo complicado, lo mismo que les ocurriría a Marcia y a Montaigne si los evaluaran hoy en día. También es probable que me receten una dosis extra de vergüenza, no solo por parte de la sociedad, sino también de la comunidad médica. El *Manual diagnóstico y estadístico de los trastornos mentales* es como un Séneca nuevo y científico que les dice a los afligidos «complicados» que más del 95 por ciento del resto de las personas que pasan un duelo lo superan antes. No me extrañaría que la presión por recuperarme antes de que transcurran doce meses sea una de las causas de mi duelo prolongado.

Puede que Séneca avergonzara a Marcia, pero no medicalizó su duelo. Se limitó a pensar que no era razonable. Cicerón estaba de acuerdo con Séneca en que esa aflicción es irracional, en que es solo «una cuestión de (mala) opinión, como cualquier otra "perturbación de la mente"».[30] Pero luego fue un paso más allá. En las *Disputaciones tusculanas*, Cicerón dedicó un capítulo entero a calificar el duelo de producto de una mente «hinchada» e «inflamada».[31] Los hombres sabios, escribió, a veces caen en un histerismo temporal, pueden «desvariar» o sentir «furor», pero aun así seguirían contándose entre los cuerdos, puesto que siguen estando gobernados por la razón. Por el contrario, afirmo, tendríamos que estar enfermos para afligirnos. La locura, creía Cicerón, es escapar del control de la razón.

A diferencia de Aristóteles, que defendía una cantidad moderada de emoción, Cicerón no quería ni rastro de ella.[32] Las emociones negativas, concretamente, eran para él la prueba de una mente enferma, el equivalente en la antigua Roma a una enfermedad cerebral.[33] Y no son solo las emociones negativas las que pueden volvernos locos, pensaba, sino también las positivas, como el deseo y la alegría. Seguro que Cicerón habría diagnosticado a

Montaigne de mente «hinchada» incluso en vida de La Boétie: ambos se querían con demasiada voracidad para estar sanos. Las emociones nos vuelven dementes, pensaba. Nos sacan de manera literal de nuestra mente, así que nuestro cuerpo se queda solo corriendo por ahí, haciendo Dios sabe qué.

Incluso las emociones pequeñas son peligrosas, aunque Cicerón sabía por experiencia que el duelo es cualquier cosa menos pequeño y que, de hecho, es un tipo de angustia especialmente desagradable.[34] Una de las razones por las que lo sabía —y uno de los motivos principales por los que sus amigos lo consideraban un mal estoico— es que, cuando le llegó el momento de pasar un duelo, fracasó de manera estrepitosa. En el año 45 a. de C. falleció Tulia, su hija. Cicerón estuvo a punto de construirle un santuario y abandonó de inmediato a su esposa tras sospechar que aquel nuevo estilo de vida sin Tulia le gustaba demasiado.[35] Se sumió en la autocompasión.[36] Bruto, amigo del filósofo, le escribió una carta en la que le señalaba lo poquísimo estoico que estaba siendo su duelo y le pedía que, por favor, recuperara la compostura de una buena vez. Como dijo un comentarista, Cicerón respondió a los Brutos de su vida tornándose «beligerante y resentido con los amigos y colegas que lo instaban a aplacar su duelo o que alegaban que el duelo había perjudicado su estado mental».[37] Cicerón estaba decidido a vivir un duelo intenso.

Pero también estaba decidido a vivirlo de manera estoica. Plasmó por escrito su filosofía sobre el duelo cuando estaba pasando por el suyo, y le pareció que lo de «portarse como un hombre» se le estaba dando bastante bien. Allí estaba él, dos meses después de la muerte de Tulia (es de suponer que todavía actuando bajo los efectos de una mente inflamada), escribiendo un tratado sobre el duelo. Juraba que estaba haciendo dos cosas buenas: (1) distraerse escribiendo y (2) fingir que no estaba triste. Tan desesperado estaba por ser estoico que ni siquiera fue capaz de reconocer que estaba «condescendiendo» a la parte «débil y afeminada» de sí mismo que echaba tanto de menos a su hija.[38]

Y sin embargo, Cicerón debía de sospechar que sus amigos tenían razón. En teoría, estaba de acuerdo con que nos ahorramos penas y dolores de cabeza cuando corregimos nuestra percepción de la muerte y seguimos adelante con la vida. Pero allí estaba él, creyendo con toda su ferocidad y vergüenza que la muerte de su hija era mala. Había sido él quien había sugerido talar el árbol del duelo y destruirlo de raíz, pero ni siquiera lograba sostener el hacha.[39] Para tener bienestar mental, pensaba Cicerón, una persona debe ser capaz de controlarse. Él no lo era.

Una forma de controlarse, defendía el autor, es leer y debatir sobre filosofía. Como ya hemos visto, Séneca dijo lo mismo en sus cartas de consolación un siglo más tarde. Aunque pensar en la filosofía como medicina para el alma tiene sus inconvenientes, tanto Cicerón como Séneca estaban en lo cierto cuando afirmaban que la puede resultarnos útil, aunque no si empezamos por referirnos al duelo como un árbol oscuro y afeminado que hay que talar.[40]

Para sellar su destino como hombre que sufría el duelo como una enfermedad mental, la estudiosa contemporánea Kathleen Evans diagnosticó a Cicerón póstumamente de la que quizá sea, desde un punto de vista estadístico, la más feminizada de las enfermedades mentales: el trastorno depresivo mayor.[41] La idea estoica de que el dolor es irracional sigue teniendo mucho peso en la psiquiatría, pero ha evolucionado con el tiempo. En 1651, Robert Burton calificó el duelo de «melancolía transitoria», es decir, de enfermedad física.[42] En 1917, Sigmund Freud contraatacó argumentando que el duelo no es una enfermedad. «Aunque el duelo implica grandes desviaciones de la actitud normal ante la vida —admitió—, nunca se nos ocurre considerarlo una condición patológica y remitirlo a tratamiento médico.»[43] Freud incluso defendía que interferir en el proceso de duelo de alguien podía resultar perjudicial.[44] Emil Kraepelin —padre de la psiquiatría y rival de Freud— no estaba de acuerdo. Decidió que el duelo es una enfermedad y ganó.[45] Kraepelin es una de las principales razones por las que el duelo se ha fisicalizado, patologizado y, con los ensayos de fármacos para el duelo en curso, no tardará en monetizarse.[46]

La «exclusión por duelo» en la cuarta edición del *Manual diagnóstico y estadístico de los trastornos mentales* distinguía entre los síntomas semejantes a la depresión derivados de la pérdida de un ser querido y la depresión propiamente dicha. Esta distinción servía para mantener el duelo (que tiene una causa conocida) separado de la depresión (que a menudo no la tiene). Hasta 2013, cuando se publicó el *DSM-5*, los psicólogos estadounidenses trataban el duelo como lo hacía Freud: como parte de la condición humana.

Sin embargo, estos profesionales empezaron a preguntarse lo siguiente: dado que el duelo comparte síntomas con el trastorno depresivo mayor, ¿no sería más responsable tratarlos del mismo modo? A fin de cuentas, si alguien parece deprimido, ¿de verdad importa que tenga una «excusa válida»? ¿Acaso no está sufriendo igual? Esta lógica fue lo bastante persuasiva como para que se recurriera a un grupo de psiquiatras con el objetivo de zanjar la cuestión. Se les encargó decidir si mantenían la exclusión por duelo o la suprimían.

Las personas que estaban en contra de eliminar la exclusión por duelo eran las que consideraban que, aunque a veces el duelo se parece a la depresión, es importante situarlo en su contexto: has perdido a un ser querido y es natural y/o razonable que lo pases mal en tales circunstancias. A los miembros de este grupo les preocupaba lo que llamaban la «medicalización de la normalidad» y rechazaban el paso hacia la patologización del duelo.[47]

El sobrediagnóstico no es el problema, decía la otra parte, y tampoco deberíamos preocuparnos de que se empiece a tratar a los dolientes como a los depresivos de manera automática. El verdadero problema, afirmaban, es el acceso a los fármacos y a la terapia. Las compañías de seguros exigen documentación, y una persona afligida que necesita un diagnóstico médico para recibir ayuda debería poder optar a él (aunque eso conduzca al sobrediagnóstico).[48] «La pérdida es la pérdida», sostiene este grupo; no existe una jerarquía de sufrimiento.[49] Durante demasiados años, aseguran, la exclusión por duelo ha privilegiado, sin saberlo, a los dolientes, pues los ha situado por encima de los depresivos, que no pueden alegar ninguna razón para su depresión. A los afligidos se les ha tratado como a los niños de pelo rubio, dicen, que se plantan al lado de aquellos a los que se retrata como a sus hermanos desaliñados (y seguro que vagos), que no tienen ninguna excusa legítima para sus síntomas. A diferencia de los dolientes, los depresivos no pueden decir: «¡No soy un enfermo mental, solo estoy de duelo!». Si eliminamos la exclusión, dice la lógica, combatimos nuestra percepción interiorizada de que la depresión es debilidad.

En 2013 se eliminó del *DSM* la exclusión por duelo. Ahora los dolientes pueden optar a recibir un diagnóstico de trastorno depresivo mayor si muestran síntomas de depresión durante más de dos semanas.[50]

Te situarás a un lado u otro de la cuestión dependiendo de si crees que la enfermedad mental se refiere a un grupo de síntomas o a un conjunto contextual de sentimientos y comportamientos. También dependerá de cuánto confíes en la clase médica. Suponiendo que tu médico tenga buenas razones y mucho tiempo para aconsejarte a lo largo de varias visitas que duren más de los diez minutos habituales, es posible que no te preocupe recibir un diagnóstico de depresión precipitado. Si te diagnostican depresión después de dos semanas de duelo, formas parte del 0,5 por ciento de la población al que se le habría negado el tratamiento antes de 2013.[51] Pero, si no quieres llamar depresión a tu duelo (aunque cumplas seis de los criterios), quizá sientas que lo han patologizado. En un mundo en el que sano significa feliz, contento, alegre, funcional y de vuelta al trabajo, es decir, luminoso, tus persianas bajadas en la tercera semana le parecerán bastante poco saludables a nuestro sistema médico.

Es innegable que los dolientes sufren. También es innegable que esta cultura que se siente más cómoda viendo nuestras persianas abiertas los hace avergonzarse. Es fácil entender por qué una persona se siente rota si la han convencido de que la gente «normal» vive un duelo de dos semanas y luego empieza a recuperarse. Es fácil imaginar a un ser humano destrozado por el luto llamándose a sí mismo trastornado, enfermo y roto. La difícil situación de los afligidos nos obliga a preguntarnos: ¿podemos interrumpir la metáfora de la luz para que no dé lugar a la historia de que somos seres rotos? ¿Hay otra historia del duelo que podamos contar para cambiar la percepción que nuestra sociedad tiene de él?

Cuando C. S. Lewis se casó con Joy Gresham, sabía que la vería morir. Lo que no sabía era que tardaría cuatro años en ocurrir ni que el dolor haría añicos su fe.

Lewis y Gresham se casaron en el hospital donde estaban tratando a Joy de un cáncer. Corría el año 1956 y, para entonces, todo el mundo había dado por hecho que Lewis, de cincuenta y ocho años, no se casaría nunca. El sacerdote que los unió en matrimonio impuso las manos sobre Joy y el cáncer de la paciente remitió. Esto le dio a la pareja casi cuatro años de vida como marido y mujer, pero también hizo que el duelo del autor por la muerte de su esposa les pareciera desmesurado a todos los que pensaban que Joy no era más que una amiga. Lewis hizo lo que hacen muchos dolientes: desmoronarse. También hizo lo que pocos hacen: escribió un libro al respecto.

*Una pena observada* da testimonio de la hondura de la tristeza, la ira y la confusión que el duelo despertó en Lewis. El libro es un espejo en el que se miran las almas que se sientan en la oscuridad del duelo, pero también es una ventana para los pesos pluma como yo, que aún no sabemos cómo se siente el llevar el alma de un ser querido que ha muerto cosida a la propia carne. En *Una pena observada* no hay luz, solo un hombre forcejeando con Dios y consigo mismo en la oscuridad. La mayor lección del libro es que el duelo forma parte de la vida. El contexto, sin embargo, lo es todo.

Lewis fue un autor famoso por su fe ciega en Dios. Cuando Joy falleció, cuenta que vio cómo su fe —ahora un castillo de naipes— se derrumbaba.[52] Sin embargo, en lugar de regresar al ateísmo de su infancia, se convirtió en un «gato» que «puede bufarle al cirujano y escupirle si puede».[53] A lo largo de la obra, Lewis llamó a Dios Eterno Despiezador, Sádico del Cosmos e imbécil cargado de rencor.[54] Su veneno hacia Dios debió de sorprenderlo, pero su fe nunca había sufrido una prueba así.

«Me parecía que tenía confianza en la cuerda hasta que me importó realmente el hecho de que me sujetara o no —observó Lewis—. Ahora que me importa, me doy cuenta de que no la tenía.»[55]

Con el tiempo, Lewis descubrió que la puerta que lo separaba de Dios «ya no está cerrada ni tiene echados los cerrojos». Pero dudaba de si su castillo de naipes volvería a desplomarse cuando su propio cuerpo cediera. No fue así, pero no lo averiguaría hasta dos años más tarde.[56]

El duelo de Lewis, además de aniquilar su fe, desenmascaró una teología excesivamente simplista. Durante años le había dicho a la gente que, cuando morían, sus seres queridos estaban en un «lugar mejor». Había dado por supuesto, como aún hace mucha gente, que esas palabras reconfortaban a los dolientes, pero terminó dándose cuenta de primera mano de lo desgastados, torpes y peligrosos que habían sido siempre sus pésames.

El consuelo rutinario de Lewis había sido de naturaleza religiosa, razón por la cual lo rechazaba con violencia cada vez que alguno de sus amigos o colegas intentaba usarlo con él. Siempre que alguien le decía que Joy estaba en un lugar mejor o que se reuniría con ella tras su muerte —es decir, siempre que trataban de llevarlo a la luz—, él respondía con un siseo:

Habladme de la verdad de la religión, y os escucharé de buen grado. Habladme de los deberes de la religión y os escucharé sumiso. Pero no vengáis a hablarme de los consuelos de la religión, o tendré que sospechar que no habéis entendido nada.[57]

La idea de que todo lo terrenal se recuperaría en la otra vida —de que «también se fuman puros en el cielo»— sublevaba a Lewis porque eso era justo lo que él quería.[58] También era justo lo que ya no podía forzarse a creer. No había azúcar suficiente en el mundo para ayudarlo a pasar el trago amargo de la fe que con tanta alegría había administrado a lectores y seguidores antes de la muerte de Joy.

Si opinas, como Séneca, Cicerón y el joven Lewis, que el duelo es un árbol invasor que amenaza el bosque, lo más probable es que te des mucha prisa en talarlo. Pero si opinas que tu dolor es lo que impide que tu amor se evapore, como Marcia, Montaigne y el Lewis maduro, lo pasarás mal llorando una pérdida en un mundo que no para de ofrecerte hachas. Muchos amigos trataron de arrastrar a Lewis hacia la dulce luz del cristianismo, pero nada de eso ayudó. Llevar una antorcha a su cueva para iluminarla no funcionó, pero sí lo hizo avergonzarse. *Una pena observada* es un gran libro no solo porque capta el duelo a la perfección, sino porque también muestra a la perfección la vergüenza que provocan durante el duelo los seres queridos que no desean aportar nada más que luz.

Dos mil años después de que Cicerón perdiera a su hija Tulia, Lewis se topó cara a cara con el mismo abismo con el que se había topado el filósofo romano: el abismo entre lo que creía que creía y lo que creía de verdad, entre lo que quería creer y lo que era capaz de creer. Este es el abismo que, de una manera u otra, nos toma a todos por sorpresa. Como Cicerón, Lewis creía que sabía quién era, pero entonces se enfrentó a la muerte de la persona más importante de su vida.

Lewis era consciente, incluso mientras escribía el libro, de que era un estorbo para todas las personas con las que se encontraba.[59] Sentía que incomodaba a sus amigos y conocidos, pero no ocultaba su tristeza. Lewis se daba cuenta de que la gente no quería ver sus sentimientos profundos y oscuros. Ni siquiera él mismo quería verlos. Así que, cuando no estaba ocupado llamando a Dios imbécil, cargado de rencor, se dedicaba a flagelarse por estar revolcándose en la autocompasión. «Sentimientos, sentimientos, sentimientos. Vamos a ver si en vez de tanto sentir puedo pensar un poco.»[60] Como intelectual y como ser humano, Lewis se debatía entre el pensamiento y el sentimiento, estaba atrapado entre el colapso y el deseo de ser capaz de mantener la compostura.

Como joven que había visto los males de la guerra y la devastación mental que ocasionaba en los soldados supervivientes, Lewis había resuelto prestar poca atención a su vida interior. En una carta que escribió poco después de la guerra, aconsejaba así a un amigo y camarada: «mantente alejado de la introspección y las cavilaciones.

Cíñete al trabajo, la cordura y el aire libre [...] Nuestra salud mental pende de un hilo, y no vale la pena arriesgarla por nada».[61] De joven, Lewis intentaba preservar su salud mental evitando dejarse llevar por sus sentimientos; de mayor, les dio rienda suelta. Al igual que, aunque consideraba que masturbarse era un pecado mortal, el joven Lewis lo hacía con frecuencia y gran fervor, el Lewis maduro no lograba mantenerse alejado de su duelo, a pesar de haberse propuesto no acariciarlo.

En la introducción de *Una pena observada*, el hijastro de Lewis, Douglas Gresham, corrigió un antiguo malentendido entre Jack (como los amigos llamaban al autor) y él. Lewis había escrito que, cada vez que intentaba hablar de Joy con sus dos hijastros, «en sus rostros no asoma dolor, miedo, amor ni compasión, sino embarazo, que es el peor de todos los falsos consejeros. Me miran como si estuviera cometiendo una indecencia».[62] Así las cosas, para evitarles el bochorno, Lewis decidió no hablarles más ni de su duelo ni de Joy. Pero Gresham afirma que lo que Lewis había interpretado como bochorno hacia sus sentimientos era en realidad vergüenza por los propios.

«Sabía que si Jack me hablaba de mi madre, me pondría a llorar desconsoladamente y, aún peor, él también.» Gresham les echó la culpa a sus siete años de «adoctrinamiento» en el sistema escolar privado británico, que le había enseñado que «lo más vergonzoso que podría ocurrirme sería romper a llorar en público».[63] Hoy llamaríamos «masculinidad tóxica» a la lección que Gresham absorbió de niño; sabemos que los chicos británicos no son los únicos a los que se les enseña a no llorar. Pero no cabe duda de que el ideal de «hombre fuerte» de mediados del siglo xx dejaba a los niños y a los hombres solos ante el duelo y la vergüenza. Esto fue algo especialmente trágico en el caso de los chicos Gresham, que apenas eran adolescentes cuando su madre murió.[64] Su dolor no tenía una salida aceptable y Douglas Gresham confesó que tardó treinta años en llorar sin sentir vergüenza.[65] Los niños reprimidos se convierten en hombres reprimidos a los que se les ha dicho que dejen de llorar como una niña, tal como el entrenador de béisbol de mi hijo le dijo a su hijo... en 2021.

Lewis tenía razón al avergonzarse de la crudeza de su duelo, en el sentido de que supo interpretar muy bien el contexto. Pero también pensó que su libro, bochornosamente sincero, podría ayudar a la gente. Le costó encontrar editorial. T. S. Eliot no quiso tocar el libro hasta que supo que lo había escrito Lewis y, aun así, lo publicó bajo un seudónimo. Como se preveía, *Una pena observada*, de «N. W. Clerk», fue un bombazo. Por lo visto, el arzobispo de York lo calificó de «sensiblero y poco varonil» por exponer tantos sentimientos oscuros.[66] Como dijo el biógrafo de Lewis A. N. Wilson, «nadie parecía estar seguro de si a N. W. Clark [*sic*], fuera quien fuese, debía permitírsele volcar la carga de su infelicidad sobre el mundo».[67] El público lector no estaba preparado, en 1961, para el nivel de *dolor* expresado en *Una pena observada*. Su alfabetización emocional no bastaba para apreciar lo que los críticos, en tono de protesta, describían como un «documento muy privado».[68]

Hacer que los dolientes se avergüencen de su duelo los maldice dos veces: a unas personas que ya están sufriendo los dolores de la pérdida de un ser querido se las hace sentir aún peor por su pena, como si el mero hecho de pasar un duelo las convirtiera en debiluchas. Séneca avergonzó a Marcia. Bruto avergonzó a Cicerón. Los británicos avergonzaron a Lewis. Esta propensión a hacer que la gente se avergüence de su duelo está basada en la brillante idea de que llorar una muerte es un estado de ánimo defectuoso.

En el estante superior del armario del pasillo de la casa en la que me crie había una caja de zapatos de aspecto misterioso. Yo debía de tener unos cinco años cuando la vi por primera vez, pero ya entonces supe que no debía abrirla. Mi hermana me dijo que estaba llena de tarjetas de pésame dirigidas a mis padres tras la muerte de mi hermano, ocurrida seis años antes de mi nacimiento. Nadie me hablaba nunca de él, y lo único que sabía lo aprendía estudiando la foto que había en el aparador encastrado en la chimenea. Antes de cumplir los nueve años, era menor que él. Un día pasé a ser mayor. Parece un niño adorable. Esto es todo lo que sé.

O a mis padres les resultaba demasiado doloroso hablar de mi hermano o creían que no debían hacerlo por el bien de sus hijos, incluidos los nonatos. En cualquier caso, como nunca hablaban de él, no me crie compitiendo con un fantasma. Nunca tuve que cargar con el peso de la tristeza de mis padres ni preguntarme si me cambiarían por recuperarlo a él. Mi infancia no se diferenció en nada de la de mis amigos, a cuyos padres no había triturado aquel mismo almirez de pena. Mis padres eligieron vivir por los ocho hijos que les quedaban en lugar de morir con el que se había ido. Si el duelo los hubiera superado, quizá los hubiéramos perdido. Es posible que yo no hubiese nacido.

La decisión de mis padres de mantener a mi hermano guardado en una caja en la estantería del armario fue respetable y responsable. Fue amorosa. Tuvieron suerte de no sufrir a muy largo plazo, como Marcia y Montaigne. Volvieron al trabajo y a la vida. Dejaron el pasado atrás. Volvieron a reír y vivieron una vida larga y feliz, libre de enfermedades mentales. Mis padres son buenos estoicos sin darse cuenta y buenos católicos a propósito. Eligieron caminar en la luz.

Aun así, he oído rumores acerca de que en otros tiempos mi padre se tiraba en el suelo para jugar con sus hijos. He oído que, en otra vida, mi madre les tocaba la guitarra a mis hermanos. Una vez le pregunté al respecto y me contestó que había dejado de tocar «cuando el niño murió». El duelo deja su huella en una familia incluso cuando intentamos salir adelante con valentía. ¿Cuál es el coste del silencio? ¿Qué se pierde en la luz?

Imagina que la bochornosa honestidad de C. S. Lewis fuera la nueva normalidad, pero restándole la vergüenza.

Imagínatelo hablando a diario con sus hijastros sobre Joy. Mejor aún, imagínate que los colegios privados británicos y los equipos estadounidenses de béisbol no adoctrinaran a los niños en la idea de que los chicos no lloran. Imagínate un Estados Unidos más influido por Lewis que por Séneca, una cultura que mantuviera cerca a sus muertos y hablase de ellos incluso después del funeral. ¿Cómo seríamos si se nos permitiera incorporar la pérdida a nuestra vida cotidiana, si apartáramos la luz para dejar un poco de espacio a la oscuridad?

En 2017, la terapeuta experta en duelo Megan Devine escribió *Está bien que no estés bien: Afrontar el duelo y la pérdida en una cultura que no los comprende*, un libro que expone una historia tras otra de condolencias desafortunadas que culpan a los dolientes o los avergüenzan. He aquí una selección.

- Al menos disfrutaste de ellos el tiempo que los tuviste vivos.
- Siempre puedes tener otro hijo/encontrar otro compañero.
- ¡Ahora está en un lugar mejor!
- Piensa que ahora sabes lo que es realmente importante en la vida.
- Esto te hará mejor persona.
- No siempre vas a estar así de mal.
- Eres más fuerte de lo que piensas.

- Esto es parte del plan.
- Todo sucede por una razón.[69]

Devine afirma que, según su experiencia, pocas personas reaccionan ante los dolientes de una forma que no aumente su dolor, así que ha creado un vídeo de dibujos animados en el que enseña a los espectadores qué decir en lugar de estos tópicos inútiles.[70] El problema de estos intentos de pésame, señala Devine, es que sugieren un final sobreentendido. «Eres más fuerte de lo que piensas» termina tácitamente con «no te quejes tanto».[71] Los testigos no quieren vernos pasarlo mal —por un millón de razones, incluida la preocupación por sí mismos—, así que intentan meternos prisa para que lo superemos cuanto antes. La propia Devine fue acusada de estar demasiado triste y enfadada durante demasiado tiempo cuando su compañero de vida murió de manera inesperada. A partir de su experiencia personal y profesional, describe un mundo en el que nadie, salvo algunos dolientes, tolera la oscuridad. El libro de Devine, su sitio web y su curso de escritura de treinta días de duración pretenden ofrecer un refugio para los afligidos a los que esta cultura que dificulta aún más el duelo ha avergonzado. «El dolor no es un problema que deba resolverse —escribe—; es una experiencia para sobrellevar.»[72]

Los amigos de Lewis intentaron solucionar su problema sacándolo a rastras de la oscuridad, pero él se resistió. En lugar de aceptar sus aforismos baratos para poder superar la muerte de su esposa y volver al trabajo, permaneció sentado en la oscuridad y escribió lo que allí veía.

A pesar de que él mismo se avergonzaba de su dolor, *Una pena observada* es el antídoto de Lewis contra el hecho de que se nos avergüence por llorar a un ser querido. Es una obstinada invitación a los lectores para que dejen de pensar en el duelo como en un árbol que hay que talar, además de una lección en alfabetización emocional por parte de un hombre que distaba mucho de dominar la materia. *Una pena observada* rechaza con gran sabiduría la metáfora de la luz, pese a que su autor estuvo en parte bajo su influencia. Leerlo es ver a un gigante intelectual fracasar en la conquista de su dolor y darnos permiso al resto para dejar de intentarlo.[73] Lewis nos dejó un gran árbol a la sombra del que sentarnos con nuestra pena, si así lo deseamos.

No obstante sus propias protestas, Lewis nos mostró lo que es sentir en carne viva, dudar, amar con temeridad y desmoronarse. Su duelo es una alternativa al del doliente estoico que se mantiene ocupado para distraerse. Es una alternativa a la historia de que somos seres rotos, que dice que a los afligidos hay que repararlos. Lewis se negó a esconderse de sus emociones (a pesar de la vergüenza que le producían) y luego se negó a dejarlas guardadas en un cajón (de nuevo, a pesar de la vergüenza). Al publicar su tristeza, sus dudas, su desesperanza, su ira, sus blasfemias y su vergüenza, el autor nos dio permiso para vivir el duelo con intensidad.

De Lewis podemos aprender a hacer lo que él no fue capaz de llevar a cabo en su momento histórico: llorar las pérdidas con dignidad. Una persona que está de duelo no tiene por qué agachar la cabeza porque no se esté recuperando. Esa persona es tan digna como el viudo que lava los platos con frenesí. Al final, la muerte nos alcanza a todos. No es posible escapar del *dolor*. Siempre deja un rastro tras él, como el silencio cuando mi madre abandonó la guitarra. El duelo se parece a los otros estados de ánimo difíciles en que viene a por nosotros, pero, a diferencia de los demás, hay mucha gente que lo considera completamente normal —al menos en teoría y durante las dos primeras semanas—. El duelo no es una señal de que nos hayamos preparado mal o de que estemos reaccionando a una muerte de forma equivocada. Es algo que nos pone en contacto con un hecho básico: sobrevivir duele. Hay muchas maneras de vivirlo y no tenemos por qué pensar en el duelo como en un problema que debe solucionarse o como una patología. Como todos los estados de ánimo dolorosos, el duelo es algo con lo que hay que sentarse —Devine dice «sobrellevar»— hasta que veamos en la oscuridad.

Tras la muerte de Lewis en 1963, *Una pena observada* se reeditó con su nombre real. Las ventas se dispararon.[74] Quizá los lectores de Lewis le quisieran tanto como para permitirle estar triste, quizá fuesen un poco sádicos, o quizá estuvieran deseosos de aprender de él. Durante mucho tiempo, el difunto Lewis fue una de las pocas voces públicas que abogaron de forma tácita por intentar ver en la oscuridad en lugar de encender una luz. Hoy en día hay más voces de ese tipo, entre ellas las de algunas figuras públicas muy conocidas.

En una entrevista, Anderson Cooper, a todas luces afectado por la reciente pérdida de su madre, le pidió a Stephen Colbert, cuyos padre y dos hermanos murieron en un accidente aéreo hace más de cuarenta años, que hablara sobre cómo lidia actualmente con esa pérdida. Supongo que cuando Colbert le contestó que la mejor consecuencia de su sufrimiento era que le permitía conectar a nivel emocional con otros dolientes, no sabía que estaba canalizando a Unamuno y su afirmación de que vemos mejor a las personas que están experimentando *dolor* cuando nosotros también lo sufrimos. Colbert, como Lewis, es una persona capaz de ver en la oscuridad. Sabe que el dolor es inevitable.

Otros ejemplos contemporáneos de personas que han aprendido a dejar de arrastrar a los afligidos hacia la luz comparten la creencia de que el dolor no es un problema. Devine es una de ellas. Nora McInerny es otra. Perdió a su marido debido a un cáncer cerebral y tuvo que lidiar con el tipo de pésames chapuceros de la enumeración de Devine. McInerny ha escrito libros sobre cómo vivir con la pérdida, no a pesar de ella. También presenta el pódcast *Terrible, Thanks for Asking* («Fatal, gracias»), una plataforma pública cuyo propósito es no darles a las historias un final artificialmente feliz.

Elisabeth Kübler-Ross, conocida por sus a menudo malinterpretadas etapas del duelo (nunca pretendió que se consideraran secuenciales), contaba una anécdota sobre una viuda reciente. La joven estaba hablando por teléfono con sus padres y, cuando empezó a llorar, su madre intentó poner fin a la llamada. Quizá su intención fuera dejar que su hija sufriera en privado. «Por suerte —escribe Kübler-Ross—, intervino el padre, que dijo: "No. Voy a quedarme al teléfono aunque esté llorando".»[75] El padre estaba dispuesto a sentarse en la oscuridad con su hija afligida. Ojalá todos tuviéramos a alguien que nos quisiera tanto como para no colgarnos el teléfono cuando nos sentimos solos.

Hace tiempo conocí a una mujer que me dijo, sin una gota de tristeza en la voz, que le gusta llorar en el mar. Las olas, me contó, le limpian muy oportunamente las lágrimas y nadie tiene por qué enterarse de que las ha derramado. Defendía que una mujer tenía derecho a llorar en privado con el argumento de que cada persona sufre de una manera distinta y demostrando que hay gente que no quiere compartir sus asuntos con todo el mundo. Este argumento tiene sentido. Es cierto que sufrimos de formas distintas. Hoy es posible que describamos como fuerte y valiente, o como británica, a una mujer que solo llora en el mar. Pero dentro de cien años, una historia como esta romperá más corazones que el mío. Seremos más quienes veremos como una tragedia que érase una vez viviese una mujer que buscaba consuelo en el mar porque había aprendido por experiencia que, en tierra, ningún alma humana era capaz de sostener su tristeza.

Quizá algún día nuestra sociedad se dé cuenta de que, por mucho que los reprimamos, no conseguiremos hacer desaparecer los estados de ánimo difíciles, y que el deseo de «intimidad» suele nacer de las necesidades desatendidas. Fred Rogers escribió:

La gente lleva años diciéndole a otra gente «No llores», y el único significado que ha tenido siempre es «Me incomoda demasiado que muestres tus sentimientos: no llores». Yo preferiría que dijeran: «Adelante, llora. Estoy aquí para quedarme a tu lado».[76]

Quizá algún día ya no temamos que la tristeza aleje a nuestros seres queridos y aceptemos sus abrazos emocionales. Nos preocupemos menos por su malestar que por nuestra propia agonía. Rechacemos la idea de que hablar del duelo hace que dure más y dejemos de decir que si empezamos a llorar, «no pararemos nunca». Entonces estaremos de acuerdo con los padres cristianos que vivían en el desierto en el siglo IV (sobre los que hablaremos en el próximo capítulo) en cuanto a que las lágrimas traen consuelo, y estaremos preparados para sostener las de los demás.[77] Tal vez incluso lloremos de forma abierta y sin disculparnos por «ponernos sensibles», ya que habremos aprendido que llorar no es más inapropiado, bochornoso o contagioso que reír. Vivir el duelo con intensidad no se verá como una prueba de que no somos capaces de «mantener la compostura». Se tratará como una forma digna de que los seres humanos expresen su humanidad mientras enfrentan con la vida.

# 4

## CAMBIAR EL COLOR DE LA DEPRESIÓN

«¿Cuántos zurdos hay aquí?», les pregunto a mis alumnos. En una clase de cuarenta, tres o cuatro levantan la mano, y es una cifra que tiene sentido, puesto que el 10 por ciento de la población es zurda. Me dirijo entonces a ellos.

«¿Cómo es vivir en un mundo hecho para los diestros?» Los diestros de la clase fruncen el ceño. Comprendo su confusión cuando los veo echar un vistazo en torno al aula y fijarse, quizá por primera vez, en que todos los pupitres están pensados para las personas que escriben con la mano derecha. Los diestros tienden a no prestar atención a la arquitectura del mundo porque se adapta a ellos. El mundo físico se amolda a las necesidades de su cuerpo. Como diestra procedente de una familia de diestros, no juzgo a estos alumnos por su ignorancia. Al igual que ellos, yo no era consciente de que los zurdos tenían una forma completamente distinta de interactuar con el mundo hasta que escuché sus historias.

Dos *zurdos*[*] responden a mi pregunta. Ambos están sentados en pupitres para diestros porque en esta aula no hay otra cosa.

«He aprendido a vivir con ello», dice Zaida, una alumna de segundo con el pelo largo y gafas de montura transparente. Está sentada en una postura retorcida e incómoda, la única que le permite escribir con la mano izquierda sobre una superficie pegada al lado derecho de la silla. Se da cuenta de que algunos de sus compañeros se fijan en ello y se encoge de hombros.

Jorge asiente desde el centro del aula. Es pulcro y lleva una camisa con botones y un pantalón de vestir. Aunque se sienta mirando hacia delante, como sus compañeros diestros, ha tenido que apoyarse un cuaderno en el regazo para poder escribir. La parte derecha del escritorio le resulta inútil. Parece satisfecho de que se repare en su incomodidad.

«Siempre ha sido así, así que me he acostumbrado.» Este tipo de adaptación no resulta sorprendente, dado que la minoría zurda choca de manera constante contra el mundo físico. Los zurdos adecúan a diario su postura, los brazos y los dedos para utilizar las tijeras, los teclados, los abrelatas y los ratones de ordenador.

Son cosas sin importancia, me dicen estos alumnos, pero también nos recuerdan que solo hay un mundo y, en él, los zurdos deben adaptarse a los diestros.

---

[*] Cuando esta palabra aparece en cursiva señala que está en español en el original. *(N. de la t.)*

—¿No es incómodo —les pregunto— estar siempre al revés?

—Sí —reconoce otro *zurdo*.

A estas alturas, la mayoría de los diestros han bajado la mirada hacia el pupitre. Ven que se diseñaron pensando en ellos. Igual que el Capitolio de Estados Unidos, con sus 365 escalones, se construyó pensando en la gente que puede caminar.[1] Igual que los trajes espaciales y los maniquíes de pruebas de choque se crearon pensando en los hombres.

Los «zurdos emocionales», entre los que se encuentran las personas que viven con depresión crónica, clínica o incluso leve, viven en un mundo moldeado por la metáfora de la luz. A la luz de la religión, la depresión parece un pecado —el de la desesperación— en el que te alejas de Dios. A la luz del consumismo o a la del capitalismo o la del pensamiento positivo, la depresión parece debilidad, pereza o un absoluto fracaso de la capacidad de ponerse manos a la obra. La depresión es un *dolor* mucho más desconcertante que el duelo, pues en la mayoría de los casos no ha muerto nadie. Al narrar su primer episodio de depresión, Andrew Solomon, autor de *El demonio de la depresión: Un atlas de la enfermedad*, afirmó que era incapaz de encontrar «excusa alguna para ella en tales circunstancias».[2] Le sobrevino en forma de aburrimiento tras terminar de escribir lo que se convertiría en un libro de gran éxito. A lo largo de las semanas posteriores, el aburrimiento degeneró en una depresión debilitante.

Las personas con depresión han sufrido una larga y despiadada historia de no haber sido tomadas en serio, así que la luz de la ciencia es una alternativa muy bienvenida a las luces anteriores. A la luz de la ciencia, la depresión no parece ni una elección ni un pecado, ni pereza ni melancolía. No parece algo que una persona pueda obligarse a «superar» a base de fuerza de voluntad. Al contrario, parece real, cruel, debilitante. Según la Asociación Americana de Psicología, la depresión (tanto la mayor como la menor) es el trastorno mental más frecuente, y las mujeres la padecen más que los hombres. Se trata de un estado de ánimo desadaptativo, de un sistema roto, dice Solomon. Estas palabras pueden resultar muy reconfortantes para una persona cuyo vocabulario anterior solo le ofrecía elegir entre «pecador» y «perdedor». La depresión clínica puede ser una tortura. Puede hacer que la persona que la sufre, como Solomon, sea incapaz de contestar al teléfono, de ducharse o incluso cortarse la comida. Lo contrario a la depresión, según descubrió él, no es la felicidad, sino la vitalidad, la energía que permite que una persona sienta tristeza, alegría o cualquier otra emoción «sin anularse».[3]

En 2022, la depresión puede tratarse. La Asociación Americana de Psicología informa de que la combinación adecuada de terapia y medicación «puede contribuir a garantizar la recuperación».[4] Y, aunque Solomon se refiere a los fármacos disponibles en la actualidad como «primitivos», poco eficaces, caros y susceptibles de provocar terribles efectos secundarios, estas escasas propuestas han salvado innumerables vidas. Solomon dice que agradece que le haya tocado vivir en este tiempo, cuando tenemos acceso a la medicación, y no en épocas anteriores, cuando la gente no tenía más remedio que vivir la depresión con sufrimiento.[5] El libro *Más Platón y menos Prozac*, publicado en 1999, sugería que no necesitamos fármacos, que lo único que nos hace falta para ayudarnos a superar los momentos oscuros es la filosofía.[6] Hoy en día tiene más sentido cambiar ese título por *Platón y Prozac*. Si la medicación nos ayuda a sentir la tristeza sin anularnos, entonces tiene sentido recurrir a ella.

Pero este capítulo no trata de medicamentos, sino del lenguaje. Del mismo modo en que es difícil nombrar y hablar de los efectos secundarios nocivos de nuestras creencias más luminosas acerca de la ira, la tristeza y el duelo, preguntarse si el vocabulario que utilizamos en la actualidad para describir la depresión ayuda o perjudica también es delicado. ¿Causa algún daño etiquetar la depresión —que puede ir desde el melodramático pero quizá menos mortal lamento «¡Estoy superdeprimido!» hasta la experiencia de no ser capaz de cortarse su propia comida que vivió Andrew Solomon— como una especie de «rotura»? ¿Es posible que la historia dominante que contamos sobre la depresión tenga algo que ver con el hecho de que en 2021 se la diagnosticaran a uno de cada tres estudiantes universitarios de primer año?[7] Por último, ¿qué hacemos con el innegable hecho de que este lenguaje de lo roto en parte lo ha creado y ahora lo sostiene una industria farmacéutica multimillonaria que se beneficia de vendernos una reparación?[8] ¿A quién beneficia que la depresión se comercialice como una enfermedad?

Preguntas como las mías pueden interpretarse como amenazadoras u ofensivas, y por un buen motivo: hay personas que no «creen» en las enfermedades mentales. Ven los estados de ánimo depresivos como debilidad, o incluso como el invento moderno de una clase malcriada. «Todo el mundo se pone triste a veces. ¿No deberíamos aguantarlo y punto?» Estas personas, que están muy influidas por una cultura con poca tolerancia a la oscuridad, se clasificarían como antimédicas, y yo no comparto su opinión. La luz de la medicina ha ayudado a millones de personas a acceder a los fármacos y a la terapia, a intervenciones milagrosas que salvan vidas. No sugiero que se apague esta luz.

Pero ¿podemos atenuarla? Podemos preguntarnos: ¿cuál es el precio que pagamos por pensar en la depresión única y exclusivamente como una enfermedad mental? Cuando la depresión es una afección, la consideramos algo que conviene aniquilar, como defiende Peter Kramer en *Contra la depresión*. Insiste en que debemos dejar de idealizarla y lanzarnos de una vez por todas a derrotarla.[9] Pero, dado que no siempre es posible aniquilar la enfermedad sin aniquilar a su anfitrión, ¿no hay más opciones que relegar eternamente a las personas deprimidas a la compañía de los *Broken and Beautiful* a los que Kelly Clarkson cantó en 2019? Cuando la depresión se considera una enfermedad cerebral, a quienes la padecen se les considera enfermos y rotos y, por lo tanto, necesitados de una reparación. Un alumno me escribió una vez diciendo que no era un adolescente normal porque necesitaba medicación para la depresión. Le respondí que a lo mejor sí era un adolescente normal que necesitaba medicación. Todavía hay demasiadas personas que equiparan un diagnóstico con una disfunción, pero en el caso de la depresión, el diagnóstico es necesario para obtener la ayuda que requieren quienes la sufren.

¿Hay otras maneras de entender la depresión y de hablar de ella? ¿Somos capaces de imaginar la posibilidad de reconocer el sufrimiento de una persona y facilitarle acceso a la ayuda que necesita sin pedirle que se vea como defectuosa o rota? ¿Qué haría falta para que los *zurdos* emocionales de mi clase se vieran como personas dignas, y no a pesar de su depresión? Quizá la dignidad sea más difícil de ver a la luz del sol. Quizá sea más fácil verla a la luz de la luna.


Gloria Anzaldúa era una *zurda* que sufría lo que hoy seguramente se diagnosticaría como depresión clínica. Vivió en un mundo en el que se esperaba que las personas deprimidas «pensaran en positivo», de la misma manera que se esperaba que los homosexuales «se comportaran como heteros». Al igual que mis alumnos zurdos, Anzaldúa se crio en un mundo que no se ajustaba a ella. Pasó su adolescencia, en la década de 1950, en las tierras fronterizas del sur de

Texas y era un enigma a todos los niveles, no solo emocional y físicamente. Su voraz hábito de lectura disgustaba a su madre, que solo sabía querer a una buena niña mexicana que limpiaba el polvo de las lámparas y fregaba las baldosas del suelo; estaba perpleja ante aquella muchachita marimacho y poco convencional que prefería pintar y leer. Ya de pequeña, Anzaldúa sabía que jamás le plancharía la ropa a un marido ni le haría trenzas a una hija inquieta. Iba a pasarse la vida leyendo, escribiendo y pintando. Pariría ideas.

En su mochila del colegio, Anzaldúa guardaba libros de Søren Kierkegaard y Friedrich Nietzsche. A pesar de lo pequeña que era, ya sabía que las *prietas* como ella no leían a autores como aquellos.[10] Sus preciados libros no estaban escritos pensando en una trabajadora del campo mexicana que hablaba *espanglish*, del mismo modo que los pupitres de los alumnos no están diseñados pensando en los zurdos. Aun así, su apetito intelectual era insaciable. «Yo era ese tipo de niña», recuerda.[11]

A los veintiún años se matriculó en la Texas Women's University y se separó por primera vez de su familia para dedicarse a los cientos de poetas, escritores y pintores muertos que se habían convertido en su vida. Ninguno de aquellos artistas tenía la misma apariencia que ella, tampoco hablaban ni escribían como ella, así que empezó a considerarse diferente, un tanto inadecuada. Se subió en un autobús rumbo al norte con la esperanza de encontrar *el mundo zurdo*,* el mundo hecho para las personas

---

* Si está en cursiva, es porque aparece en español en el original. (*N. de la t.*)

como ella. Al cabo de un año no pudo seguir pagando la matrícula y tuvo que volver a casa, pero tras trabajar en el campo durante un tiempo y ahorrar, pudo permitirse asistir al Pan American College, donde terminó graduándose. Esta institución es la predecesora de la University of Texas Rio Grande Valley (UTRGV), donde yo soy profesora en estos momentos. Si ya hubiera estado dando clases en 1967, Anzaldúa habría sido mi alumna. (Por supuesto, en 1967 no había ninguna latina enseñando Filosofía en mi universidad.)

Los mundos que Anzaldúa encontró «ahí fuera» no se le ajustaron mejor que el que había dejado atrás. Ninguna de las ciudades en las que vivió olería jamás tan bien ni sería tan cálida al tacto como una tortilla casera, de esas con las que soñaba mientras vivía en Vermont y preparaba su primer libro.[12] Mientras vivía la vida de una escritora *queer* que echaba de menos su casa, fue la persona gay entre los heterosexuales del norte y el sur de Texas, la *tejana* en San Francisco, la campesina de piel morena entre los académicos blancos en Vermont y la mexicana bajita de acento extraño en Indiana y Brooklyn. Por último, se estableció en Santa Cruz, California, «la capital mundial de las lesbianas», pero incluso allí se comparaba con una tortuga que siempre lleva su hogar a cuestas.[13] No cargaba solo con sus preciados libros de ciudad en ciudad, sino también con sus culturas, sus idiomas y su imaginación.

Cuando Anzaldúa murió, a los sesenta y un años, era una famosa escritora y conferenciante a la que sus compañeros de posgrado trataban como si fuera su profesora.

Además de haber publicado *Borderlands/La Frontera: The New Mestiza*, había coeditado tres innovadores estudios académicos, escrito tres libros infantiles y concedido suficientes entrevistas como para conformar un volumen publicado. Como demuestran el American Studies Association's Lifetime Achievement Award («Premio a la trayectoria de la Asociación de Estudios Americanos») que recibió en 2001 y el Google Doodle en el que habría sido el día de su septuagésimo quinto cumpleaños (26 de septiembre de 2017), el legado de Anzaldúa es inspirador hoy en día.

Pero a pesar de todos los galardones que le entregaron, su hogar no era lo único con lo que Anzaldúa cargaba siempre a la espalda. Como muchos de nosotros, también llevaba *dolores*. Nació con una enfermedad rara que hizo que empezara a menstruar a los tres meses. Cada veinticuatro días, la pequeña Gloria menstruaba durante diez días de intenso dolor. Tenía que mantenerlo en secreto y ocultárselo incluso a sus hermanos, pues se consideraba algo extraño y sucio.[14] Esta enfermedad le provocó una pubertad precoz: empezaron a crecerle los pechos a los seis años y el vello púbico se le veía por debajo de los pantalones cortos durante las clases de educación física del colegio.[15] «*Prieta*, las piernas siempre cerradas», recuerda que le decía su madre.[16]

El padre de Anzaldúa murió cuando ella tenía catorce años.[17] Ella misma estuvo a punto de morir en cuatro ocasiones, una de ellas cuando casi se ahoga en South Padre Island. De adulta, la atracaron dos veces y, a los treinta y ocho años, se sometió a una histerectomía. Además, desarrolló una diabetes que le provocó una neuropatía, mareos, dolores de cabeza y problemas de visión.[18] Más adelante, al reflexionar sobre todo ello, Anzaldúa admitió que desde lo físico hasta lo mental, «el dolor era una forma de vida, mi forma de vida habitual».[19]

La autora también cargaba con un sentimiento de ser una «extraterrestre de otro planeta».[20] De niña se esperaba que cumpliera con lo que ella consideraba el papel «tradicional» de una mujer mexicana, pero ya desde el principio quedó claro que no sería así. En lugar de obedecer las órdenes de su madre de plancharles las camisas a sus hermanos, prepararles la cena y servirles la comida, se dedicó a leer, pintar, cavar zanjas y cazar serpientes.[21] Cocinar, que era algo que sí le gustaba de niña, también le quitaba tiempo para leer, así que dejó de hacerlo.[22] La pequeña Gloria sabía lo que le gustaba y lo hacía sin disculparse, incluso cuando la gente la reprendía por ello.

Pero ella tampoco era inmune a sentirse «avergonzada» cuando su madre les contaba a sus amigas que lo único que hacía era tumbarse en la cama a leer en lugar de ayudar en las tareas domésticas.[23] Gloria confesaba ser la más desobediente de los cuatro hijos de la familia, la rebelde, la oveja negra. Pero también tuvo siempre la sensación de que solo estaba siendo ella misma.[24] Era ambivalente. Puede que su hermana y su madre la llamaran «egoísta» por querer desarrollar su intelecto en lugar de planchar la ropa de sus hermanos, pero para Gloria *egoís-*

*ta* era el calificativo que te ponía la gente cuando no hacías lo que ellos querían. Tardó treinta años en aprenderlo, un lapso durante el cual sintió una enorme cantidad de culpa.[25]

La culpa que sentía Anzaldúa llegaba hasta sus escritos, incluso ya de adulta. Cuando la embargaba un episodio depresivo se volvía incapaz de lavar los platos, de contestar al teléfono o de responder al correo electrónico. Su historia era siempre la misma. Se encerraba en su interior y se tragaba la llave. No es de extrañar que de niña encontrara en Søren Kierkegaard (de quien hablaremos en el próximo capítulo) «una desesperación equivalente [a la suya]».[26] Más de cien años antes, Kierkegaard había descrito un lago infinitamente profundo por debajo de la ciénaga cubierta de maleza que lo protegía. En el fondo de la masa de agua había una caja de madera cerrada y con la llave dentro. *Indesluttethed*, una especie de «silencio desesperado», era como Kierkegaard se refería a este «autoencapsulamiento» o «encierro de uno mismo».[27] Como muchos de nosotros, Anzaldúa se identificaba con la idea de quedarse atrapada en su interior.

Durante estos tiempos oscuros, la autora mexicana volvía a lo que ella había entendido como sus limitaciones, que estaban inevitablemente construidas a partir de las expectativas de otras personas. «¿Quién soy yo —se preguntaba Anzaldúa—, una pobre chicanita de campo, para pensar que podría escribir?» Mientras las palabras *egoísta*, *perezosa* y *consentida* se repetían en su cabeza, se sentía cada vez más incapacitada. Sus episodios depresivos subían el volumen de las voces de su infancia. Se suponía que debía ser la esposa y la madre de alguien, no una chicana deprimida incapaz de levantar cabeza.[28] Como le dijo en una entrevista a Inés Hernández-Ávila, profesora de Estudios Nativos Americanos y compatriota *tejana*: «No se suponía que tú y yo fuéramos a llegar a escribir jamás».[29]

A los cincuenta años, un diagnóstico de diabetes tipo 1 agravó aún más la depresión de Anzaldúa. Recuerda que pasó un año negando la idea de estar enferma una vez más y resistiéndose a ella: «¿Me lo merezco? ¿En qué la he cagado?». Pero empezó a estudiar su enfermedad con la misma diligencia con la que estudiaba poesía, teoría chicana, feminismo, filosofía y astrología. Llevaba registros diarios de lo que comía, de lo que debería comer, de sus niveles de glucosa y de cómo se encontraba. Ese registro la ayudaba a evitar la hipoglucemia, que podía hacerle perder el conocimiento si no conseguía equilibrar su nivel de azúcar en sangre a tiempo. Aunque la hipoglucemia fuera leve, le dificultaba la visión y, por lo tanto, la escritura.[30]

Afligida de diabetes y depresión, Anzaldúa siempre tenía menos energía de la que creía que tendría o debería tener. Le costaba cumplir los plazos porque siempre tardaba más de lo que había planeado en terminar sus textos. Cuando trabajaba en algo distinto a aquello que tenía un plazo inminente, decía que se estaba «rebelando», pero su amiga y colaboradora AnaLouise Keating lo llamaba ceder al «deseo en lugar de a los plazos».[31] Keating fue coeditora suya en un libro de ensayos y anticipó, sin equivocarse, que el estudio de Anzaldúa retrasaría la publicación del volumen. Sin embargo, sus trabajos siempre fueron demasiado buenos para dejarlos atrás.[32]

Como les ocurre a muchas personas que sufren enfermedades que merman la energía, no todo el mundo entendió a Anzaldúa. Colegas que no eran conscientes de lo enferma y deprimida que estaba chismorreaban diciendo que la fama se le había subido a la cabeza y por eso no asistía a los congresos académicos. La depresión y la diabetes fueron cargas gemelas para la autora. Pusieron en peligro su carrera como «escritora de ficción feminista-visionaria-espiritual-activista-poeta-filósofa».[33] Recordaba: «Pasé por períodos de depresión *¡y no podía hacer nada!* No podía detenerme en las tareas porque me molestaban los ojos. Lidiar con mi enfermedad monopolizaba toda mi energía».[34] «Al principio —contó—, mis amigos se enfadaban conmigo porque no interactuaba con ellos. Estaba demasiado ocupada sobreviviendo día a día.»[35] Durante el período inmediatamente posterior a su diagnóstico de diabetes, Anzaldúa «apenas era capaz de funcionar», solo podía cuidar de sí misma, así que se apartó del mundo durante un año.[36]

En 2002, Anzaldúa le envió un poema sobre su depresión a Keating por correo electrónico. El poema, titulado «Healing Wounds» («Curar heridas»), revela su estado de ánimo mientras «los platos sucios continúan amontonándose»:

*Me han despellejado entera*
*una palabra, una mirada, un gesto...*
*míos, de familiares y de extraños.*
*Mi alma escapa de un salto*
*corre a esconderse*
*yo renqueo aquí y allá*
*en busca de consuelo*
*intentando convencerla de que vuelva a casa*
*pero el yo que está en casa*
*se ha convertido en un extraterrestre sin ella.*
*Gimiendo, me tiro de los pelos*
*me sorbo los mocos y me los trago*
*poso ambas manos sobre la herida*
*pero después de tantos años*
*aún sangra.*[37]

Anzaldúa pasó gran parte de su tiempo en la oscuridad. Como cuenta en su poema, sangró, lloró y se mesó los cabellos. Intentó encontrar consuelo, pero lo más habitual era que encontrara angustia.

A pesar de lo dolorosa que era su depresión, Anzaldúa no la denominaba trastorno, enfermedad o afección. Al contrario, inventó su propio término. La artista chicana tomó un tema tan gris como la depresión clínica y lo transformó en un mito colorido. Y del mismo modo que Susan Cain creó un espacio teórico en el que los introvertidos podían dejar de sentirse como extrovertidos fracasados al publicar en 2012 *Quiet: The Power of Introverts in a World That Can't Stop Talking* (*El poder de los introvertidos en un mundo incapaz de callarse*), Anzaldúa publicó *Borderlands/ La Frontera: The New Mestiza* (*Borderlands/La frontera: La nueva mestiza*) en 1987 para crear un espacio teórico en el que las mexicano-americanas pudieran dejar de sentirse como mexicanas fracasadas y estadounidenses fracasadas.[38] Pero *el mundo zurdo* no era solo para ellas. Era para los zurdos de todo tipo. «En El Mundo Zurdo, mi gente con sus afinidades y yo con las mías propias podemos convivir y transformar el planeta.»[39]

Hoy, *el mundo zurdo* sería el hogar de las personas LGBTQIA+ que son expulsadas de hogares homófobos. Acogería a aquellos de entre nosotros que tenemos un tono emocionalmente oscuro, a aquellos que los demás desearían que fueran más luminosos. *El mundo zurdo* no se limitaría a tolerar o a acoger a las personas con depresión, ansiedad, ira, pena y *dolor*. Se construiría pensando en ellos, en las personas a las que Anzaldúa llamó «almas afines», en todo el que se siente «dolorosamente vivo y abierto al mundo».[40]

En sus primeros tiempos como escritora, Anzaldúa se sentaba desnuda bajo el sol de California con una máquina de escribir en el regazo, más morena y vulnerable con cada minuto que pasaba, «cultivando su piel coloreada».[41] Más adelante, escribiría de noche («mi noche», la llamaba), a la luz de la luna.[42] Entonces reinaba la calma, era un momento que no pertenecía a los emocionalmente diestros, que pasaban las horas más oscuras roncando

VISIÓN NOCTURNA

y babeando, sino a los *zurdos*. Los que tenemos zurdera emocional —los deprimidos, los ansiosos, los iracundos, los afligidos, los *doloridos*— solemos pasar las noches en vela y alerta.

En la noche, Anzaldúa meditaba sobre la oscuridad. En los relatos aztecas sobre el origen de la Tierra, descubrió que veneraban a la oscuridad como «lo maternal, lo germinal, lo potencial». En ese origen, la oscuridad no daba miedo. Pero cuando la luz se separó, la oscuridad se convirtió en la villana, «identificada con las fuerzas negativas, vulgares y malignas».[43] La oscuridad ya no volvería a verse como maternal, como un vientre cálido. A partir de ese momento, la oscuridad sería el enemigo.

Cuando Anzaldúa reflexionó acerca del origen del universo, percibió y articuló el prejuicio de nuestra sociedad contemporánea contra la oscuridad en general y contra la piel oscura en particular. También estuvo muy cerca de invocar la metáfora de la caverna de Platón, tan cerca que es posible que la tuviera en algún recoveco de la mente.[44] Al explicar cómo es posible que la oscuridad pase de ser «maternal» a ser «negativa, vulgar y maligna», la autora culpa «al orden masculino [que] lanza su sombra dual».[45] Cuando Huitzilopochtli —el salvajemente belicoso dios del sol de la mitología azteca— se transformó en el héroe de su propia historia violenta, esa fue una sombra. Pero cuando convirtió la oscuridad y lo femenino en enemigos traidores, lanzó una segunda sombra o sombra dual. Si pensamos en la historia del origen de Anzaldúa como en una especie de metáfora híbrida greco-mexicana, el sol es un marionetista peligroso. No nos salvará, pero proyectará sobre la pared sombras que nos harán pensar que la noche es mala y el día es bueno, que las mujeres son negativas y los hombres positivos, que la depresión es negra y la salud blanca.

El prejuicio contra la oscuridad que describe Anzaldúa es especialmente retorcido si tomamos en cuenta la *acedia*, la prima del siglo IV de la depresión, de la que se decía que atacaba no en la oscuridad, sino a plena luz del día. La acedia era, en un principio, uno de los «ocho pensamientos perversos» que afligían a los padres cristianos del desierto que vivían en Egipto. Era el «demonio del mediodía» de esos monjes, que lo describían como la sensación de querer escapar de sus respectivas celdas. En parte aburrimiento, en parte apatía, en parte malestar, la acedia hace que los días parezcan interminables. Cuando aparece, te convences de que tu vida no es para ti, así que dejas de barrer la celda y empiezas a dormir más. Dejas de rezar a Dios y empiezas a idear un plan de fuga. Sin embargo, al igual que la depresión, el demonio del mediodía puede poseerte durante meses, un tiempo que pasas desnudo y solo, atrapado en ti mismo, quemándote al sol en lugar de sintiendo su delicado calor.

La acedia fue eliminada de la lista cuando los ocho «pensamientos perversos» se convirtieron en siete «vicios» en el siglo VI. Durante los seiscientos años siguientes, la gente se olvidó de ella, o pasó a encasillarla como un mero problema de monjes. Finalmente, en el siglo XII,

Hugo de San Víctor la resucitó y la convirtió en pecado capital. Santo Tomás de Aquino la rebautizó como «pereza» y dijo que podía llevarnos directos al infierno.[46]

Ya casi nadie habla de la acedia (ni siquiera de la pereza) porque la ciencia contemporánea no acepta la idea de que el letargo sea un pecado que el diablo te empuje a cometer. La religión ya no es el árbitro de los asuntos de la psique. Así las cosas, sucedió que la acedia, antes un pecado inspirado por un demonio, se convirtió en la depresión clínica, una enfermedad inducida por un mal funcionamiento del cerebro o por una desafortunada cadena de ADN.

Un saber que podemos extraer de la historia de la acedia —además del hecho de que se interpreta equivocadamente como si fuera «vagancia», una característica que comparte con la depresión— es que debemos sospechar del sol. La parte más horrible de la acedia es que, a diferencia del miedo, no desaparece cuando sale el sol. La depresión tampoco. Es lógico que una persona deprimida quiera mantener las persianas bajadas, puesto que dejar entrar el sol sofocante no le proporciona ningún alivio. Entonces, ¿por qué íbamos a calificar de oscura a la depresión?

Si fuéramos capaces de salir de debajo de la metáfora de la luz, que nos tiene convencidos de que la luz nos salva, quizá llegásemos a la conclusión de que la depresión se parece más a un larguísimo día de verano en el sur de Texas que a una «noche oscura del alma». Si históricamente las personas de piel clara que ponen a las de piel oscura por debajo de ellas no hubieran reivindicado para sí el color blanco, tal vez fuera la elección evidente para pintar la depresión: una blancura dominante que ahuyenta a todos los demás colores.

A pesar del prejuicio racista contra la oscuridad, Anzaldúa permaneció fiel a la noche. Confería sentido a sus estados de ánimo sombríos no a la luz del sol, sino a la de *la luna*. En la luna, la autora no veía una bola de gas ni un trozo de queso, sino la cabeza de la hija de Coatlicue, Coyolxauhqui, la diosa de la tierra. Era hermana del sol, Huitzilopochtli, y este arrojó su cabeza al cielo nocturno después de que Coyolxauhqui intentara matar a su madre (o, al menos, esa fue la versión de Huitzilopochtli). Desde entonces hasta ahora, Huitzilopochtli gobierna el día como el sol y Coyolxauhqui gobierna la noche como la luna y ayuda a la gente como Anzaldúa a ver en la oscuridad.[47]

La luz de Coyolxauhqui es mucho más suave que la del sol. Ella no ahuyenta la oscuridad ni la considera peligrosa. Anzaldúa considera que la luz de la luna es su «medicina».[48] El título de la tesis que aún estaba escribiendo cuando murió, *Light in the Dark/Luz en lo Oscuro*, se refiere a la luna, no al sol. El sol, lo masculino, Huitzilopochtli, es cegador y violento para Anzaldúa, mientras que la luna, lo femenino, Coyolxauhqui, es maternal y buena. Anzaldúa atribuye a la luna el mérito de ayudarla a ver mejor en la oscuridad.[49]

A la luz de la luna, para Anzaldúa la depresión se parecía mucho a la diosa azteca que nos traga enteros y nos sumerge en la oscuridad, pero que nos proporciona una nueva forma de ver. ¿Con qué frecuencia le atribuimos a la luna, o incluso a la propia oscuridad, el mérito de nuestras revelaciones?

En la iconografía azteca, la cabeza de Coatlicue está formada por dos serpientes de cascabel que se miran la una a la otra. Simbolizan el dar y el quitar vida, porque la diosa hace ambas cosas. Es a la vez un útero y un «incontenible torbellino interior, el símbolo de los aspectos subterráneos de la psique».[50] Coatlicue no es bondadosa. Es cruel, pero Anzaldúa estaba acostumbrada a la crueldad. Su hermana rompió *Borderlands/La Frontera: La nueva mestiza*, lo tiró al cubo de la basura y se negó a dirigirle la palabra durante tres años.[51] Su madre hacía que se sintiera vaga y anormal. Pero también la querían. Así que para Anzaldúa no fue una sorpresa que su madre espiritual, Coatlicue, la catapultara hacia la depresión en múltiples ocasiones a lo largo de su vida.

Anzaldúa escribió que «cuando el dolor, el sufrimiento y la llegada de la muerte se hacen intolerables», Coatlicue «se abre y nos sumerge en sus fauces y nos devora». La diosa-madre de la autora la agarraba y no la soltaba. Cuando se encontraba en el estómago de Coatlicue, se daba cuenta de que lo mejor era quedarse quieta. El pensamiento profundo, o lo que ella llamaba «el trabajo de germinación», «tiene lugar en el terreno profundo y oscuro del inconsciente». En los brazos de Coatlicue, las ideas ocultas empiezan a aflorar. La mente inconsciente empieza a revelarse.[52]

El «estado Coatlicue» no es agradable. Anzaldúa escribió acerca de la interacción entre su diabetes y su depresión, sobre el hecho de que la hipoglucemia la «arrastraba de nuevo a las profundidades». En un correo electrónico, afirmó: «me he dejado agotar demasiado. espiritual y emocionalmente exhausta y ahora estoy pagando el precio. ojalá fuera capaz de aprender a gestionar mejor mi vida/trabajo».[53] Coatlicue no era una amiga fácil para Anzaldúa, que solo acudía a los brazos de su madre cuando la arrastraban hasta allí.

La autora necesitaba desesperadamente entender qué ocurría dentro de sus episodios depresivos, por qué estaba allí y qué podía aprender. Al fin y al cabo, era una pensadora. Sin embargo, también detestaba su compulsión por «intentar encontrarle "sentido" a todo eso».[54] Al final llegó a creer que solo había una forma de salir de un episodio depresivo: dejar de luchar contra él. En el fondo, Anzaldúa pensaba que si conseguía que Coatlicue le impidiera ser productiva durante unos días, semanas o meses, terminaría liberándola. Pero aun así, siempre se mostró reacia a «hacer el cruce, [...] abrir un agujero en la alambrada y penetrar por ella, [...] cruzar el río, [...] dar ese gran salto hacia la oscuridad».[55]

A Anzaldúa no le entusiasmaba ver en la oscuridad si su maestra era Coatlicue. Pero la diosa tampoco permitía que la autora mantuviera la fachada de productividad; ni siquiera dejaba que se levantase de la cama por las mañanas. Coatlicue imposibilitó que Anzaldúa hiciera caso omiso de su dolor espiritual. «Acunada entre los brazos de Coatlicue «dice, se vio obligada a meterse» en la fecunda caverna de su imaginación». Por mucho que no quisiera admitir, y mucho menos afrontar, sus desagradables sentimientos de egoísmo y pereza, estos se apoderaban de su cuerpo y la incapacitaban para actividades cotidianas normales como lavar los platos y socializar. La autora equiparó estas experiencias a que Coatlicue se convirtiera en piedra y fuese incapaz de volver a convertirse en humana hasta que consiguiera «abrir a puntapiés un agujero en los viejos confines del ser». Anzaldúa no se liberaría de los brazos atenazadores de la diosa de piedra hasta que reconociera que también eran un útero capaz de dar a luz al conocimiento de alguna oscura verdad o a la visión de algo nuevo.

En *Borderlands/La Frontera: La nueva mestiza*, Anzaldúa describe una revelación fundamental a la que accedió en la oscuridad de su depresión. Se centra en la percepción que la pequeña Gloria había asimilado sobre ella misma: que era egoísta, *consentida*, perezosa. El doloroso tiempo que pasó con Coatlicue le mostró dónde se equivocaba en su percepción. En realidad no era vaga. Es posible que no hubiera entregado su vida a arar y cosechar como una jornalera migrante, pero había cavado en su interior para sembrar, regar y fertilizar semillas de sabiduría en su alma. De su trabajo brotaron ensayos y libros que cambiarían la vida de millones de personas, en particular la de todos mis alumnos. En el fondo,

Anzaldúa sabía que para rechazar la historia colonial de que los mexicanos que no trabajan el campo son vagos, tendría que sumergirse en los mitos precoloniales.

Coatlicue también le mostró dónde acertaba en su percepción. Si los laboriosos estadounidenses vieran lo que hacía para llevar a cabo su trabajo de escritora (pasear, meditar, leer libros), así como lo que no hacía (escribir de ocho a diez horas seguidas, ensuciarse las manos), pensarían que era una vaga. Sus editores se habrían disgustado mucho cuando no cumplía los plazos de entrega y no les habría costado llegar a la conclusión de que estaba malgastando el tiempo. Pero Anzaldúa profundizó aún más. La historia de su pereza no era idiosincrásica. Los anglosajones ya llamaban vagos a los mexicanos mucho antes de que terminara la guerra entre México y Estados Unidos en 1848, mucho antes de que el noroeste de México se convirtiera en el suroeste de Estados Unidos.

Acunada entre los brazos de Coatlicue, a la autora se le ocurrió que como «miembro de segunda clase de un pueblo conquistado», a la gente que se parecía a ella le habían «enseñado a creer que es inferior porque tiene sangre indígena, cree en lo sobrenatural y habla una lengua deficiente». Se dio cuenta de que:

Como persona, yo; como pueblo, nosotros, los Chicanos, nos culpamos a nosotros mismos, nos odiamos, nos infundimos terror a nosotros mismos. Casi todo esto sucede de manera inconsciente, solo sabemos que estamos sufriendo, sospechamos que en nosotros hay «algo que no va», algo que está tremendamente «mal».[56]

Anzaldúa se creyó esta historia durante demasiado tiempo, y su creencia la sumió aún más en la culpa y la vergüenza. Pero cuando tocó fondo a nivel emocional, fue capaz de conectar su experiencia personal de sentirse como una fracasada (como una «impostora», diríamos hoy) con el hecho histórico de que a su pueblo llevaban siglos haciéndolo sentir así. Debido a los persistentes prejuicios contra los indios que datan de la época de la conquista española, los chicanos y otros no blancos que tratan de ser artistas, escritores o académicos reciben un guion que dice que, atendiendo a su depresión, a los que les pasa algo malo es a ellos y no al mundo. Si no fueran tan autocomplacientes y consentidos, estarían ahí fuera cosechando naranjas o fresas o lechugas para los artistas y escritores de verdad. Coatlicue le enseñó a Anzaldúa que su vergüenza no provenía de su incapacidad personal para cumplir los plazos. Procedía del mito del mexicano perezoso que le había inculcado una sociedad racista y sexista obsesionada con la producción.

Todos los artistas deprimidos son susceptibles de ser considerados unos vagos, pero Anzaldúa sufrió la carga añadida de ser una artista deprimida y mexicana, lo que hacía que la clasificaran doblemente vaga. «Lleva toda la vida oyendo que los mexicanos son haraganes», así que «ha tenido que trabajar el doble que los demás para alcanzar los niveles de exigencia de la cultura dominante que, en parte, se han convertido en propios».[57] La autora había interiorizado el nivel impuesto a su pueblo por los colonizadores y sus descendientes. Coatlicue la liberó, precisamente, sumergiéndola en la oscuridad. Allí, lejos de la «luz» de los estándares coloniales, pudo dar a luz a los suyos propios.

Con este conocimiento adquirido en el estado Coatlicue, Anzaldúa esperaba dejar de «darse golpes en la cabeza» con el motivo recurrente de la pereza. La diosa la ayudó a tomar conciencia de que entender la inactividad como una debilidad personal había sido un error. La inactividad, comprendió la autora al madurar, es «un estadio que es tan importante como respirar» para un académico y un artista. La historia de la pereza no era más que una sombra en la pared proyectada por los titiriteros.


La percepción de vaga que Anzaldúa tenía de sí misma no se originó en ella. No fue ella quien escribió el guion que había memorizado. En el contexto general estadounidense, a una *jota* mexicana (una mujer *queer*) que carece de empleo fijo y de seguro, que se pasa las horas leyendo y escribiendo, pero también durmiendo y paseando por la playa, que deja que se le amontonen los platos sucios, se la considera perezosa. La autora no se equivocaba al pensar que su madre se creería el estereotipo, al igual que otras madres mexicano-americanas y muchos anglosajones de todo el país. Pero como filósofa, ella se cuestionó las historias que le habían contado, buscó mitos alternativos y creó nuevas maneras de ver.

Después de mirar a los ojos a Coatlicue, Anzaldúa descubrió algo sobre su depresión: todo lo que escondía de sí misma acababa saliendo a la superficie. Sin Coatlicue, jamás habría dejado de moverse. El dolor que la diosa le ofrecía era insoportable, pero la autora reaccionaba a él escribiendo. «Si podemos construir significado» sobre nuestros estados Coatlicue, escribió —y ese «si» es un condicional enorme—, «nuestras mayores decepciones y experiencias dolorosas [...] pueden llevarnos a que nos convirtamos en algo más de lo que somos».[58] Coatlicue nos ofrece un indicio de autoconocimiento, pero solo a lo largo del camino de la oscuridad.

En su juicio, Sócrates dijo que una vida sin examen no merece la pena ser vivida. Creía que la filosofía nos puede ayudar a conocernos a nosotros mismos y a vivir mejor. Para Anzaldúa, la depresión cumplía una función similar. No tienes por qué creer que la depresión tiene algún tipo de significado positivo inherente para entender por qué esta autora decía que Coatlicue la ayudó a ver algo en la oscuridad. La diosa serpiente puede derrumbarnos, pero también puede ayudarnos a enfrentarnos a lo que tememos.

Sócrates también decía que estamos preñados de ideas. Su madre era partera y ayudaba a las mujeres a dar a luz. El filósofo griego también se las daba de partera, pero de las que ayudaban a los hombres a traer sabiduría al mundo. El arte de Sócrates, al que él llamaba filosofía, consistía en «poner a prueba por todos los medios si lo que engendra el pensamiento del joven es algo imaginario y falso o fecundo y verdadero».[59] Ponía a prueba a la gente interrogándola sobre su idea —los profesores a veces lo llaman «cuestionamiento socrático»— hasta que conseguía averiguar si su bebé era fuerte y sano; si no lo era, creía que había que desenmascararlo.

Puede que Sócrates fuera estéril (según sus propias palabras), pero Anzaldúa no lo era. Con ayuda de Coatlicue, se parió a sí misma una y otra vez (y ayudó a otras personas a parirse publicando sus ensayos). Se describía a sí misma como madre y, al mismo tiempo, bebé. Calificó su experiencia con Coatlicue de «parto seco», «parto de nalgas», «un nacimiento entre gritos» y, por último, de un parto «que lucha contra ella a cada paso».[60] Al darse a luz de nuevo cada vez que Coatlicue la llamaba, Anzaldúa adquirió la capacidad de convertirse en una persona nueva y de ver las cosas desde una perspectiva también nueva. «Cuando estás en pleno estado Coatlicue, te estás gestando y pariendo a ti misma. Estás en estado de útero.»[61]

Anzaldúa no inventó la dañina narrativa sobre los mexicanos perezosos que la estaba envenenando. Pero hasta que estuvo entre los brazos de Coatlicue no fue capaz de ver lo que estaba ocurriendo. Tuvo que dejar de lavar platos para comprender que la historia que se había creído era tóxica. A pesar de lo mucho que Anzaldúa se resistía a Coatlicue, la diosa le dio unos ojos nuevos, y con ellos vio que la vida de las artistas e intelectuales chicanas no es ni perezosa ni egoísta.

Si Anzaldúa hubiera negado su oscuridad y corrido hacia la luz —si hubiera intentado mantener el optimismo, por ejemplo, y ahuyentar los malos pensamientos sobre sí misma en lugar de investigarlos—, lo más probable es que jamás se hubiera dado cuenta de que su narrativa venía del exterior. Sin Coatlicue, quizá la filósofa no se hubiese planteado nunca el daño que se les causa a muchos artistas y curanderos *queer* y zurdos a los que se avergüenza de maneras similares. El conocimiento y el autoconocimiento no se encuentran solo en la luz, sino también en la oscuridad, «*en esa cueva oscura*».[62] Y aunque Coatlicue dañó a Anzaldúa con su abrazo pétreo, también le ofreció «conocimiento».[63]

Casi quince años después de publicar *Borderlands/ La Frontera*, Anzaldúa enmarcó sus episodios depresivos en un proceso de siete etapas que desembocaba en *conocimiento*, en saber y acción nuevos. Convirtió el estado Coatlicue en la tercera etapa de este proceso no siempre lineal. Después de que a los cincuenta años el terremoto emocional del diagnóstico de diabetes devastara a Anzaldúa, contó que se sentía dividida entre la narrativa que solía contar sobre sí misma —que ya le había «pagado sus deudas al dolor» y que ahora estaba preparada para «hacer un buen trabajo»— y una narrativa nueva, aún desconocida. Este punto intermedio la dejaba a merced de Coatlicue, que detenía su cuerpo y su mente y la dejaba «incapacitada durante semanas».[64]

Al final, algo —a lo que no le puso nombre— la empujaba hacia la cuarta etapa y la animaba a salir de la cama. En la quinta etapa —a la que le dio el nombre de Coyolxauhqui, cuyo cuerpo fue despedazado y esparcido por toda la Tierra—, Anzaldúa volvía a ensamblarse a sí misma. Al igual que Coyolxauhqui, la filósofa tenía que juntar una vez más sus piezas desmembradas, pero se daba cuenta de que no volvían a encajar donde estaban antes. Tanto si sufrimos depresión clínica como si no, todos nos desmembramos al menos una vez en la vida y tenemos que volver a reconstruirnos a nosotros mismos.

En la sexta etapa, la autora conectaba de nuevo con todas las personas de las que se había aislado durante el estado Coatlicue. En la séptima etapa participaba en «actos creativos» como «escribir, crear arte, bailar, sanar, enseñar, meditar y hacer activismo espiritual».[65] Estos actos la ayudaban a dar sentido a sus episodios depresivos, no porque los artistas los necesiten para alimentar su arte, sino porque anhelan la expresión.

En lugar de ocultar su depresión en una época en la que mucha gente lo hacía (sobre todo las minorías raciales y étnicas), Anzaldúa convirtió su escritura sobre ese estado en una forma de «activismo espiritual». Consiguió traducir una fuente de vergüenza racial y de género —«soy perezosa»— en acciones creativas: escribir libros, dar charlas públicas y enseñar en las aulas. Puede que el *dolor* que sufrió Anzaldúa fuera personal, pero la pereza que había asumido como algo idiosincrásico —la seña de su insuficiencia personal— resultó ser una piedra de molino atada al cuello de otras personas oprimidas y comprometidas con la vida de la mente. «Sobreviví a tanto racismo y opresión procesándolos a través de la escritura. Es una forma de sanación. Vierto todos los sentimientos, emociones y experiencias positivas y negativas en la escritura e intento conferirles significado.»[66]

La filosofía y la mitología aztecas permitieron que Anzaldúa abordara la depresión como un «holismo complejo» en lugar de como una «rotura» simplista.[67] A través de sus nuevos ojos, vio que había sido tocada por una diosa. La historia de que somos seres rotos, según la cual la depresión es una enfermedad, no deja espacio para las diosas. Preferir la luna al sol distanció a Anzaldúa de la luz de la medicina. La liberó para crear su propia narrativa no médica (que no debe confundirse con antimédica) sobre su depresión.

En plena pandemia de COVID-19 me invitaron a participar como filósofa invitada en un curso de Zoom, «Filosofía en los tiempos del COVID», organizado por el YMCA de la calle Noventa y Dos de Nueva York y presentado por mi amigo y colega John Kaag. Los participantes hablaron de cómo estaban lidiando con la muerte que los rodeaba por todas partes. Uno de ellos nos contó que como ya lo había «perdido todo» con el fallecimiento de su esposa el año anterior, el COVID-19 no era nada para él. Dijo que la vida era demasiado corta para aferrarse al rencor. Después, yo comenté el delicado tema del sufrimiento redentor —tratar de conferirle sentido a algo que muy bien podría carecer de él— y dije algo así como que no me gustaba el lenguaje de las «lecciones aprendidas».

A modo de respuesta, el ahora malhumorado viudo me espetó: «Bueno, pues a mí sí me gusta el lenguaje de las lecciones aprendidas». En lo que se refiere a los estados de ánimo sombríos denostados en extremo, como el duelo y la depresión, las lecciones que haya que aprender solo pueden aprenderse en primera persona. Yo no sabía lo que era perder a un cónyuge ni cómo reaccionaría a ello, porque no he experimentado esa pérdida en mis propias carnes. Cuando comparto a Anzaldúa con mis alumnos, no les digo cómo pensar o qué creer. Les ofrezco su historia de sufrimiento y las palabras que utilizó para cambiar el color de su lucha, con la esperanza de que su filosofía les resulte cercana, relevante y útil. Muchos de mis alumnos, sobre todo los que están «dolorosamente vivos y abiertos al mundo», han encontrado consuelo en la actitud contracultural de Anzaldúa hacia la depresión.[68] La voluntad de esta autora de permanecer en su propio bando en lugar de considerarse un espíritu roto nos mostró una alternativa a «*broken and beautiful*». La gente deprimida no está rota ni quebrantada. Las personas iracundas, tampoco. Las dolientes, tampoco. Las ansiosas, tampoco. Y las doloridas, tampoco.

Mis alumnos aseguran haber aprendido ciertas lecciones de Anzaldúa. Puede que sean aprendizajes delicados, puesto que casi podrían idealizar la depresión. Pero si aceptamos la premisa de que no podemos erradicar la depresión dejando intacto a quien la sufre, entonces podemos pensar en ellos como en intentos de encontrar un lenguaje de cohabitación: cómo convivir con la depresión sin odiarse a uno mismo.

En primer lugar, ver la depresión a la luz de la luna revela que, aunque las personas que la sufren no están obligadas a contar su historia, es posible que les ayude. No tenemos que creer que el sufrimiento tiene un significado redentor para tocarlo al piano, escribirlo en la página o dibujarlo en los pasos de una larga caminata. No sé si estas acciones ayudarían a la gente a sentirse mejor durante la fase aguda de un episodio depresivo (sospecho que la mayoría de las veces no lo harían), pero una vez superada la peor parte, la autoexpresión puede resultar útil. Anzaldúa abogó por «compartir el estrés y las habilidades conectando con diferentes personas a través de las terapias curativas y el activismo».[69] Del mismo modo, en *El demonio de la depresión*, Andrew Solomon escribió: «hablar de mi depresión ha hecho que me resulte más fácil soportar la enfermedad y más fácil prevenir recaídas. Recomiendo hablar con claridad de la depresión».[70]

Anzaldúa llamó a su expresión creativa «activismo espiritual». Al igual que Unamuno, la filósofa entendía su dolor como un «conducto» para llegar a otras almas sufrientes.[71] De la misma manera, el magistral estudio sobre la depresión de Solomon no sería ni la mitad de convincente de lo que es si fuera una simple investigación sobre una enfermedad. Sus palabras nacieron de la angustia personal; no se esconden, y él tampoco. A juzgar por su condición de superventas, el libro ha servido de conducto a personas sufrientes de todo el mundo. Es activismo espiritual en forma escrita, y no de la variedad optimista. Solomon no le agradece a Dios su depresión, pero la utiliza para tenderles la mano a los zurdos emocionales de todo el mundo y para mostrarles a los diestros lo que es vivir con depresión.

Pero que Anzaldúa y Solomon utilizaran sus respectivas experiencias con la depresión con algún fin no significa que nosotros debamos hacerlo. Y el mero hecho de que la depresión pueda transformarse en la historia de un yo no significa que debamos permitirnos revolcarnos en el pozo de la desesperación. Ver la depresión a la luz de la luna no requiere que nos apartemos de intervenciones como la medicación y la terapia, el yoga y la acupuntura. La de Anzaldúa no es una historia de medicina occidental contra mitología azteca. Es una historia de Platón y Prozac. Cuando Anzaldúa ansiaba alivio, se planteaba toda la variedad de técnicas de curación que se hallaban a su disposición en aquel momento, entre ellas «programas de autodesarrollo, reuniones de Alcohólicos Anónimos, libros de autoayuda, cintas, terapeutas e instituciones de aprendizaje, donde estamos desarrollando capacidades de curación mental/espiritual/emocional».[72] Si su seguro de salud, algo que solo tenía de forma intermitente, le hubiera cubierto un acupunturista y el acceso a fármacos, es posible que hubiera recurrido a ambas cosas.[73]

Solomon también explica su disposición a probar casi cualquier cosa. «La depresión es una enfermedad de cómo te encuentras y, si te encuentras mejor, en realidad ya no estás deprimido.» Si la medicación occidental puede neutralizar la «anulación» de la que habla Solomon, entonces funciona. Si lo que lo consigue es la danza, entonces funciona. Hoy en día nadie tiene que «ser fuerte y aguantar» la depresión, pero el hecho de que no podamos erradicarla no es razón para que no intentemos aliviarla.

Del mismo modo, cuando nos preguntamos si una persona «debe» sufrir para crear arte, estamos formulando la pregunta equivocada. La metáfora de la luz olvida muy oportunamente decirle a la gente que en muchas cuestiones de sufrimiento no tenemos elección. Tarde o temprano, pagamos el precio de vivir. No podemos evitar experimentar *dolores* y no podemos elegir apagar nuestro dolor: no existe ninguna medicina tan poderosa. Solo podemos elegir si utilizar nuestro dolor, cómo hacerlo, y cómo incorporarlo a la narrativa de nuestra vida. He aquí algunas preguntas mejores que podemos hacernos: «¿Qué voy a hacer con mis experiencias de sufrimiento? ¿Qué veo ahora que antes no veía?».

Mis alumnos también aprenden de Anzaldúa que ver la depresión a la luz de la luna no implica que *los zurdos* amen su depresión más de lo que ella amaba su diabetes. La filósofa aceptó y odió su depresión, y por eso terminó su poema «Healing Wounds» («Curar heridas») con estas palabras:

*Sin darse cuenta de que para curar*
*debe haber heridas*
*para reparar debe haber daños*
*para que haya luz debe haber oscuridad.*[74]

Incluso cuando se le amontonaban los platos sucios, Anzaldúa se negaba a volverse contra sí misma. Al negarse a ver sus «sangrados y tirones de pelos» como simples manifestaciones de estar mental o físicamente rota, los interpretó como poderosos e informativos. Se refería a su depresión como «habitar en la profundidad de la conciencia nocturna», y a veces incluso ansiaba la luz (como es natural), pero no estaba dispuesta a abandonar la oscuridad por completo.[75] En un correo electrónico, escribió: «Parece que no soy capaz de levantarme el ánimo», y en el siguiente añadió: «Tengo la sensación de que aquí es donde debo estar de momento».[76] Con la ayuda de esta autora, mis alumnos pueden odiar sus episodios depresivos e integrar el hecho de su depresión en su historia vital.

Anzaldúa era bilingüe, como la mayoría de mis alumnos. Hablaba los idiomas de la oscuridad y de la luz, tanto en inglés como en español, e incluso creó metáforas nuevas, híbridos Tex-Mex para explorar mundos interiores y exteriores a la luz de la luna. Si somos capaces de convertir el pensamiento «o/o» (o la depresión de Anzaldúa fue una tortura o le proporcionó conocimiento) en el pensamiento «no solo/sino también» (la depresión de Anzaldúa no solo fue una tortura, sino que también le proporcionó conocimiento), podremos dejar que nuestros múltiples idiomas y acentos florezcan.

Por último, si la luz de la luna sugiere que pensemos en la depresión como en un problema individual en lugar de como en una aflicción social, estamos medio equivocados. Es ambas cosas.

Los psicólogos han utilizado los casos que resultan más pasmosos a la luz del sol —como el de Solomon, que se deprimió tras publicar un libro de éxito o el del también escritor William Styron, al que le ocurrió lo mismo tras ganar un prestigioso premio de escritura— como demostración de que algunas depresiones «no tienen causa».[77] Bajo la metáfora de la luz, que empareja las «cosas buenas» como el éxito con la felicidad, la depresión es sobre todo algo que desconcierta. «Si te va todo de maravilla, ¿por qué te deprimes? Debes tener alguna disfunción.»

Una respuesta inspirada en Anzaldúa sería que si hay un momento en el que la presión que se ejerce sobre ti para que seas un rayo de luz incansable se intensifica, es cuando publicas un libro y le dan un premio. Dicho en otras palabras, una depresión que te afecta justo cuando se supone que tendrías que ser más feliz no carece, ni mucho menos, de causa. En un mundo en el que las actitudes de gratitud son obligatorias, el hecho de no estar contento cuando se tienen mil motivos para ello puede constituir por sí solo un factor de depresión. También puede serlo el hecho de terminar un proyecto que ha dado sentido o estabilidad a tu vida durante años. También puede serlo un síndrome del impostor desmesurado (algo que tiende a ser muy común entre —¡sorpresa!— las minorías).[78] También puede serlo el miedo a que la vida no solo pueda ser cuesta abajo después de semejante éxito. Cuando se ven en la oscuridad o a la luz de la luna, los casos de depresión, que de otra manera resultan desconcertantes, cobran mucho más sentido.

¿Y si en lugar de esperar que cuando un autor publica un libro y gana premios esté en el séptimo cielo, damos por hecho que es posible que no tarde en deprimirse? ¿Y si considerásemos la depresión como uno de los posibles efectos secundarios del éxito? ¿Y si dejáramos de pensar que sabemos lo que debe o no causar la depresión de una persona? Estoy segura de que teniendo en cuenta el aislamiento que caracterizó su infancia, sus condiciones médicas y el racismo, el sexismo y la homofobia de nuestra cultura, no se nos ocurriría pensar que la depresión de Anzaldúa carece de causas. ¿Quién sabe cuántos casos de depresión «sin causa» tienen unas raíces tan profundas como el suyo, unas raíces que no se aprecian en la superficie o a la luz?

Mientras en nuestra sociedad se siga hablando de la salud mental en los términos de la literatura de la felicidad —equiparando la salud al optimismo, por ejemplo—, los que prestamos una atención más profunda a los males del mundo no seremos considerados mentalmente sanos. Entre las mutaciones del COVID-19, el extremismo político y los niveles de pobreza infantil en todo el mundo, estamos sin duda descontentos. Si de «deberíamos» se trata, quizá sería más sensato decir que «deberíamos» ser infelices la mayor parte del tiempo y estar deprimidos durante una buena parte de nuestra vida adulta. A través de esta lente más oscura, la felicidad parece una descarada negativa a empatizar con un mundo roto, y la depresión se entiende como la manifestación de los síntomas de una enfermedad social por parte de un individuo.

Cuando atribuimos la depresión al hecho de que el cerebro de una persona se ha torcido de manera inexplicable —en lugar de verla como uno de los productos de la insistencia de una cultura retorcida en la que silbamos mientras trabajamos hasta morir—, estamos haciendo caso omiso de las herramientas que podríamos utilizar para criticar las condiciones laborales y vitales de las mujeres, de las personas de color y de los oprimidos de todo tipo. Cuanto más abandonemos las brillantes expectativas de la sociedad en cuanto a que todos deberíamos ser uniformemente felices, estar ocupados y levantarnos de la cama de un salto todos los días, y cuanto más hablemos de nuestras complicaciones diarias —sobre todo en los momentos en los que el mundo dice que «se supone» que debemos ser felices—, con más claridad veremos que existe un hogar para los zurdos emocionales. Es probable que seamos más de los que pensamos.

¿Qué cambiaría en nuestra sociedad si la depresión tuviera muchos nombres? ¿Y si, por ejemplo, todos creyéramos en el *susto*, el fenómeno de la cultura mexicana que se refiere al «miedo del alma»? Anzaldúa lo describe en *Borderlands/La Frontera: La nueva mestiza* como una aflicción que puede sufrir cualquiera y que tiene remedio. La interpretación del *susto* más relevante para la depresión es que a quien lo padece «se le permite descansar y recuperarse, retirarse "al inframundo" sin atraer la condena de los demás».[79] ¿Y si nuestra sociedad empezara por permitirnos pasar una semana entera en la cama sin que se nos juzgue? ¿Podría ese cambio de perspectiva —social, no solo personal— cambiar el panorama emocional de nuestra sociedad? ¿Se sentiría una persona deprimida menos rota si su condición se describiera en nuestra sociedad como algo rutinario, o incluso como la visita de una diosa?

Las ideas de Anzaldúa nos liberan al alejarnos de los consabidos guiones que se han escrito para las mujeres y las esposas, para las mexicanas y las madres, pero su filosofía no es la única forma de repensar la depresión. Hay otras maneras igual de coloridas de hablar de una experiencia tan atroz, y merece la pena inundar nuestra sociedad con ellas.


Cuando era joven, jugaba al baloncesto. Era mucho mejor con la mano derecha y, durante los dos primeros años del instituto, aproveché esa fortaleza en mi juego. Luego lo dejé. Me daba miedo no ser lo bastante buena para el equipo preuniversitario. Además, no había dedicado el tiempo necesario a fortalecer el brazo izquierdo. Los mejores atletas, bailarines y músicos son los que saben trabajar desde ambos lados de la pista, con ambos lados, con ambas manos. Durante demasiado tiempo a los diestros se les ha tratado como si solo tuvieran una mano; la izquierda no es más que una ayudante. A los zurdos, por el contrario, siempre se les ha tratado como si fueran infrahumanos, puesto que su mano dominante se percibe como inútil. No hace tanto tiempo, a los zurdos de cinco años que empezaban el colegio se les obligaba a escribir —bajo la amenaza constante de la regla— con la mano derecha. A los *zurdos* se les veía como seres defectuosos pero reparables, y en muchos sentidos sigue siendo así. ¿No es mejor para todos aprender a usar las dos manos?

Andrew Solomon cuenta la historia de su visita a una zona rural de Bali en la que todo el mundo, tanto sordos como oyentes, utiliza la lengua de signos. «Lo que descubrí cuando fui a aquella aldea —relata Solomon—, fue que en realidad ser sordo no era una discapacidad tan grave si vivías en un mundo en el que todo el mundo sabía lengua de signos.»[80] A nuestra aldea emocional no le iría nada mal rediseñarse en esa dirección para que las enfermedades mentales dejaran de parecer discapacidades. Si empezásemos a diversificar nuestros relatos sobre la depresión, lograríamos construir una sociedad en la que los zurdos emocionales se sintieran humanos en lugar de reparables. Y los diestros emocionales —se autodenominen optimistas, personas luminosas o Tiggers— se beneficiarían de aprender a utilizar la mano izquierda, de sentir y experimentar sus estados de ánimo sombríos sin aterrorizarse tanto. Incluso podrían llegar a ser ambidiestros.

El objetivo de este capítulo no ha sido el de ensalzar los beneficios invisibles de la depresión, sino más bien sugerir que nos proporciona un par de ojos nuevos que, sin exigir nuestra gratitud, cambian el color de nuestro mundo y diversifican las historias que contamos acerca de nuestros diversos *dolores*, como individuos y como sociedad. Como Anzaldúa, podemos intentar ser multilingües, hablar el lenguaje de la medicina occidental, el de Coatlicue y el del *susto*. Todos podemos contribuir a crear *el mundo zurdo* y vivir en él.

# 5

## APRENDER A ESTAR ANSIOSOS

En 2009, la ansiedad superó a la depresión como principal preocupación entre los estudiantes universitarios.
Desde entonces —y llevo más de una década enseñando
en la universidad—, he visto cómo este problema empeo-
ra entre estos jóvenes adultos.[1] Antes, uno o dos alumnos
de un total de cuarenta desaparecían durante la clase y
luego acudían a mi despacho para explicarme que sufrían
de ansiedad. Pero desde hace cinco años, incluso antes de
las tensiones de la pandemia de COVID, son más los
alumnos que abandonan mi clase en repetidas ocasiones
a lo largo de un período de setenta y cinco minutos. Al
principio, debido a mi inseguridad, di por sentado que se
marchaban porque no soportaban mi forma de enseñar;
luego, mi ego rebatió esa idea con el tópico de los lapsos
de atención reducidos por culpa de las pantallas. Solo con
el tiempo fui dándome cuenta de que era la ansiedad lo
que estaba empujando a muchos de mis alumnos a escapar. He recibido más correos electrónicos y he mantenido más conversaciones cara a cara con ellos acerca de la

ansiedad social y personal que nunca. Algunos me dicen que van a terapia o toman medicación, otros han solicitado y obtenido adaptaciones formales en los Servicios de Accesibilidad para Estudiantes y otros están empezando a poner nombre a lo que llevan sintiendo desde que tenían seis años.[2] «No puedo mirar a los demás si noto que me están mirando a mí.» «No puedo permanecer sentado en clase sin que se me dispare la ansiedad.» «Me gustaría ser invisible.» Ha habido alumnos que han pedido ayuda para concertar una cita en el centro de orientación de la universidad y después se han puesto tan ansiosos que no han podido acudir a ella. Como resultado de repetidas interacciones como estas, tuve que preguntarme: ¿por qué se está agravando la ansiedad entre los estudiantes universitarios? Y también: ¿puede ayudar la filosofía?

Alumnas como Eva —una estudiante de Filosofía cuya media sonrisa siempre sugiere que está a punto de tener una idea brillante— tienen motivos para sufrir de ansiedad. Los tiroteos en los centros educativos son una realidad desde el de la torre de la Universidad de Texas, ocurrido en 1966 en Austin, a cinco horas de la UTRGV en dirección norte. Fue el primer asesinato masivo en un campus universitario y sucedió antes de que Eva hubiera siquiera nacido. A lo largo de los siguientes cincuenta años se producirían ocho tiroteos más en campus de Estados Unidos. Cuando Eva tenía diez años, nos despertamos con la crisis inmobiliaria y la quiebra del mercado bursátil, cuyas noticias afectaron a niños y adultos por igual. Eva tenía diecisiete años cuando Donald Trump se convirtió en presidente; con independencia de dónde se sitúe en el espectro político, no ha parado de absorber mensajes de odio de y/o sobre él desde que empezó a adentrarse en la edad adulta. En 2020 fue el COVID-19 lo que le provocó ansiedad. Se vio obligada a prepararse para la muerte cada vez que su madre, su padre, su abuela o su tía salían de casa, a rezar para que no la llamaran del hospital. Como los padres de Eva pertenecían a la categoría de trabajadores esenciales, una mañana se despertó convertida en la cuidadora principal de dos hermanos menores que estarían encerrados y asistiendo a clases en línea durante un período de tiempo impredecible. Lo que no se le pasó por la cabeza a Eva fue que sus experiencias la situaban en el mismo espacio existencial que a miles de estudiantes universitarios más.

Cuando diez alumnos de una misma clase entran uno por uno en mi despacho para contarme que sufren de ansiedad, me doy cuenta de que todos ellos piensan que su ansiedad es algo extraño e inusual. No saben que se sientan junto a alguien que ayer me dijo lo mismo. Dado que romper la confidencialidad nunca fue una opción, decidí hablar de la ansiedad en el aula de una forma más generalizada, hasta que se percataran de lo común que era. Por suerte, en una asignatura sobre el existencialismo no faltan oportunidades para debatir los estados de ánimo sombríos. Supuse que si los alumnos sabían que lo que les ocurría a ellos también les ocurría a sus compañeros, se sentirían menos solos. Puede que incluso se sintieran menos rotos.

Un día, mientras comentábamos en clase las ideas sobre la ansiedad del filósofo danés Søren Kierkegaard —es decir, sus ideas sobre el tema de este capítulo—, Eva se abrió. No era la primera vez que cursaba una asignatura conmigo, pero aún le costaba hablar en clase. Mirando al suelo y de vez en cuando a mí, narró su lucha contra la ansiedad social. Le contó al resto de la clase lo que ya me había contado a mí en privado: que le costaba asistir a clase. Samuel, un alumno de segundo año que tenía debilidad por las camisas de rayas y se describía como un «bicho raro», asintió con la cabeza. Confesó que hacía poco que se había desplazado hasta el campus para asistir a una clase y que de repente se había visto incapaz de salir del coche. Más asentimientos. Estaba funcionando, al menos para los alumnos que aquel día se habían desplazado hasta el campus y habían conseguido llegar hasta su pupitre. Agradecí su disposición a mostrarse vulnerables y me alegré de no ser la única que sabía cuántos de ellos sufrían de una forma similar.

Lo que no me esperaba de todas aquellas conversaciones era que los alumnos tuvieran otra cosa en común: los que sufrían de ansiedad también sufrían de vergüenza. Se sentían mal por sentirse mal, y lo único que deseaban era sentirse normales. «¿Y qué pasa con todos los carteles sobre la desestigmatización de las enfermedades mentales que veo por el campus? —me pregunté—. Si la ansiedad es tan común, ¿por qué mis alumnos siguen avergonzándose tanto de ella?» Se me pasó por la cabeza que las historias que la sociedad nos cuenta sobre la ansiedad están haciendo que los estudiantes universitarios —y todos los demás— nos sintamos peor, no mejor.

Las historias que circulan sobre la ansiedad son contradictorias y hacen prácticamente imposible que unos alumnos como los míos dejen de sentirse mal por estar mal. Todos me dicen que tienen un trastorno, una enfermedad, una disfunción, un desequilibrio químico. Están abordándolo con medicación, meditación, diarios de gratitud y baños de bosque. Están intentando solucionar su ansiedad y están dispuestos a buscar ayuda, pero lo único que consiguen es sentirse peor cuando no logran dominar sus pensamientos ansiosos. A pesar de sus esfuerzos, las historias que oyen sobre la ansiedad hacen que se avergüencen: se sienten mal por sentir ansiedad. Una vez más, la historia de que somos seres rotos entra en acción, y sospecho que no son solo los estudiantes universitarios los que están absorbiendo el mensaje de que la ansiedad es algo de lo que avergonzarse.

La historia más antigua sobre la ansiedad que sigue circulando hoy en día tiene que ver con la religión. El autor cristiano Max Lucado escribió un libro titulado *Ansiosos por nada* en el que equipara la ansiedad con la falta de fe. Según Lucado y muchos otros cristianos, la ansiedad es un síntoma de que no confías lo suficiente en el plan de Dios. Es un pecado a los ojos del Creador, pero puede redimirse. Si crees que Dios se encargará de todo, tu ansiedad disminuirá. Con Él al mando, aseguran, no hay razón para sentir ansiedad.

La segunda historia sobre la ansiedad proviene de filósofos muertos, pero sigue viva a través de los terapeutas contemporáneos. Los antiguos estoicos creían que la ansiedad equivale a un error de razonamiento. Si estás ansioso, postulaban, no es porque seas un pecador, es porque sufres de creencias desordenadas. Para sentirte mejor, necesitas enderezar tus pensamientos desviados. Como hemos visto en capítulos anteriores, los antiguos estoicos, romanos y griegos creían que cuando controlamos nuestros pensamientos, controlamos también nuestras emociones. A diferencia de la reputación y la riqueza, que por lo general no podemos dominar, tanto los pensamientos como las emociones «dependen de nosotros», decía Epicteto, el esclavo convertido en filósofo. Si nuestras emociones nos provocan sufrimiento, tenemos la capacidad de cambiarlas y ganar tranquilidad.[3] A través de una serie de prácticas continuas (que se han recuperado en el mundo contemporáneo) como escribir cartas, llevar un diario, reescribir narrativas dañinas, meditar, hablar con amigos y hacer terapia de exposición imaginaria, una persona estoica puede reeducar sus sentimientos descarriados para que se sometan a su razón.

La terapia cognitivo-conductual (TCC), que ofrece una explicación de la ansiedad muy parecida y prescribe prácticas similares para aliviar el sufrimiento, ha revivido esta visión estoica del mundo y le ha conferido credibilidad científica. Según el sitio web VeryWellMind, un «galardonado recurso de información fiable, compasiva y actualizada sobre los temas de salud mental que más te importan»:

> La premisa de la TCC es que son tus pensamientos —no tu situación actual— los que afectan a cómo te sientes y, en consecuencia, te comportas. Por lo tanto, el objetivo de la TCC es identificar y comprender tus pensamientos negativos y tus patrones de conducta ineficaces y sustituirlos por pensamientos más realistas y acciones y mecanismos de afrontamiento eficaces.[4]

Al igual que los estoicos, la terapia cognitivo-conductual afirma que los responsables de nuestros «pensamientos negativos» y «patrones de conducta ineficaces» somos nosotros, no nuestras circunstancias. Si tienes ansiedad, un terapeuta cognitivo-conductual puede ayudarte a desprenderte de ella convenciéndote de que tus pensamientos son contraproducentes. Esta lógica resulta empoderadora para millones de personas y en estos momentos se considera que la TCC es la terapia de referencia para la ansiedad.[5] Los terapeutas cognitivo-conductuales han ayudado a innumerables personas a controlar su ansiedad, tal como hicieron en su día sus antepasados filosóficos.

Algunos de mis alumnos han probado la TCC. Han aprendido a interpretar su ansiedad como un error de razonamiento. Pero la inmensa mayoría de ellos está atrapada en una historia de sufrimiento distinta. La historia que me cuentan con más frecuencia es que tienen algún tipo de problema químico. Que tienen el cerebro averiado.

La principal historia acerca de la ansiedad con la que nos encontramos hoy en día procede de los psiquiatras, que se refieren a ella como un desequilibrio químico. Hace tiempo que los científicos desacreditaron la idea, que surgió más o menos en la década de 1990, de que la ansiedad se debe específicamente a un déficit de serotonina, pero sigue siendo una creencia muy extendida. De las tres historias, la del desequilibrio químico es la que mis alumnos cuentan con más frecuencia cuando sufren de ansiedad. No creen que la religión o la terapia sean de gran ayuda. Solo las sustancias químicas pueden repararlos.

La idea de que la ansiedad es una enfermedad médica no es nueva. Tampoco es que los antiguos filósofos consideraran la ansiedad un problema del alma y nosotros, los modernos, la hubiéramos fastidiado con nuestras máquinas de escanear cerebros.[6] En el siglo v a. de C., el médico griego Hipócrates relató el caso de un hombre al que aterrorizaba oír a alguien tocar la flauta por la noche. Durante el día, este hombre estaba bien, pero si oía música de flauta por la noche, experimentaba «masas de terrores».[7] Hipócrates diagnosticó este problema como un trastorno médico. Del mismo modo, Cicerón, el estadista romano (y un estoico algo bochornoso que conocimos en el capítulo sobre el duelo), también creía que la ansiedad es algo más que un ataque de «malestar espiritual». La consideraba una enfermedad médica con manifestaciones físicas.[8]

La diferencia entre la antigüedad y la actualidad no es que medicalicemos la ansiedad. Es la disminución del número de médicos que se consideran competentes para tratar esta afección. Cuando Cicerón hablaba de los médicos que curaban las almas, se refería a los filósofos, que prescribían otro tipo de medicamentos: formas mejores de pensar y de hablar sobre las cosas que nos alteran. En otras palabras, los filósofos fueron los primeros terapeutas: Platón llegó mucho antes que el Prozac.

Al mismo tiempo, Cicerón y otros antiguos también creían en el valor de los médicos. La diferencia crucial —y lo que distingue la forma de pensar antigua de la moderna— era que los antiguos creían que los filósofos podían ayudar a las personas con dolencias físicas. Nosotros no lo creemos. Un ejemplo: cuando un amigo mío se doctoró en Filosofía, su orgullosa madre iba por ahí presentándole como «doctor». Luego, para no confundir a sus amistades y conocidos, añadía de inmediato: «…pero no de los que ayudan a la gente».

Cuando Cicerón hizo un llamamiento a «los amantes de la sabiduría» (la traducción literal de *filósofo*) para que curaran la ansiedad, disgustó tanto a los médicos como a los filósofos. Los médicos como Hipócrates no querían que los filósofos juguetearan con los problemas médicos. (Ni siquiera Galeno, médico y filósofo del siglo II, apreciaba la tendencia estoica a utilizar metáforas médicas como «enfermedad» y «medicina» para describir *dolores* filosóficos.)[9] Y los filósofos se molestaron porque no creían que la ansiedad fuera un problema del que los médicos debieran encargarse en exclusiva. Claro que la ansiedad tiene manifestaciones físicas, pero también es una perturbación de la mente y/o el alma. Cuando los estoicos idearon la historia de que «la ansiedad es pensamientos desordenados» —la misma que se emplea hoy en la TCC—, estaban haciendo un valiente intento de arrebatarles la ansiedad a los médicos antes de que la declararan un problema estrictamente clínico. Los estoicos no querían llamar enfermos a los ansiosos, pero sí ayudarlos a alcanzar la *ataraxia*: la ausencia de preocupación. En el siglo xx, los filósofos le cedieron la ansiedad al tipo de doctores «que ayuda a la gente». Cuando las almas se convirtieron en cerebros, los filósofos perdieron su trabajo en favor de los psiquiatras. Cumpliendo con las esperanzas de Hipócrates, a la luz actual la ansiedad se ve como una enfermedad clínica con todas las de la ley. Pero el cambio no se produjo de la noche a la mañana. A los filósofos no se les obligó oficialmente a dejar de hacer de médicos hasta el siglo xx, debido a un desacuerdo entre Sigmund Freud y Emil Kraepelin.

Igual que sus antepasados estoicos, Freud creía que las últimas personas que debían tratar la ansiedad eran los médicos. El autor se había formado como neurólogo, pero cambió esa especialidad por la psicología porque «la formación médica universitaria no proporciona medio ninguno para su estudio [de los fenómenos psíquicos], ni para su tratamiento». Más filósofo que médico, Freud creía que las afecciones psicológicas como la ansiedad estaban demasiado medicalizadas y que se estaba formando a los doctores para que adoptaran lo que él consideraba una «posición falsa y perjudicial».[10]

En la década de 1920, Freud le puso a la ansiedad su nombre moderno. Hasta entoncesse la había conocido como *vapores, panfobia y neurastenia*. Propuso, entre otros, el término *neurosis de ansiedad* y atribuyó la afección a una libido frustrada. Más adelante, matizó esa postura y relacionó la ansiedad con el miedo al castigo y al abandono. Nos angustia perder el amor de las personas que más nos importan. Las ideas de Freud abrieron para siempre dos puertas: la de la terapia y la de la medicina, aunque él habría preferido mantener esta última cerrada.

Nacido el mismo año que Freud, Kraepelin fue un psiquiatra que creía que las enfermedades mentales podían entenderse desde un punto de vista científico. Al igual que Hipócrates, quería que afecciones como la ansiedad se trataran como problemas médicos, no como problemas teológicos o filosóficos, ni siquiera psicológicos. Debido a la influencia de Kraepelin, se consideró que los sacerdotes y los filósofos estaban científicamente atrasados y se les eliminó de la ecuación. Desde entonces, año tras año, la terapia conversacional tradicional ha ido perdiendo terreno frente a los neurólogos y los farmacólogos. Los fármacos que empezaron a inundar el mercado en 1955 prometían a los ansiosos que los ayudarían a sentirse mejor y que ni siquiera tendrían que aprender a pronunciar *ataraxia*. Ya no se consultaba a los doctores del alma sobre las perturbaciones ansiosas de la mente. A partir de ese momento, los psiquiatras y las empresas farmacéuticas se encargarían de ello.

Cuando en 1952 la Asociación Americana de Psiquiatría publicó el primer *Manual diagnóstico y estadístico de los trastornos mentales* (*DSM*), las enfermedades mentales se habían cientifizado más de lo que incluso Kraepelin podría haber imaginado. Los trastornos de ansiedad aparecieron por primera vez en la tercera edición del *DSM*, en 1980, y en 2005 ya se consideraban «los problemas psicológicos más frecuentes».[11] Desde Kraepelin, la cientifización de la ansiedad la ha convertido en objeto de miles de estudios científicos cada año, todos ellos con un enfoque más químico y menos intuitivo, más estadístico y menos anecdótico.

Si la ansiedad siguiera siendo un pecado, habría más sacerdotes con trabajo. Si se siguiera pensando en ella fundamentalmente como «distorsiones cognitivas», se extenderían menos recetas. Cuando se cuenta la historia de que la ansiedad no es más que una enfermedad médica, quienes la padecen se convierten en pacientes que necesitan intervenciones médicas. Ahora mismo, la historia psiquiátrica de la ansiedad va ganando el concurso de relatos, con los terapeutas cognitivo-conductuales pisándole los talones. A veces combinamos ambas historias y tomamos medicamentos al mismo tiempo que practicamos la TCC. Al igual que con la depresión, una de las grandes ventajas de considerar la ansiedad un tema propio de manuales médicos como el *DSM* es que las intervenciones que se prescriben en él y que podrían incluso salvar vidas las paga el seguro.

Pero uno de los riesgos de considerar la ansiedad única o exclusivamente como una enfermedad mental es que las personas ansiosas como Eva sientan la tentación de interpretar su afección como algo más parecido a la esquizofrenia, que apenas afecta al 1 por ciento de la población, que como una parte de la condición humana, que nos afecta a todos. Es posible que medicalizar la ansiedad haga que el ansioso se sienta más solo. La luz médica dificulta ver el lado humano de la ansiedad y facilita el sobrediagnóstico, sobre todo en el contexto de los incentivos financieros que mueven el complejo médico industrial.

A veces los cascarrabias tenemos la sensación de que el *Manual diagnóstico y estadístico de los trastornos mentales* convierte en enfermedades médicas los desajustes sociales y las dificultades vitales justificadas, incluida la ansiedad. Arqueamos las cejas, y en ocasiones levantamos la voz, cuando nos enfrentamos al requisito de un diagnóstico médico para convencer a las compañías de seguros de que cubran el coste de ayudar a la gente. No nos parece bien que las compañías farmacéuticas se beneficien vendiendo montones de productos químicos con independencia de si las personas están bien diagnosticadas o no y de si sus medicamentos las ayudan o las perjudican. Hay quien piensa que no es verosímil que el tercio de los residentes en Estados Unidos a los que se les ha diagnosticado ansiedad tengan el cerebro estropeado.

Algunos también empezamos a cuestionarnos si la historia dominante sobre la ansiedad no estará contribuyendo a esas cifras tan elevadas. Si nuestra sociedad contara una historia existencial sobre la ansiedad, y no una historia médica o incluso estoica, quizá esas cifras fuesen más bajas. Quizá lo que Eva y otras personas ansiosas consideran «desproporcionado» cambiaría si reconociéramos que gran parte de la ansiedad proviene del mero hecho de ser humanos y que es vital para vivir bien. Tal vez no experimentaríamos nuestra ansiedad como algo tan extremo si no estuviésemos rodeados en todo momento de cuadros de LiveLaughLove («vive, ríe, ama»). Quizá a todos se nos diera mejor vivir, reír y amar si no se nos ordenara hacerlo. Es posible que solo un pequeño porcentaje de nosotros padezca trastornos de ansiedad graves y debilitantes y que los del resto sean entre leves y moderados. Pero cuando la expectativa social de la ansiedad se establece en cero —Keep Calm and Carry On («mantén la calma y sigue adelante») el 100 por ciento del tiempo—, cualquier atisbo de ansiedad nos parece demasiado.

¿Existe alguna historia alternativa sobre la ansiedad que ayude a que mis alumnos y otros universitarios se sientan menos avergonzados de ella?

Si buscas «ansiedad y vergüenza» en Google, los resultados arrojan una mezcla de blogs populares sobre psicología, ensayos de revistas para adolescentes y artículos académicos acerca de por qué las personas ansiosas tienden a experimentar altos niveles de vergüenza. La vergüenza es sentirse mal por estar mal; para los ansiosos, es sentirse mal por estar ansiosos. Muchas personas estarían de acuerdo con que la vergüenza provocada por la ansiedad es innecesaria y añade un nivel trágico de sufrimiento a una situación ya de por sí dolorosa. Como sociedad, no hemos encontrado una buena explicación para esa vergüenza. Podríamos pensar que deriva de que no nos damos cuenta de lo comunes que son los trastornos de ansiedad. El razonamiento es: si los afectados supieran lo comunes que son, se sentirían menos defectuosos.

MakeItOK.org es una de las diversas campañas a gran escala que se han lanzado para reducir o eliminar el estigma que rodea a las enfermedades mentales. La mayor parte de los esfuerzos se centra en conseguir que la gente hable de su enfermedad mental, y la campaña recibe un gran impulso cada vez que un famoso sale del armario de la ansiedad o la depresión. Hacer que las enfermedades mentales sean más conocidas ayudará a que las almas enfermas se sientan menos solas y busquen sanarse.

La historia del desequilibrio químico también forma parte de la estrategia de desestigmatización. El mensaje «no eres tú, es tu cerebro» es un intento desesperado de apartar la culpa del individuo. La gente que cuenta esta historia cree que el desequilibrio químico de tu cerebro no se debe a que estés haciendo algo mal. (En su historia, ni eres un pecador ni razonas de manera equivocada.) La historia médica sitúa la ansiedad, junto al abuso de drogas y de alcohol, como una enfermedad cuyo portador era un pecador, pero del que ahora se dice que padece una enfermedad. Cuando la ansiedad se convierte en una enfermedad, prosigue el argumento, la gente ya no tiene que avergonzarse de ella. Irá al médico igual que si se hubiera roto un hueso.

Por muy útil que parezca, la historia del desequilibrio químico es una estrategia de desestigmatización errónea. En primer lugar, porque uno de los efectos secundarios no deseados de desestigmatizar enfermedades mentales como la ansiedad es una trágica intensificación del estigma asociado a los trastornos mentales graves (TMG), como el trastorno bipolar y la esquizofrenia. Una consecuencia inesperada de incluir a las personas ansiosas o deprimidas bajo el paraguas de las «enfermedades mentales» ha sido la inmediatez con la que señalan que ellas no están «locas» como esas otras.[12]

En segundo lugar, y quizá este sea el motivo más transcendental, porque la simple desestigmatización de la ansiedad no hace que las personas que la sufren se sientan dignas. Eliminar la vergüenza no es lo mismo que convencer a alguien de que tiene dignidad. Aun en el caso de que la ansiedad se aceptara plenamente como una dolencia común que afecta a toda la población estadounidense, a las personas ansiosas se las seguiría llamando enfermas. Las personas ansiosas se avergüenzan de la ansiedad en parte porque la historia de que somos seres rotos dice que están dañadas. Es posible que la historia de la ansiedad como «enfermedad cerebral» haga que tanto Eva como todos los demás nos sintamos menos solos, pero no hará que nos sintamos completos, dignos o humanos.

Mis alumnos hablan de la vergüenza que lleva aparejada la ansiedad de una manera que sugiere que lo que les preocupa no es no saber que lo que les ocurre a ellos también les ocurre a muchos otros —aunque no lo saben—, sino no encontrar dignidad en la ansiedad. La ansiedad es algo más que un hueso roto. Veamos cómo la describe la Asociación Americana de Psiquiatría (APA, por las siglas en ingles de American Psychiatric Association):

La ansiedad es una reacción normal al estrés y puede ser beneficiosa en algunas situaciones. Puede alertarnos de peligros y ayudarnos a prepararnos y prestar atención. Los trastornos de ansiedad difieren de los sentimientos normales de nerviosismo o angustia, e implican miedo o ansiedad excesivos. Los trastornos de ansiedad son los trastornos mentales más frecuentes y afectan a casi el 30 por ciento de los adultos en algún momento de su vida. Pero los trastornos de ansiedad son tratables y existen varios tratamientos eficaces. El tratamiento ayuda a la mayoría de las personas a llevar una vida normal y productiva.[13]

Lo más destacado de esta descripción de la ansiedad no es que sea normal o beneficiosa, sino que existen tratamientos. La APA está intentando asegurarles de forma explícita a estos individuos que cabe la posibilidad de que lleven una vida normal y productiva, pero el mensaje implícito es que en estos momentos no lo están haciendo. Eva se avergonzaba de su ansiedad, igual que C. S. Lewis se avergonzaba de su duelo y Jody se avergonzaba de su *dolor*. Aunque la APA insista en que la ansiedad puede ser «normal» y «beneficiosa», cuanto antes se empiece a hablar del tratamiento, antes se acabará el cuento. La distinción entre ansiedad «normal» y «trastorno de ansiedad» se tambalea en cuanto dice que el 30 por ciento de los adultos padecen un trastorno de ansiedad. Puede que uno de cada tres no constituya una mayoría, pero cualquiera diría que se acerca muchísimo a lo normal.

La vergüenza provocada por la ansiedad se complica aún más cuando escuchamos la historia médica superpuesta a la historia de la terapia estoica/cognitivo-conductual. Mientras que la historia médica se centra en el cerebro y en las sustancias químicas, la historia de la terapia estoica/cognitivo-conductual localiza el problema en los «pensamientos negativos» y los «patrones de conducta ineficaces» de la persona ansiosa. El objetivo de la TCC, recordemos, es disipar los pensamientos y comportamientos negativos y «sustituirlos por pensamientos más realistas y acciones y mecanismos de afrontamiento eficaces».[14] Así pues, ¿las personas ansiosas están rotas o son irracionales? ¿O ambas cosas?

La historia de la terapia estoica/cognitivo-conductual dice que somos responsables de aferrarnos a nuestros pensamientos perjudiciales, entre los que se incluye la ansiedad. Resulta tentador creer que la felicidad es una cuestión de elección personal. Esta creencia ha sustentado miles de libros de autoayuda desde la década de 1950. Lo bueno es que suele funcionar: la terapia cognitivo-conductual ha ayudado a innumerables personas ansiosas. Han cambiado sus patrones de pensamiento perjudiciales y, como resultado, su ansiedad ha disminuido. Conseguir encajar mejor en un mundo que no tolera la ansiedad es un éxito significativo, y no quiero invalidarlo.

Pero cuando la TCC no funciona, ojo. La culpa recae directamente sobre la persona ansiosa, como le ocurrió a Hayden Shelby, que creyó que la terapia cognitivo-conductual la ayudaría a «librarse» de sus «patrones de pensamiento negativos». Shelby publicó su experiencia con la TCC en la revista *Slate*. «El mensaje acumulativo que he recibido sobre la TCC —relata Shelby— equivale a: es eficaz, así que tendría que funcionar y, si no funciona, es porque no te has esforzado lo suficiente».[15] A pesar de lo útil que ha resultado para mucha gente, la TCC es culpable, al igual que los libros de autoayuda bienintencionados, de ejercer una enorme presión sobre nosotros para que nos obliguemos a salir de nuestra desdicha. Al intentar empoderarnos, la antigua teoría estoica que promueve la terapia cognitivo-conductual —controlamos nuestros sentimientos controlando nuestros pensamientos— nos responsabiliza de nuestros estados de ánimo negativos. Dicho al revés, la TCC no cuestiona las características del mundo que provocan ansiedad, que es lo mismo que ocurre con las estrategias terapéuticas para manejar la ira. Se parte del supuesto de que los pilares que hacen que los pasillos de nuestra existencia sean tan estrechos son inamovibles. Lo único que podemos hacer es comprimirnos emocionalmente para encajar en un mundo que no tolera la ansiedad.

Somos responsables, incluso, de superar la vergüenza por nosotros mismos. Los científicos y los libros de autoayuda coinciden en que la vergüenza es mala para la salud. La buena noticia, nos dicen, es que si dejamos de hablarnos de forma negativa, mejoraremos. «Trátate con amabilidad.» «Háblate como le hablarías a un amigo.» «No tienes por qué avergonzarte.» Bajo esta luz, incluso la vergüenza que nos genera la ansiedad es algo que nos hacemos a nosotros mismos y que podemos dejar de hacernos. Si queremos dejar de estar avergonzados, podemos ir a terapia o leer *What to Say When You Talk to Yourself* («Qué decir cuando te hablas»).

Imagínate decirle a una bulímica que puede dejar de contarse una historia tóxica sobre cuerpos deseables y no deseables. Que solo con que acceda a cambiar su forma de pensar, dejará de sentir la necesidad de purgarse. Esto implica que la mejor solución para cada una de las millones de chicas y mujeres (y chicos, en cifras cada vez más alarmantes) que se cuentan las mismas historias tóxicas sobre cuerpos deseables y no deseables es acudir a terapia, una por una. Este planteamiento pasa por alto la cuestión de si esos millones de bulímicas se están contando estas historias a sí mismas o si simplemente están leyendo lo que hay escrito en la pared de la caverna.

Al menos nos hemos enterado de que, en lo que a los trastornos alimentarios se refiere, la vergüenza por la imagen corporal es un fenómeno social y no solo individual. El término *body-shaming* ('avergonzar a alguien por las características de su cuerpo') ha abierto un debate muy útil sobre la vergüenza, un debate prometedor para la conversación sobre la ansiedad y otras enfermedades mentales. El *body-shaming* rechaza tanto la recomendación de que el problema de la bulímica se trate como una dificultad individual como la idea de que su vergüenza sea autoprovocada. Al contrario, el término culpa a la sociedad por anegar a los jóvenes en mensajes tóxicos sobre cuerpos deseables.

¿Podríamos hablar también de *anxiety-shaming* ('avergonzar a alguien por sentir ansiedad'? Las personas ansiosas no se inventaron la idea de que la ansiedad es un trastorno. No decidieron avergonzarse de ella así porque sí, como tampoco llegaron a sentirla. Además de tratar la vergüenza como algo autoprovocado, la historia de la terapia estoica/cognitivo-conductual también describe la vergüenza como un problema individual. Las personas que sufren ansiedad absorben el mensaje de que su afección es tratable y de que es responsabilidad suya buscar ayuda, así que ¿cómo vamos a culparlos de sentirse enfermos y responsables a la vez? La idea de que podemos y debemos dejar de autoavergonzarnos, y de que podemos y debemos dejar de sentirnos ansiosos, es una sombra, la misma que proyectan los libros de autoayuda cuando nos dicen que cada uno de nosotros crea su propia felicidad.

Sí, la terapia cognitivo-conductual funciona (a menudo). Los seres humanos tienen una capacidad asombrosa para cambiar su forma de pensar y, si todas las personas ansiosas asisten a terapia individual, podemos hacerlo uno por uno. Pero ¿a qué precio cuando nos dedicamos a culpar al preso que lee obedientemente las sombras de la pared en lugar de a buscar a la multitud de marionetistas que las proyectan? En lugar de instar a la gente a solicitar tratamiento, por ejemplo, los líderes del pensamiento de nuestra sociedad podrían, como mínimo, investigar la idea de que una de las razones por las que existe la vergüenza generada por la ansiedad es que esta última (casi) nunca se describe públicamente como un tipo de inteligencia.[16]

La ansiedad es dolorosa, por lo general desagradable y a veces debilitante. Pero lo último que necesitan las personas que la sufren es sentir, además, vergüenza. Mientras la ansiedad siga equiparándose a estar roto, irá acompañada de vergüenza. Eva no se autoprovocaba la vergüenza. Llevaba tiempo mirando una sombra que pinta la ansiedad como una disfunción. Es insultante decirle —¡aun en el caso de que sea verdad!— que siempre puede cerrar los ojos.

Sin saberlo, quienes cuentan la historia de la ansiedad hoy en día están promoviendo la metáfora de la luz. Están cautivados por sombras que han confundido con la verdad. Que la ansiedad puede ser debilitante no es mentira, y que la ansiedad se haya convertido en materia de un discurso público no es inútil. Desde la pandemia, mis alumnos hablan con mucha más libertad sobre sus diagnósticos de salud mental en general. Pero la cruda realidad es que, en un mundo en el que cualquier grado de ansiedad se tacha de disfuncional, vamos a tener un montón de Evas que se sientan tanto ansiosas como avergonzadas.

La historia de que somos seres rotos nos está haciendo daño y además alimenta nuestra ansiedad. ¿No se puede ver la ansiedad de otra forma que no sea como una enfermedad? Lo que necesitamos, aparte de más campañas de desestigmatización, es una historia sobre la ansiedad que sea más completa, una historia que eleve el espíritu en lugar de degradarlo, una historia que evite que nos volvamos contra nosotros mismos. Podemos superar el mero «no estás solo».

El análisis de la ansiedad de Søren Kierkegaard lo supera. Dignifica la ansiedad sin minimizar el sufrimiento que provoca. Y aunque Kierkegaard tenía un punto de vista cristiano que, en última instancia, lo llevaba a creer que la fe es lo que de verdad nos ayuda a aprender de nuestra ansiedad, tanto cristianos como no cristianos pueden extraer de él el poderoso mensaje de que debemos volvernos hacia ella en lugar de darle la espalda.

Cuando Kierkegaard tenía veintisiete años se enamoró de Regine Olsen, la niña de catorce años a la que amaría hasta el día de su muerte. Tres años más tarde le propuso matrimonio y ella aceptó. Un año después, no obstante, Kierkegaard rompió tanto el compromiso como el corazón de la muchacha. Ella le suplicó que lo reconsiderara. El padre de la chica también se lo rogó. Ni de broma. Søren no se rindió.

Durante casi doscientos años, los admiradores de Kierkegaard a lo largo y ancho del mundo se han preguntado por qué Søren se negó a casarse con Regine, la mujer que una vez recibió una carta del autor en la que le aseguraba que si se le concedieran siete deseos, desearía lo mismo siete veces:

> Que ni la muerte, ni la vida, ni los ángeles, ni los principados, ni las potestades, ni lo presente, ni lo por venir, ni lo alto, ni lo profundo, ni ninguna otra cosa creada podrá separarme de ti, ni a ti de mí.[17]

¿Por qué se separó entonces de Regine? Kierkegaard achacó su decisión a la ansiedad «congénita» que, según él, padecía ya desde el vientre materno. Søren era incapaz de recordar una época anterior a la ansiedad y en su diario se preguntaba lastimeramente por qué no «florecía como otros niños». «¿Por qué no me envolvía la alegría, por qué llegué a asomarme tan pronto a esa región de suspiros?».[18] Søren nunca tuvo la oportunidad de ser un niño despreocupado, ni siquiera un niño salvaje como Audre Lorde. Como algunos de los que nos sentimos fuera del espectro de lo normal, se preguntaba: «¿Por qué yo? ¿Por qué soy tan diferente de los demás?».

A lo largo de sus dieciséis libros y sus doce volúmenes de diarios, que suman miles de páginas, la mención de Kierkegaard a sentirse ansioso desde que era un feto es la única que hace a su madre. Ane Lund había sido la criada de los Kierkegaard antes de convertirse en la señora de Michael Pedersen Kierkegaard. La primera esposa de este había muerto de forma trágica y no le había dejado hijos, pero Ane le dio siete, el último de los cuales fue el pequeño Søren. Su hogar no era un lugar feliz. Tanto la madre como cinco de los hermanos de Søren habían muerto antes de que él cumpliera los veintiún años, algo que llevó a su padre a culparse y ahogarse en la tristeza.[19] Dios, argumentaba Michael, se estaba vengando de un niño hambriento de Jutlandia que hacía muchos años había levantado el puño contra Él. El padre de Søren había caído en la indigencia y, en un acto desesperado, maldijo a Dios. Pero, en lugar de castigarlo allí mismo, Dios lo envió a Copenhague y lo convirtió en uno de los hombres más ricos de Dinamarca. Michael nunca olvidó la maldición y estaba seguro de que justo en cuanto se acostumbró a la abundancia, su vengativo Dios se puso manos a la obra y empezó a arrebatarle esposas e hijos de uno en uno en venganza por lo que había hecho hacía años, cuando aún era un niño.

En el naufragio, Peter (el «hijo recto») y Søren («un tipo brillante echado a perder»), se quedaron solos con su atormentado, pero aun así profundamente religioso padre.[20] Cuando Søren tenía veinticinco años, su padre murió y le dejó una gran herencia. Su plan era convertirse en un autor autopublicado y morir a los treinta y cuatro, como sus hermanos y Cristo. Poco se imaginaba Søren que llegaría hasta los cuarenta y dos, cuando su ansiedad se centraría en si tendría dinero suficiente para pagar la factura del hospital.

La ansiedad de Kierkegaard era, en gran medida, religiosa. En uno de sus libros escritos bajo seudónimo cuenta la historia de un padre que le muestra una serie de imágenes a su hijo. En una de ellas aparece Napoleón con un aspecto majestuoso. En otra, Guillermo Tell a punto de disparar a la manzana posada sobre la preciosa cabeza de su hijo. La tercera, «colocada entre las demás a propósito», muestra a Jesucristo crucificado.

> El niño no comprenderá de momento, directamente, lo que encierra esta imagen, preguntará qué significa, por qué cuelga de un árbol tan raro. Entonces le explicas al niño que se trata de una cruz, y que estar colgado de la misma significa que se está crucificado, y que la crucifixión en aquel país era la pena de muerte más penosa de todas.[21]

Este episodio bien podría haberle ocurrido al pequeño Søren, pues sabemos que el cristianismo de su padre hacía más hincapié en el sufrimiento de Cristo que en su alegría. La situación hace que el niño, escribió Kierkegaard, «no pueda por menos de angustiarse y atemorizarse a causa de los mayores, del mundo y de sí mismo».[22] La vida de Michael Pedersen siempre había estado ensombrecida por un «trasfondo oscuro» que Søren heredó junto con su fortuna. «La ansiedad con la que mi padre me llenó el alma», escribió Kierkegaard en su diario, se transmitió de padre a hijo, al igual que «su propia y espantosa depresión, gran parte de la cual ni siquiera puedo consignar al papel».[23]

En respuesta a la melancolía de su padre, Kierkegaard desarrolló «ansiedad respecto al cristianismo y, sin embargo, se sintió poderosamente atraído hacia él».[24] Como le ocurre a mucha gente, el cristianismo desencadenó la ansiedad del autor (y también podría haber sido responsable de parte de la melancolía de su padre). A Søren, el amor también le provocaba ansiedad.

Poco después de decidir abortar su compromiso, Kierkegaard decidió que prefería que Regine se casara con otro a que amase a alguien consumido por la ansiedad. Se propuso convencer a todo Copenhague de que era un canalla que había seducido a Regine y luego la había abandonado. Así, tanto su familia como ella podría conservar la dignidad a costa de la de Kierkegaard. Pero eso también significaría que quizá la propia Regine llegara a creerse esa historia. «Sigo consumido por la ansiedad», escribió en su diario. Lo que le preocupaba: «Imagina que ella empieza a creerse que de verdad soy un impostor».[25] Al autor no le gustaba la idea de que, si Regine se persuadía de que había sido un hipócrita, lo odiara. Pero tampoco soportaba la perspectiva de que la joven descubriera que la motivación de su engaño era el amor. Si se enteraba de que Kierkegaard había cancelado el compromiso porque consideraba que su dolor no era digno de ser compartido con otro ser humano, lo vería como un héroe quijotesco en lugar de como un donjuán y tal vez no renunciara a él jamás.

Nunca sabremos qué llegó a creer Regine. Se casó con otro y se marchó de Dinamarca. Lo que sí sabemos es que Kierkegaard permaneció soltero y vivió toda su vida con ansiedad, desesperación y una alacena vacía. Regine le había rogado a Søren que la dejara vivir en una alacena de su salón para poder estar cerca de él sin interferir en su trabajo. Cuando la ruptura se hizo definitiva, Kierkegaard encargó la construcción de una alacena del tamaño de la joven en su honor. Es una de las escasas y trágicas posesiones del filósofo que se hallan expuestas en el museo Kierkegaard de Copenhague.

Søren escribió bajo distintos seudónimos varios libros que abordaban el tema de su relación con Regine. Algunos lo presentan como culpable de haberla engañado y otros como un ansioso depresivo que la amaba fielmente. Le envió a Regine unos cuantos de estos volúmenes y una carta, pero el marido de esta devolvió de inmediato el paquete sin abrir. Uno de los libros era *El concepto de la angustia*.

El pequeño Søren, que sufría de una ansiedad congénita, nació para convertirse en Vigilius Haufniensis («El vigilante del puerto»), el seudónimo que utiliza en *El concepto de la angustia*.[26] Haufniensis vigilaba Copenhague como una madre ansiosa que permanece despierta para que sus hijos descansen. Publicado en 1844, tres años después de que rompiera el compromiso, el libro de Kierkegaard ofrece un análisis innovador y convincente de la ansiedad. Y aunque Kierkegaard, como C. S. Lewis, no se creyera del todo su propio análisis positivo de la ansiedad, nosotros sí nos lo creemos. Como docente, pensé que su oscura y trágica historia tenía más posibilidades de ayudar a mis alumnos ansiosos que las luces de la psicología y la psiquiatría. En primer lugar, el análisis de la ansiedad del «danés melancólico» no nace de la luz. En segundo lugar, no promete nada sobre volver a la normalidad.

El primer día de clase de existencialismo no hablo de la ansiedad. En cambio, les pregunto a los alumnos si se tomarían una pastillita morada que les garantizara una vida sin ningún tipo de dolor. Un puñado de ellos responde que no; no querrían cambiar las partes feas de la vida —el dolor y el miedo— solo por las buenas. Quieren altos altos y bajos bajos y no les interesa la felicidad artificial. Sin embargo, siempre hay unos cuantos que contestan que sí con el argumento de que les encantaría ser más aventureros, correr más riesgos y disfrutar más de la vida. El dolor y el miedo les impiden vivir, dicen. Sería mucho más fácil una vida sin ellos.

De lo que no se dan cuenta los síes es de que no sentir dolor y no sentir miedo son dos de las desgracias más peligrosas que puede sufrir un ser humano. La analgesia congénita es la incapacidad de formar los canales adecuados entre la zona de la lesión y el cerebro. Impide que una persona sepa apartar la mano de un hornillo caliente. La enfermedad de Urbach-Wiethe indica daños en la amígdala, la parte de nuestro cerebro que siente el miedo. En la década de 1980, los investigadores escribieron sobre la paciente SM-046, cuya falta de miedo la hizo vulnerable, en muchas ocasiones a lo largo de su vida, a los abusos físicos de extraños y seres queridos.[27]

Ambas enfermedades hacen que, en comparación, la capacidad de sentir dolor y miedo parezcan superpoderes. Lo mismo ocurre con nuestra capacidad de sentir angustia. Sócrates contaba que una vocecita lo acompañaba a todas partes; la llamaba su *daimon*, y le advertía si lo que estaba a punto de hacer era peligroso o poco ético. Quizá la ansiedad sea nuestro *daimon*.

Kierkegaard rechazaba la idea de que la ansiedad fuera una imperfección, e incluso llegó a calificar el hecho de rechazarla de «cobardía timorata». Escribió: «La grandeza de la angustia es que es el profeta mismo del milagro de la perfección».[28] Si la perfección es un milagro por el que luchamos pero que nunca alcanzamos, entonces la ansiedad es lo que nos dice cómo acercarnos a ella. Es la voz que nos advierte de un peligro real pero incierto. «¡Por ahí no!», dice la ansiedad. «¡No entres en esa habitación!» La incapacidad de una persona para sentirse ansiosa es tan peligrosa como la incapacidad para sentir miedo o dolor. Los animales y los ángeles son los únicos que no se angustian, decía Kierkegaard (aunque hoy podríamos preguntarnos por qué estaba tan seguro).[29]

Su argumento era que sufrir ansiedad es mejor que no experimentarla en absoluto. Kierkegaard creía que, lejos de ser una enfermedad, la angustia es una fortaleza exclusiva de los humanos. A pesar de lo a menudo que nos engaña, la ansiedad es una especie de inteligencia que siempre tiene razón... sobre alguna cuestión. (Puede que su peor característica sea cómo nos despista.) Según el modelo del autor, la ansiedad no afecta al 30 por ciento de los estadounidenses, sino al 100 por ciento de los humanos. Aunque no queramos modelar nuestra vida de acuerdo con la del pobre Kierkegaard —que muchas veces era incapaz de practicar lo que predicaba—, podemos partir de la idea de que la ansiedad es plenamente humana.

Este filósofo se refirió a la ansiedad como «la infinita posibilidad de poder».[30] Es lo que sentimos cada vez que nos enfrentamos a una elección. No saber en qué puede desembocar una decisión puede resultar muy angustioso. Y emocionante, añadía Kierkegaard.

Los niños son un buen ejemplo del tipo de ansiedad emocionante. Puede que *The New York Times* haya informado hace poco de que «los niños pequeños no son inmunes» a la ansiedad, pero Kierkegaard se adelantó casi doscientos años a esa conclusión.[31] En danés, la palabra *angest* se traduce tanto por 'angustia' como por 'temor'. Contiene un elemento de energía, pero menos que el español *ansioso*, que significa 'anhelante' o 'entusiasmado por', al contrario que el inglés *anxiety*, que en la actualidad tiene un sesgo estrictamente negativo. El danés, como el español, capta el miedo de la ansiedad, así como parte de la emoción.

Cuando mi hijo tenía cinco años, solía reírse cuando hacía algo malo. Por aquel entonces yo pensaba que se trataba de una actitud insolente, pero acabé comprendiendo que la risita era una manifestación de su ansiedad. Cuando tenía ocho años me dijo que le encantaba «tener prisa». Se le aceleraba el corazón ante la perspectiva de llegar casi tarde a algo. Le dije que ese sentimiento se llamaba ansiedad y que podía ser divertido. También puede ser estresante. A menudo es ambas cosas. Pero cuando pintamos la ansiedad de forma única —solo como dolorosa, difícil o indeseable—, cuesta redimirla.[32] Mientras sigamos sin ver nada fértil en la ansiedad, estaremos contemplando sombras y medias verdades.

Kierkegaard creía que enfrentarnos a las posibilidades nos produce ansiedad, y que ese sentimiento aumenta cuando, entre nuestras opciones, se incluye la transgresión.[33] En la historia de este autor, los alumnos que copian en un examen o que son infieles a una pareja están más ansiosos que los que no lo hacen, aunque no se les note. La «prohibición despierta en [ellos] la posibilidad de la libertad».[34] Mis alumnos tienen razones para estar ansiosos, y los demás también. Tanto si eres un niño como si eres un tramposo o un simple ser humano en un día cualquiera, ser consciente de que puedes meter la pata aumenta tus niveles de ansiedad.[35]

Esta condición humana —vivir sabiendo que podemos fastidiarnos la vida— se llama libertad, algo que mis alumnos piensan que es bueno hasta que leen a existencialistas como Kierkegaard. Han crecido pensando que la libertad es tan maravillosa como terrible es la ansiedad. Mi objetivo es interrumpir ambos conjuntos de suposiciones e invertirlos hasta que todos estemos de acuerdo en que la libertad también es aterradora y la ansiedad también es fértil.

Si le preguntas a alguien por la calle si elegiría ser libre o no serlo, seguramente elegiría lo primero. Es lo que escogen mis alumnos. Ser libre es poder tomarse unas vacaciones, renunciar a un trabajo o echarse atrás ante una boda. Pero si le preguntas a esa misma persona si quiere ser responsable de las consecuencias que tiene en su vida tomarse unas vacaciones, renunciar a un trabajo o echarse atrás ante una boda, es posible que vacile. La libertad siempre incluye la libertad de meter la pata.

Desde el punto de vista filosófico, uno de los consejos que más ansiedad nos provocan es: «Eres capaz de hacer todo lo que te propongas». Intenta decirle eso a un estudiante universitario que no sabe qué quiere hacer con su vida, a ver qué pasa. Intenta decírselo a una mujer que acaba de dejar a su marido y está experimentando una libertad vertiginosa. Ese «todo» es la razón de que sintamos ansiedad, aunque al principio suene prometedor. Las personas ansiosas son capaces de captar al instante la configuración negativa de los clichés de moda con regusto feliz. «Todo es posible» significa que mi familia puede desmoronarse, que un alumno puede traer una pistola a clase y matarme o que puede estallar una bomba en el metro. Lo que nos inunda de ansiedad es el «todo» en ese ser capaces de hacer «todo lo que queramos», en un mundo en el que puede ocurrir de todo. Si alguna vez has esperado ansioso a que un ser querido llegue a casa en plena noche, habrás experimentado el insomnio del «todo es posible».

Kierkegaard llamó a la ansiedad el «vértigo de la libertad».[36] Nos ofreció la imagen de una persona solitaria asomándose a un abismo con los puños apretados. Incluso cuando aprendemos a «ser adultos», a mantenernos erguidos y a tomar nuestras propias decisiones, seguimos siendo unas simples criaturas tambaleantes que miran hacia todas partes menos hacia abajo. Los psicólogos contemporáneos llaman *drift* al hecho de que elijamos algo con poco entusiasmo, como dejándonos llevar por la corriente. Ir a la universidad, casarse, tener hijos... Desde fuera, todo eso parecen elecciones, pero muchas veces nos embarcamos en ellas sin considerar suficientemente las alternativas. A menudo elegimos hacer lo que se espera de nosotros porque no hacerlo sería mucho más difícil que cumplir esas expectativas. El *drift* es una elección que hacemos a nuestras propias espaldas. Elegimos sin elegir realmente, como los alumnos de enfermería que no soportan ver la sangre, pero que no quieren decepcionar a sus padres.

Después de que el existencialista francés Jean-Paul Sartre leyera la descripción de Kierkegaard de la ansiedad como el vértigo de la libertad, añadió que mirar al abismo puede provocar náuseas y mareo. Mirar al abismo es el malestar que sientes cuando te das cuenta de que eres radicalmente libre de destrozarte la vida. En el fondo, sabemos que somos responsables de la mayor parte de lo que hacemos, tanto de las decisiones que tomamos de manera deliberada como de aquellas que tomamos dejándonos llevar por la corriente. Hay poquísimas cosas que estén totalmente fuera de nuestras manos, afirmaba Sartre.

Para Kierkegaard, Sartre y los demás existencialistas, no podemos vivir de forma honesta —porque no podemos vivir de forma intencionada— sin sentir vértigo ante las decisiones. El abismo nos invita a mirar hacia abajo, a afrontar la posibilidad de nuestro fracaso absoluto. El arrepentimiento nos espera en el futuro mientras nos dedicamos a mirar las fotos de Instagram tan tranquilos para pasar el rato. Cerrar los ojos ante una decisión no puede protegernos del «¿Por qué no lo hice?» que está por llegar. La libertad es vertiginosa.[37] Es maravillosa y terrible y, sobre todo, es cara. El precio de la libertad es la ansiedad.

En un esfuerzo por estabilizarnos, Sartre observó que los seres humanos a veces se identifican demasiado con su papel. Nos apoyamos en «madre», «director ejecutivo», «estudiante», como si estas identidades fijas pudieran evitar que caigamos en el pozo de la desesperación. Pero, según la lógica del autor francés, no existen las madres, los directores ejecutivos ni los estudiantes. Tampoco los introvertidos, los esquizofrénicos o los Asperger. Solo existimos los humanos ansiosos y desesperados por aferrarnos a algo fijo a causa del vértigo. La alternativa es la caída libre, lo que hace que encadenarnos por las muñecas y por los tobillos —unos a otros, a trabajos que no nos gustan, a los hijos— nos parezca una gran opción.

Pero luego nos despertamos encadenados. Sartre piensa que todos somos sacos andantes de decisiones rechazadas. La *pièce de résistance* de la ansiedad es la «crisis de los cuarenta», el momento en el que nos preguntamos cómo hemos llegado hasta aquí, por qué no elegimos una vida mejor y qué vamos a hacer con el resto de nuestra existencia.

Nos burlamos de la crisis de los cuarenta, famosa por destrozar matrimonios y vender coches deportivos, pero en realidad la crisis de los cuarenta es la forma en la que nuestra ansiedad nos da una segunda oportunidad. Nos recuerda que no somos robots ni plantas. (Somos espíritu, no solo carne, dice Kierkegaard.) Queremos vivir bien, ser buenas personas, ser felices. Sin ansiedad, no oiríamos ninguna llamada de atención, no cobraríamos conciencia de que hemos perdido nuestra libertad. La angustia nos da acceso a una parte de nosotros mismos que flota por encima del cuerpo físico. Sartre la llamó nuestra «trascendencia», y es lo que nos anima a que despertemos. Sin ansiedad, no despertaríamos jamás. No amaríamos ni viviríamos de manera intencionada.

No conozco a nadie a quien le guste sentir náuseas, pero tenerlas no significa que estemos rotos. Significa que estamos vivos. Por muy mareados que estemos, somos seres humanos plenos. Una mujer embarazada puede experimentar náuseas durante el primer trimestre, mientras la criatura que lleva dentro planta su bandera en el útero. Del mismo modo, nuestra ansiedad *daimon* nos planta su bandera en el estómago y nos debilita. En la historia de Kierkegaard, es en parte nuestra conciencia de la libertad, de la elección y de la consecuencia lo que nos hace gloriosa e irregularmente humanos. Es un «maestro aún mejor que la realidad», dijo el terapeuta existencialista Rollo May canalizando a Kierkegaard.[38]

Al final de la asignatura de existencialismo, ninguno de los alumnos sigue creyendo que una persona que no siente dolor, miedo o ansiedad está mejor que una que sí. Se toman en serio la sugerencia de Kierkegaard de que las personas ansiosas son algo más que una mezcla tóxica de sustancias químicas que hay que erradicar *«mit Pulver und mit Pillen»* («con polvos y píldoras»).[39] Han llegado a entender que si intentamos deshacernos de la ansiedad, también nos estaríamos deshaciendo de la libertad, la sensibilidad, la facultad perceptiva, la empatía y el sentido del buen vivir. Estaríamos embotando la parte de nuestro ser que está «dolorosamente viva y presente en el mundo».[40]

En lugar de aspirar a erradicar la ansiedad, Kierkegaard ofrece otra opción: podemos escucharla y acercarnos a ella como a una aliada, como a un recordatorio de que somos libres. Los niveles no debilitantes de ansiedad son una parte dolorosa de la condición humana, pero también son la condición previa para la existencia de una vida interior. No obstante, incluso cuando empiezan a entender todo esto, mis alumnos siguen pensando que la ansiedad es un tipo de miedo.

Si tienes miedo a volar, tu terapeuta puede mostrarte estadísticas que sugieran que deberías tener más miedo a subirte a un coche que a un avión. Puede enseñarte ejercicios de respiración diseñados para mantenerte tranquilo durante las turbulencias. Puede acompañarte en un vuelo corto para que habléis con detalle sobre tus sentimientos. Pero ¿y si tu miedo a volar ni siquiera es miedo? ¿Y si es ansiedad por las turbulencias? ¿Por no saber si se producirán ni cuándo ni durante cuánto tiempo? ¿Y si las turbulencias son una metáfora de la falta de control? ¿Y si la sensación de pérdida de control tiene que ver con no saber cuándo o cómo vas a morir? ¿Cómo se supera eso?

La ansiedad no puede domarse, argumentaba Kierkegaard. En cualquier momento, yo podría desarrollar un cáncer o contraer COVID-19. Alguien podría secuestrar o matar a mis hijos mientras cruzan la calle. Peor aún, una u otra combinación de estas cosas podría producirse en el mismo año. La ansiedad es amorfa y a menudo la confundimos con el miedo. A diferencia del miedo, la ansiedad nombra un conjunto de males inespecíficos. Es una voz que nos dice que las cosas no están bien en general. La ansiedad sospecha que el peligro está al acecho, pero no puede determinar qué es, dónde está ni cuándo aparecerá.

El suspense de una película de terror nos provoca ansiedad. Las películas más inquietantes nos hacen esperar durante horas antes de ponerle cara al asesino y, a veces, nunca llegan a hacerlo. La ansiedad no puede convertirse satisfactoriamente en miedo, que es algo mucho más fácil de sobrellevar que la angustia, hasta que vemos al villano. El miedo tiene cara. La ansiedad no. Los villanos amorfos pueden hacer que la ansiedad se prolongue hasta mucho después de que termine la película. Si solo sintiéramos miedo hacia el asesino en serie concreto de la película, este sentimiento se disiparía poco después de que terminaran los créditos. Si nuestro miedo se ampliara a todos los asesinos en serie, puede que siguiéramos estando asustados de los asesinos en serie, pero nos calmaríamos con estadísticas sobre el escaso número de víctimas que cosechan cada año. Sin embargo, si la película desencadena pensamientos como «cualquiera puede ser un asesino», «podría suceder cualquier cosa» y «¡podría morirme!», entonces perdemos el control de nuestro miedo, porque lo que estamos experimentando ya no es miedo. Es ansiedad.

Las pandemias como la de COVID-19 son caldos de cultivo para la ansiedad. En primer lugar, el virus es invisible. No puedes verlo, lo cual ya es bastante aterrador de por sí, pero, además, durante meses no tuvimos ni la menor idea de dónde procedía. Desinfectábamos el correo y la compra. Limpiábamos las superficies varias veces al día. No nos tocábamos la cara y nos lavábamos las manos durante veinte segundos cada hora. Nos quitábamos la ropa y nos duchábamos al llegar a casa. Llevábamos mascarillas con filtros de café dentro y rezábamos para que las

N95 se pusieran a disposición del público. De la noche a la mañana, el mundo se convirtió en un campo de minas, así que aprendimos a andar con pies de plomo y a estar alerta.

Si le preguntaras a Kierkegaard, te diría que nuestra ansiedad en la época del COVID era por «nada», en el sentido de por «ninguna cosa tangible». Teniendo en cuenta que no sabíamos cómo se transmitía y que el virus es invisible al ojo humano, nuestra ansiedad era más bien un sentimiento o una idea generalizada: un sustituto de la muerte o de la pérdida de control, o de ambas cosas. Era como si a nuestro alrededor flotaran minúsculas gotitas de fatalidad esperando a que las inhaláramos. Llamamos «coronavirus» al objeto de nuestra ansiedad, pero también podríamos haberlo llamado «muerte», sin más.

Nombrar el objeto de nuestra ansiedad es una forma de intentar convertirla en miedo. Ponerle cara es aún más eficaz. Recuerdo una pesadilla en la que me encontraba atrapada en un gran espacio al aire libre, tipo feria, con centenares de personas. No podíamos salir, pero todos sabíamos que había un hombre que iba por ahí matándonos uno por uno. Yo lo observaba desde mi escondite y esperaba mi turno. Mi psique había sido lo bastante compasiva como para ponerle un rostro humano al COVID-19 mientras dormía y, avivando el miedo, le había dado una noche libre a mi ansiedad.

En aquellos primeros días vimos morir a miles de personas. Puede que dijéramos que nos daba miedo el COVID-19, como algunas personas dicen que les da miedo volar, pero Kierkegaard contraargumentaría que la mejor etiqueta para ese sentimiento que teníamos era «ansiedad» y no «miedo».

Muchos existencialistas creen que, en el fondo, la ansiedad siempre tiene que ver con la muerte, literal o metafóricamente. Es posible que yo piense que me dan miedo las abejas, los asesinos en serie y las alturas, pero en realidad, dirían Kierkegaard y Sartre, me angustia morir. La muerte es el estado de pérdida definitiva de control.[41] Es lógico que intentemos vincular una ansiedad amorfa acerca de la muerte con un objeto como una araña, un avión o incluso un virus. Al hacerlo, centramos nuestra atención en evitar la araña, el avión o el virus. Decir que la ansiedad está relacionada con la muerte es otra forma de decir que la ansiedad está relacionada con el control: por mucho que nos angustie meter la pata, también nos angustia la perspectiva de no poder elegir. Nuestros incesantes lavados de manos eran una forma de decirnos a nosotros mismos que siempre podemos hacer algo para evitar morir. Pero la ansiedad siempre nos recuerda que eso no es verdad. No a largo plazo.

La pandemia de COVID-19 —y la ansiedad que provocó— nos hizo tomar conciencia de nuestra mortalidad. Nuestra vida se saturó de significado en cuestión de semanas o incluso días. Dejamos trabajos o nos mudamos. Jugamos con nuestros hijos o consumimos noticias terribles de forma obsesiva. Salimos a pasear o nos quedamos en una casa que habíamos convertido en un búnker. Queríamos seguir vivos, pero cada uno lo abordó de una manera diferente: algunos buscamos la vida una vez más y otros renovamos nuestro compromiso con el control.

Para mí, filósofa existencialista, uno de los aspectos más interesantes de observar cómo aumentaba la ansiedad durante la pandemia fue ver hasta qué punto hubo personas perfectamente sanas a las que la angustia desbordó por completo. Colegas que no tenían hijos, padres ancianos de los que cuidar ni enfermedades subyacentes se negaron a entrar en una tienda de comestibles durante más de un año, por lo que dependían totalmente de los servicios de entrega. Me di cuenta de que las personas jóvenes y sanas, las que nunca se habían enfrentado a la muerte hasta entonces, eran las que se mostraban más ansiosas y aisladas. A diferencia de mis alumnos de escasos recursos, que ya habían visto y sentido los efectos de asesinos cotidianos como la diabetes, las cardiopatías y la obesidad, agravados por la falta de seguro médico, muchos de mis colegas acomodados aún no habían asimilado del todo que, tarde o temprano, los jóvenes y sanos morirán y se pudrirán como todos los demás. El COVID-19 hizo que un nuevo grupo de personas se enfrentara a una realidad que había estado negando.

Sin embargo, como cabía esperar, cuando estas mismas personas se vacunaron y percibieron que estaban fuera de peligro, volvieron al supermercado. Quitando a un pequeño número de gente que mantuvo las precauciones y siguió llevando mascarilla incluso en el exterior, mis amigos acomodados empezaron a viajar y a comer en restaurantes. Armados con el privilegio de la riqueza moderada y de los trabajos que podían efectuarse desde casa, reanudaron su vida productiva, tal como el *Manual diagnóstico y estadístico de los trastornos mentales* espera que hagamos todos en cuanto aprendemos a controlar nuestra ansiedad. En nuestra sociedad, «volver a la normalidad» es bueno.

No así para los existencialistas. Martin Heidegger —cuyo *Ser y tiempo* recibió la influencia de Kierkegaard y, a su vez, influyó en Sartre— llamó a la vuelta a la normalidad «huida de la muerte». Él diría que aquellos días de angustia del inicio de la pandemia fueron los que más acercaron a mis colegas a vivir de forma auténtica, porque fue un período de tiempo en el que tomaron sus decisiones teniendo en cuenta su propia mortalidad. En aquellos días era imposible escapar al hecho de que, en última instancia, nosotros no controlamos las cosas. Para los existencialistas, «volver a la normalidad» significa fingir, una y otra vez, que somos inmunes a la muerte, que podemos lavarnos las manos y evitar la enfermedad.

Para bien o para mal, la ansiedad nos invita a lo que Brené Brown llama «la palestra» (por el famoso discurso de Teddy Roosevelt), el lugar donde se arriesga, se lucha y se muere. La angustia nos recuerda que somos libres y que pueden ocurrir todo tipo de cosas sin nuestro consentimiento. Pero, si sedamos nuestra ansiedad, ¿qué nos impulsará a subir a la palestra, a arriesgar, luchar y morir?

Al mismo tiempo, la ansiedad nos está causando un gran daño a algunos de nosotros, está paralizando nuestra vida cotidiana. ¿Hay alguna forma de adoptar una relación armoniosa con un maestro tan irritante como la ansiedad?

Cada vez que se mudan, mis padres desconectan todas las alarmas contra incendios de su nueva casa, unas alarmas que en realidad se han instalado para salvarles la vida. Lo hacen porque no soportan el pitido que los sobresalta a las cuatro de la madrugada cada par de años cuando se quedan sin pilas. Por muy tentador que resulte, desactivar de manera permanente una alarma contra incendios es una mala idea, aunque tenga tendencia a portarse mal de vez en cuando. En lugar de desconectarla, lo mejor sería asegurarse de que no está detectando un fuego que aún no se huele o uno que ha estallado en la casa de al lado.

A lo mejor la ansiedad es una alarma contra incendios que salta cuando algo no va bien. Este tipo de alarmas fallan alguna que otra vez, así que no siempre podemos confiar en ellas para que nos señalen si hay fuego o no. Pero el lado bueno de la metáfora es que los ansiosos quedamos como personas que están en sintonía con los peligros del mundo, en comparación con quienes duermen a pierna suelta bajo alarmas de incendio desconectadas, convencidos de que siempre están a salvo.

La gente se pregunta: «¿Por qué los niños de hoy en día tienen más ansiedad que nunca?», pero la respuesta es obvia: «¡Despierta y mira a tu alrededor! ¿Cómo no van a tener más ansiedad que nunca?». Los ansiosos tienen razones para estarlo. Gracias a internet y una miríada más de bendiciones similares, tenemos motivos para angustiarnos. La ansiedad es una respuesta a lo que ingerimos a diario: pandemias, atentados terroristas, violencia (incluida la ejercida hacia y por la policía), guerras, tiroteos en centros educativos, pobreza y degradación del medio ambiente. La ansiedad reconoce no saber qué se esconde a la vuelta de la esquina ni si es bueno o malo (aunque sospecha que es más bien malo). La persona ansiosa reconoce con gran habilidad el abanico de espantosas posibilidades que se abre ante nosotros y responde de manera adecuada: con temblores en las rodillas y un nudo en el estómago.

La ansiedad es una reacción lógica a una época aterradora en la que, aun así, se espera que la gente continúe teniendo los pies en la tierra, que sea feliz y prospere. Las paredes de la sociedad están llenas de pósteres que nos ordenan: MANTÉN LA CALMA Y SIGUE ADELANTE, mientras que hay otros que dicen: ATENCIÓN: ESTO NO ES UN SIMULACRO. ¿Por qué iba a ser necesario que un cartel nos dijera: SI VES ALGO, DI ALGO si todo fuera bien? Los enormes esfuerzos de nuestra sociedad por ocultar los rasgos trágicos de la vida —«¡Aquí no hay nada que ver, circulen!»— no hacen sino aumentar nuestro nivel de ansiedad. Hay voces que nos distraen con frases incoherentes como «Los pensamientos positivos crean un mundo positivo». Pero, por encima de este bullicio, nuestra ansiedad grita lo muy dudoso que es que el dolor, el sufrimiento y la muerte nos sobrevengan según nuestra actitud. Las personas que padecen ansiedad clínica parecen vivir en una película de suspense, mientras que el otro 70 por ciento de la población se pasea por ahí como si estuviera en una comedia romántica. ¿Quién tiene razón? ¿Quién está enfermo?

Si los examinamos a través de la lente de Kierkegaard, las que deberían preocuparnos son las personas no ansiosas. ¿Cómo es posible que alguien duerma tranquilo con los tiempos que corren? ¿Qué les pasa? Ya sé: ¡deben ser personas defectuosas! Sin embargo, la metáfora de la luz jamás nos permitiría llegar a esta conclusión. Declarar que personas no ansiosas están rotas es demasiado oscuro. Además, ya estamos convencidos de que es justo al revés.

Si Kierkegaard tiene razón al afirmar que la ansiedad es algo sin lo cual perdemos el contacto con la posibilidad, la sensibilidad, la capacidad de percepción, la humanidad y la libertad, ¿cómo tendríamos que sentirnos respecto a ella? ¿Qué deberíamos hacer con ella? A mis alumnos suele gustarles la idea del danés en cuanto a que la ansiedad no es una imperfección, sino más bien un signo de inteligencia, pero no saben en qué lugar deja eso a la terapia y la medicina. ¿Es conveniente que recibamos tratamiento para la ansiedad, aunque se trate de nuestro sexto sentido, solo porque somos incapaces de soportar lo que intenta mostrarnos? ¿De verdad deseamos convertirnos en personas que duermen a pierna suelta?

El tipo de terapia que elijamos para que nos ayude con la angustia determinará el camino que tomemos. Una terapia que la aborde como una enfermedad y una terapia que la aborde como una maestro establecerán, claro está, objetivos distintos.

Dado que los terapeutas cognitivo-conductuales están (sin saberlo) influidos por la luz del estoicismo antiguo, definen el trastorno de ansiedad como una afección tratable. Lo consideran un obstáculo en lugar de un mensajero. Si me digo a mí misma: «Todas las personas a las que quiero morirán y me dejarán sola», un terapeuta cognitivo-conductual me preguntará algo así: «¿Cómo puedes cambiar este patrón de pensamiento dañino?».[42] Al intentar minimizar mis pensamientos ansiosos, este terapeuta da por sentado que, dado que hacen que la vida me resulte más difícil, estas ideas son indeseables, aunque sea un hecho básico que todas las personas a las que quiero morirán.

En cambio, la psicoterapia existencial no se centra en desactivar la alarma contra incendios. Se basa en las ideas de Freud, Jung, Sartre, Nietzsche y otros existencialistas, todos los cuales coinciden con Kierkegaard en que debemos tratar la ansiedad como un maestro o una forma de inteligencia. Los últimos psicoterapeutas existencialistas que quedan son más propensos a considerar que la ansiedad es legítima hasta que se demuestre lo contrario. Su objetivo no será minimizarla, sino utilizarla para ver qué cambios puedes hacer para que te permitan vivir una vida más intencional y significativa.

Un terapeuta existencial empezaría con una pregunta del estilo: «¿Cómo quieres vivir?». Si considera que pasamos la mayor parte del tiempo intentando no hacernos las preguntas más difíciles de la vida, que preferimos fingir que la muerte no está a punto de aterrizar en nuestra ciudad y dejar el suelo sembrado de cadáveres, entonces lo más probable es que nos anime a analizar esos temas.

Un terapeuta existencialista estaría de acuerdo con Kierkegaard en que la ansiedad de los seres humanos es algo más que patrones de pensamiento inadecuados o desequilibrios químicos. Somos seres profundamente espirituales que nos enfrentamos a lo que el psicoterapeuta existencialista Irvin Yalom denomina las «cuatro preocupaciones de base»: la muerte, el aislamiento, el sentido de la vida y la libertad.[43] Investigar nuestra ansiedad con la vista puesta en estos temas (aun cuando están disfrazados de miedos) puede ayudarnos a detectar lo que debemos cambiar en nuestra vida.

¿Podríamos llegar a creer, como Yalom, que «los adultos atormentados por la ansiedad ante la muerte no son especímenes raros que han contraído alguna enfermedad desconocida»? ¿Podríamos empezar a pensar en nosotros mismos como personas «cuya familia y cultura no les tejieron la ropa de abrigo adecuada para soportar el frío de la mortalidad»?[44] Todos necesitamos ropa de abrigo y la única pregunta es de dónde la sacaremos. Algunos intentan sacarla de las drogas ilegales, otros de la familia, otros de la comida o el vino y otros de carteles y tazas. ¿Cuál es la mejor manera de soportar el frío de la mortalidad, teniendo en cuenta que la mortalidad es un hecho y que siempre provocará frío?

• • •

La autora superventas Glennon Doyle sufre de una ansiedad tan intensa que recurrió al abuso de comida y alcohol solo para mantenerse a flote en este mundo hostil. Pensando que estaba rota por haber nacido sensible a los males que veía por todas partes, encontró una forma de desconectar todas las alarmas de incendio: no estar nunca sobria. La embriaguez fue la mejor solución que se le ocurrió para calmar su ansiedad en un mundo desgarrador.

No tenemos que tomar ese camino (y sería más fácil si todos los demás pudiesen apartarse un poco y dejar que los que estamos «dolorosamente vivos y abiertos al mundo» nos expresemos sin decirnos que somos demasiado sensibles).[45] Podemos protegernos del frío de la muerte de formas sanas, seguras y no adictivas. Podemos aprender a tejer gorros y bufandas. Pero nunca empezaremos a tejer si nos negamos a reconocer que ahí fuera cada vez hace más frío. Tenemos que sentirnos cómodos mirando la realidad de la miseria y la muerte, aunque los demás sigan mirando una sombra en la pared.

Doyle cuenta que, durante su recuperación, otra mujer adicta le dio una lente a través de la cual ver su vida futura sin la protección del alcohol. Ser plenamente humano, le dijo aquella compañera sabia, no es ser feliz, «es sentir todo eso que sientes».[46] Desde entonces, Doyle ha explicado a sus lectores cómo te hace sentir sentirlo todo. «Tristeza, pérdida, miedo, ira, ansiedad, todas esas cosas que has estado adormeciendo con la bebida, las sientes por primera vez».[47] Es «horroroso», pero es el único modo de estar presente de forma auténtica en el mundo, según Doyle. Tardó años en dejar de considerar su ansiedad una imperfección. En su último superventas, *Indomable*, Doyle escribe:

> Desde que dejé de beber, nunca he vuelto a estar bien, ni por un solo instante. Me he sentido agotada, aterrada y enfadada. Me he sentido abrumada y desilusionada, he sufrido depresión debilitante y ansiedad. He estado sorprendida, asombrada, encantada y a punto de estallar de alegría. El dolor me ha recordado constantemente: esto pasará; quédate aquí. He estado viva.[48]

Desde que dejó de beber, Doyle nunca ha estado «bien». La ansiedad de Kierkegaard tampoco desapareció jamás. Permaneció «envuelto» en esa «muda inquietud del pensamiento» durante el resto de su corta vida.[49] Tres años antes de morir, aún seguía «asfixiado» por ella.[50] Sin embargo, el danés creía que hay formas mejores y peores de estar ansioso. Puede que no consideremos a Kierkegaard un modelo de cómo estar ansiosos, pero no necesitamos verlo de esa manera para escucharlo.

Hacia el final de su vida, Kierkegaard escribió: «Quien [...] ha aprendido a angustiarse en debida forma, ha aprendido lo más alto que cabe aprender».[51] La sociedad nos ha proporcionado una manera equivocada de estar ansiosos. Nos ha dicho que la ansiedad es un obstáculo para vivir «con normalidad». Nos sugiere que busquemos mecanismos de afrontamiento para acallar esas voces terribles. Nos ha equipado mal para la tormenta.

Aunque Kierkegaard nunca aprendió a estar ansioso en debida forma, Glennon Doyle sí lo ha hecho. Desde que recuperó la sobriedad, ha dado con una manera más adecuada de afrontar la ansiedad. Ha creado una organización sin ánimo de lucro que comparte dinero y recursos con las personas que lo necesitan. Ahora, ansiosa en debida forma, oye alarmas de incendio por todo el mundo y encuentra fuegos que hay que apagar. La historia de Doyle es kierkegaardiana: las personas ansiosas no estamos rotas ni somos defectuosas. Estamos ansiosas y completas. Adoptar esta idea es un modo de empezar a estar ansiosos «en debida forma». Y al «aceptar nuestra condición humana: nuestra finitud, lo breve del tiempo de luz que nos toca [...] —añade Yalom—, aumentaremos nuestra compasión por nosotros mismos y por los demás seres humanos».[52]

Las personas ansiosas no están rotas ni siquiera en los casos más graves.[53] El mundo es tóxico e ingerimos sus toxinas a diario en mensajes aparentemente inofensivos como «Cuando lo intentas, pasan cosas increíbles». Pregúntale a la gente que lo intenta todos los días. Entérate de si les ocurren cosas asombrosas o se encuentran atrapados en el mismo mundo plagado de vergüenza en el que acaban ocurriendo cosas malas. No les pidas a los autores de autoayuda que manifestaron sus sueños y te cobran dinero que te digan que lo estás haciendo mal.

Todos estos consejos kierkegaardianos no abordan adecuadamente el hecho de que, aunque para la mayoría de nosotros la ansiedad es desagradable, para un pequeño porcentaje de personas resulta debilitante. Duele pensar en nuestro vacío eterno, en nuestra mutabilidad perpetua o en el hecho final de nuestra muerte. Vivir dentro de tu propia cabeza escuchando solo la voz de la fatalidad puede ser una tortura. Si la medicación baja el volumen de esa voz, tómatela, pero nunca olvides que tus seres queridos y tú estáis condenados a morir, tarde o temprano. Podemos elegir entre volvernos contra nuestra ansiedad o hacia ella, entre desactivar una alarma contra incendios para evitar las molestias de los posibles fallos o mantenerla conectada. Al igual que con la depresión, la fórmula Platón y Prozac puede ayudarnos a lidiar con la ansiedad.

La experiencia de Kierkegaard con la ansiedad lo ayudó a ver en la oscuridad. Recorrió su caverna a tientas durante el tiempo suficiente para llegar a la conclusión de que la ansiedad es un signo de inteligencia. La historia del filósofo danés pinta la ansiedad como algo que nos obliga a bajar la mirada hacia el abismo de forma constante. Es un *daimon* que nos recuerda que estamos solos y somos mortales. Es una alarma contra incendios que puede ser insoportable y emocionante a la vez. Es una crítica a los mensajes #StayPositive que no soportan admitir que los niños mueren. A pesar de su brutalidad, la ansiedad nos hace 100 por ciento humanos: descarnados y asustados, ensangrentados y presentes. Puede que este retrato no logre que parezca superatractiva, pero la ansiedad nos mantiene en nuestro bando.

Tras una resistencia inicial a la idea de que su ansiedad podría no ser del todo mala, Eva afirmó sentirse validada por la filosofía de Kierkegaard. «No es que le tenga más cariño a mi ansiedad —dijo—, pero ahora me siento más normal. Y más inteligente.» Eva era una persona que nunca había hablado de forma abierta de la angustia antes de aquella clase, y Kierkegaard le enseñó a ser ansiosa y digna. Entró en el aula pensando que la ansiedad la convertía en un ser defectuoso. Salió sintiéndose completa y dolorosamente viva y abierta al mundo.

# CONCLUSIÓN

## PRACTICAR LA VISIÓN NOCTURNA

Cuando era alumna en la universidad pensaba que los prisioneros de la caverna de Platón eran ignorantes porque no estaban iluminados. No había considerado a los marionetistas.

Cualquiera que proyecte sombras y luego nos pida que nos creamos lo que vemos es un titiritero. Un detalle excepcionalmente interesante que Platón omite es si los marionetistas saben lo que están haciendo. «¿Son también prisioneros?», preguntan mis alumnos. «¿Están engañando a la gente a propósito?» No lo sé, les contesto. Puede que algunos sí y otros no. O a lo mejor están todos presos.

En este libro, un titiritero es cualquiera que nos venda luz o que nos pida que veamos la oscuridad como algo feo, enfermo, ignorante o roto. Quizá seamos nosotros quienes movemos los hilos de las marionetas. Es posible que le hayamos dicho a un niño decepcionado: «Esto es lo que hay, y ni se te ocurra enfadarte».[1] Tal vez les hayamos dicho a nuestros seres queridos que se lo tomen con calma. Incluso puede que nos lo hayamos dicho a nosotros mismos. En cualquier caso, debemos estar atentos para detectar los mensajes contra la oscuridad con los que nos rodeamos y que difundimos.

De la caverna de Platón podemos extraer una advertencia: todo el mundo es un titiritero en potencia. Todos los narradores —escritores, actores, terapeutas, científicos, personas influyentes en las redes sociales, presentadores de noticias, médicos, curas, políticos— tienen el poder de lanzar sombras. Todos ellos nos piden que nos creamos las palabras que pronuncian en lugar de ayudarnos a encontrar nuestras propias palabras. Cada semestre les digo a mis alumnos que no me crean. Les pido que compren los textos originales de los filósofos que estudiamos para que puedan interpretar por sí mismos lo que dicen, en lugar de tomar mi palabra como la verdad. Les recuerdo que soy una narradora y que hay muchas maneras de contar una historia.

En una parábola popular nativo estadounidense que suele atribuirse al pueblo cheroqui o al lenape, un hombre sabio le dice a su nieto que hay dos lobos luchando dentro de él: uno bueno y otro malo, uno pacífico y otro enfadado, uno claro y otro oscuro. El nieto, asustado, pregunta: «¿Qué lobo ganará?». «Depende de a cuál alimentes», contesta el sabio. La metáfora de la luz quiere que interpretemos esta historia en el sentido de que no debemos ceder a estados de ánimo como el duelo y la ira, a los que algunos budistas se refieren como «emociones destructivas». Hemos oído decir en demasiadas ocasiones que la negatividad hace que nos pongamos enfermos y que si dejamos de recrearnos en nuestros estados de ánimo sombríos, terminarán por apagarse. El lobo claro ganará. Nos convertiremos por entero en luz.

Pero en el fondo sabemos que convertirnos íntegramente en luz no es una opción.

Sócrates contó una vez una historia sobre el aprendizaje. Decía que cada vez que pensamos que estamos aprendiendo —obteniendo información nueva— en realidad estamos rescatando la sabiduría de nuestro yo más profundo. Lo denominaba «reminiscencia», la idea de que ya sabemos cosas, pero necesitamos ayuda para sacarlas a la superficie. El hecho de que jamás llegaremos a ser todo luz, por más que nos matemos de hambre, es así. No es algo nuevo. Pero lo olvidamos una y otra vez y necesitamos que nos ayuden a recordarlo. Incluso el entrenador de fútbol de mi hijo, que lleva una camiseta que dice #NOBADDAYS, debe de saber, en lo más profundo de su ser, que eso no tiene sentido. La posibilidad de que todos los días sean buenos no existe. No hay ni una sola persona en todo el planeta cuyo lobo claro haya destruido a su lobo oscuro. No hay lobos solo de luz, ni humanos solo de luz. Lo que el entrenador de fútbol de mi hijo olvida todas las mañanas cuando se acerca a su cajón es que su camiseta —al igual que los carteles de positividad del aeropuerto: ¡SIEMPRE TERMINA SALIENDO EL SOL!, al igual que los libros de autoayuda que nos dicen que la *Felicidad es una elección*— establece una norma que solo podemos incumplir, ya que el mero hecho de tener un solo mal día significa que hemos fracasado.

Pero tenemos días malos. Y tenemos muchas y buenas razones para estar mal, para afligirnos, para estar tristes, ansiosos, iracundos, deprimidos. Mientras tanto, la alegría es esquiva, pero seguro que proviene más del sentimiento de ser aceptados tal como somos que de unos carteles motivacionales que nos dicen que nos esforcemos más. La metáfora de la luz nos sugiere sin cesar que volemos más alto, que brillemos más, pero nuestras alas, como las de Ícaro, están hechas de cera. Se derriten cuando nos acercamos demasiado al sol y caemos de nuevo a la tierra fresca, donde los árboles pueden proporcionarnos la sombra que tanto necesitamos. Y del mismo modo que las alas de Ícaro no eran un defecto del diseño del joven, los estados de ánimo sombríos no lo son del nuestro. La ansiedad, la depresión y el resto de los estados de ánimo sombríos que se exploran en este libro no nos convierten en personas débiles ni rotas. Sí nos hacen vulnerables a la sobreexposición y nos recuerdan que los seres humanos no estamos hechos para tanto sol. Necesitamos la sombra de un árbol bajo el cual descansar y una buena noche de sueño.

Lejos de acabar con él, lo único que conseguiremos no alimentando al lobo oscuro que llevamos dentro será ponerlo de muy mal humor. Hemos intentado matarlo de hambre con una dieta a base de afirmaciones positivas y, cuando se ha negado a morir, solo hemos sentido vergüenza. Si queremos que nuestros dos lobos enfrentados se lleven bien, lo más prudente sería no matar de hambre a ninguno de los dos.

¿Y si intentáramos alimentar al lobo oscuro? ¿Y si le diésemos lo que necesita, como amor y comprensión, empatía y compañía? A lo mejor así se recuesta a descansar en una alfombra junto al fuego. Si lo alimentáramos bien, es posible que empecemos a ver que le crece un pelaje nuevo, espeso y brillante. Con el tiempo podría incluso buscar al lobo claro, no para dominarlo, sino para jugar. Tal vez los dos lobos, el claro y el oscuro, se acurrucasen juntos a nuestros pies por la noche.

Para ver en la oscuridad tenemos que aprender a permanecer inmóviles en la caverna. También necesitamos unos cuantos *dolores* para poner a prueba nuestro nuevo enfoque, pero no tenemos que salir a buscarlos. La vida nos los pone gratis en las manos, como el tipo de Canal Street que nos entrega un folleto de una excursión en barco a la Estatua de la Libertad. Tampoco tenemos que referirnos a nuestros estados de ánimo dolorosos como «regalos» ni tenemos que estar agradecidos por ellos. Solo tenemos que pensar y hablar de nuestros estados de ánimo de una forma que no nos prive de nuestra dignidad. Ayudaría que nuestra sociedad atenuara un poco las luces y quitase los carteles durante el tiempo necesario para que dejáramos de volvernos contra nosotros mismos.

Como si fueran nuestros guías de espeleología, los filósofos de este libro nos han ofrecido historias que destacan la dignidad de la oscuridad en lugar de su disfunción. Nos han mostrado pruebas de que los estados de ánimo sombríos pueden facilitarnos el acceso a la conexión, la compasión, el amor, la creatividad, la justicia, la motivación y el autoconocimiento. Recordar la sabiduría de estos filósofos puede ayudarnos a permanecer de nuestro lado, en lugar de volvernos contra nosotros mismos, cuando las cosas se ponen difíciles.

Podemos intentar respetar nuestra ansiedad, como Kierkegaard hizo con la suya, en lugar de insultarla. El autor danés nos recuerda que esta emoción nos hace humanos y no mesas, así que adoptar una postura contraria a ella equivale a negar nuestra humanidad. En la antiquísima historia que cuenta, la ansiedad es la angustia exclusivamente humana ante la vida y la muerte. Es la voz que nos recuerda que somos seres frágiles que morirán con absoluta certeza y que tenemos que hacer algo al respecto aunque el resto del mundo se dedique a dormitar. La ansiedad sintoniza con el caos y las posibilidades del mundo de una forma que puede resultar muy desconcertante, pero que no es errónea. La vida es caótica, somos mortales y todo lo bueno que tenemos puede desaparecer. La ansiedad es un signo de inteligencia emocional.

Contar una mejor historia sobre la ansiedad no matará al lobo oscuro, pero ese no es el objetivo. Es necesario sentir cierto grado de ansiedad si queremos vivir como si nos estuviéramos muriendo, amar de manera profunda y feroz y afrontar el dolor y la pérdida con honestidad. Es posible que aprender a estar ansiosos en debida forma implique dar con un buen terapeuta y tomar medicación hasta que las voces nos hablen a un volumen razonable.

Entonces seremos capaces de escuchar nuestra ansiedad y utilizarla para conectar con nuestros seres queridos antes de que se encuentren en su lecho de muerte.

Como Anzaldúa, podemos inventar metáforas nuevas para estados de ánimo antiguos. No se hizo amiga de su depresión, pero le cambió el nombre. Con un nuevo vocabulario basado en la mitología azteca, la autora mexicana le asignó a la depresión una función en su producción de conocimiento. Coatlicue hizo que Anzaldúa se enfrentara a la narrativa de que era «perezosa», la obligó a reconocer que se trataba de un subproducto del sexismo, el racismo y la homofobia. La angustia que la idea de ser una teórica superficial le provocaba a Anzaldúa era profunda, pero sentarse en la oscuridad le enseñó que no era la única mujer de color a la que una sociedad que cree que sabe el aspecto que debe tener una teórica (o un médico, un conserje, una enfermera, un abogado o una azafata de vuelo) había hecho sentir como una impostora. El mito de Anzaldúa no acabó con su depresión, pero sí le ofreció una salida de la historia de que somos seres rotos. También le proporcionó los medios para señalar el quebrantamiento de la sociedad. Un nuevo vocabulario puede llevarnos a ganar amor propio, y también puede contribuir a que identifiquemos las fuentes externas de nuestra angustia.

Podemos optar por rechazar los pésames falsos y vivir en la verdad de nuestro duelo, como hizo C. S. Lewis. Sabía que el dolor lo hacía mostrarse irascible con amigos y familiares, pero aun así permaneció en su propio bando.

No tenemos por qué ocultar nuestro duelo solo porque haga que los demás se sientan incómodos. Se sentirán incómodos cuando lo vean por primera vez, pero las personas que de verdad nos quieren y nos respetan harán un hueco para que nuestro lobo oscuro vaya a recibir un poco de atención. Y cuando el lobo del duelo quiera descansar y sentarse a nuestros pies en vez de en nuestro regazo, nuestros seres queridos ya no se referirán a ello como «superarlo». Podemos enseñarles que el dolor es algo que llevamos encima para siempre. Al fin y al cabo, la mayoría de la gente solo ha aprendido a salir corriendo cuando pasa ante una caverna de dolor, no a entrar en ella, sentarse en la oscuridad y darle espacio al *dolor*.

Cuando se reconoce su dignidad, nuestros estados de ánimo sombríos nos recuerdan que la analgesia congénita (la incapacidad de sentir dolor) no es algo a lo que debamos aspirar. La vida de Unamuno estuvo llena de sufrimiento, pero aprendió a no confundir el sufrimiento con un defecto de carácter o una enfermedad. Permaneció de su lado en lugar de volverse contra sí mismo. Si cada vez que sentimos dolor nosotros también nos recordáramos que este no es un síntoma de ser «demasiado sensible», si nos imaginásemos que el *dolor* nos concede un sexto sentido, quizá nos sintiéramos más tentados de mirar a nuestro alrededor, con la cabeza bien alta, hasta detectar a otro sufriente. Si las penas compartidas son menos penas, utilicémoslas para encontrarnos unos a otros.

Por último, aprender a ver en la oscuridad nos permite revisualizar la ira. Lugones nos enseñó que no hay solo una ira, sino muchas. Juntas, nuestras iras forman lo que Lorde llamó un «arsenal», el almacén de armas que necesitamos para luchar contra la injusticia.[2] En lugar de contar hasta diez o sofocar nuestras iras, podemos hacer como bell hooks y criticar el hecho de que los profesionales de diversos ámbitos califiquen este sentimiento de irracional, loco o feo. A pesar de la ambivalencia de Lugones acerca de su propia ira, nos dejó una nueva forma de hablar de esta emoción que puede ayudarnos a distinguir entre la ira fea y la que no lo es, entre la ira de primer orden y la de segundo. Nos dejó ideas significativas que pueden contribuir a que las personas iracundas se sientan dignas. Por último, si recordamos que las iras están para utilizarlas, no para disiparlas, podemos aprender a entrenarlas en lugar de intentar controlarlas. Ver en la oscuridad nos enseña a emplear mejor nuestras iras en nuestra vida personal y política.

Al practicar la visión nocturna, es importante tener en cuenta que las nuevas historias que contamos acerca de nuestros estados de ánimo sombríos no tienen por qué oponerse o sustituir sin más a las historias médicas que hemos aprendido sobre la enfermedad, el diagnóstico y el tratamiento. Las distintas formas de comprender la salud mental desde el punto de vista médico no van a desaparecer, ni deberían hacerlo. Nos permiten recibir una atención médica que puede ayudarnos a ver en la oscuridad (y a encajar en una sociedad nictofóbica). Pero junto a estas narrativas medicalizadas, podemos contarnos tanto a nosotros mismos como a los demás una historia paralela, una historia filosófica que devuelva la dignidad a los estados de ánimo sobre los que nuestra sociedad siente vergüenza.

A lo mejor dentro de cien años la sociedad ha superado su miedo a la oscuridad emocional. Para entonces quizá nos hayamos dado cuenta de que esperar que la gente esté siempre alegre la incapacita para afrontar los estados de ánimo difíciles. Tal vez hayamos hecho añicos todas las tazas de café que nos ordenan que hagamos que HOY SEA ABSURDAMENTE ASOMBROSO. Henry David Thoreau se refirió una vez poéticamente y con gran admiración a «la noche que ve crecer el maíz».[3] Nosotros también podemos recordar que la noche no es solo aterradora y peligrosa, sino también fértil, germinal, viva.

En un futuro emocionalmente inteligente, nadie confundirá un duelo de más de dos semanas con un trastorno mental. La gente hablará de la depresión como de algo más que un problema de salud mental. Responderemos con sinceridad cuando alguien nos pregunte cómo estamos, puesto que ya no se esperará de nosotros que ocultemos nuestros estados de ánimo o les restemos importancia, que «pongamos buena cara». Nadie nos dirá que lo nuestro son «problemas del primer mundo» ni que quienes estuvieron en Auschwitz matarían por cambiarse por nosotros (como me dijo un bienintencionado amigo una vez que estaba deprimida). Hay un montón de tonterías —todas variaciones del «mira el lado bueno de las cosas»— que la gente ya no dirá en un futuro emocionalmente más inteligente. Mientras nos ponemos manos a la obra para construir *el mundo zurdo*, podemos ayudar a todo el mundo a tener visión nocturna.

Al final del semestre les digo a mis alumnos que no se sorprendan si aprenden la lección equivocada. El momento en el que crees que estás aprendiendo algo, les digo, es el momento en el que debes ser más cuidadoso, más perceptivo. Es el momento en el que tienes que preguntarte si no estarás cambiando una sombra por otra.

En la universidad, Platón me enseñó la importancia de la duda. Pero como hacen mis alumnos cada semestre, dudé de lo que no debía. Al dudar de los árboles pero no de la luz, no hice más que cambiar una sombra por otra. Tardé años en darme cuenta de que la luz no puede salvarnos de la oscuridad, y tardé aún más en ver que no es la oscuridad lo que nos mantiene prisioneros.

Espero que este libro te ayude personalmente. Pero eso no es lo único que quiero.

Mi deseo es que la próxima vez que estés a punto de invocar la metáfora de la luz te detengas, que guardes silencio cuando estés a punto de compartir una idea porque «se te ha encendido la bombilla» o de explicar que un libro «ha arrojado luz sobre» un problema que te tenía desconcertado desde hacía años; que no vuelvas a afirmar que ves la luz al final del túnel sin tener en cuenta que quizá estés dejando a alguien atrapado allí dentro; que no compares las cosas con la noche y el día; que no pienses en las dificultades como problemas que hay que iluminar;

que te abstengas de decirle a nadie, especialmente a ti mismo, que mire el lado bueno y luminoso de las cosas. También espero que pienses en las consecuencias de empezar cualquier frase con «Al menos...». Por el contrario, te insto a que recuerdes y mantengas siempre a mano la idea de que la oscuridad es una realidad a la que hay que aclimatarse, en la que hay que abrirse camino a tientas y en la que hay que verse a uno mismo y a los demás. Duda de la sombra que proyecta la oscuridad como deficiencia. Puedes conseguir lo que te propongas y aun así estar enfadado. Permitirte ese enfado podría ayudarte a tomar conciencia de lo que quieres de verdad.

En algún punto del camino hacia el desarrollo de la visión nocturna necesitarás convencerte de que el dolor emocional puede utilizarse como conducto hacia la comunidad, la conexión, el autoconocimiento, la precisión, la sabiduría, la empatía y la inteligencia. También tendrás que creer que quienes vivimos con estos estados de ánimo nunca perdemos nuestra dignidad, ni siquiera cuando estamos derrumbados en el suelo del baño.

Pero no me creas sin más. No aceptes mi conclusión sobre la perversa magnitud de la metáfora de la luz y su *doppelgänger*, la historia de que somos seres rotos. Lo que busco aquí es la rememoración. La imagen que te he presentado —la de un mundo emocional que se atiborra de luz, pero que está ávido de sombra— ¿te remueve por dentro? Si no es así, abandónala y busca una explicación mejor acerca de por qué hay tanta gente que se avergüenza de sus estados de ánimo difíciles. Sin embargo, si te remueve, es muy probable que estés rescatando una verdad que había quedado enterrada bajo capas y capas de insípidos aforismos inspiradores. Para saber si los estados de ánimo sombríos parecen más naturales y menos aterradores en la oscuridad, practica la visión nocturna y compruébalo tú mismo.

# AGRADECIMIENTOS

Gracias a la University of Texas Rio Grande Valley, que apoyó la escritura de este libro concediéndome una excedencia para el desarrollo del profesorado en 2020-2021. A mis alumnos de Filosofía, tanto de grado como de posgrado: las personas que se parecen a nosotros o que hablan *espanglish* no son meras consumidoras de las ideas de los demás. *Somos filósofos*, creadores de conocimiento. Cuando os miréis al espejo, decid: Éste es el aspecto que tiene un filósofo.

A Markus Hoffman, gracias por intentar vender mi marca de pesimismo en 2014, cuando Estados Unidos aún deliraba de esperanza. A Rob Tempio, tu entusiasmo y bondad consiguieron que me relajara y escribiese con sinceridad. Al equipo de producción y marketing de Princeton University Press, en especial a Chloe Coy, Sara Lerner, David Campbell, Maria Whelan y Laurie Schlesinger: gracias por *entenderlo*. Gracias a Cynthia Buck por eliminar mis antecedentes ambiguos y a Michael Flores por cuidar tanto el índice analítico.

Kemlo Aki, sin ti no habría libro. Me ayudaste a librarme de la peor parte de los vicios de la escritura académica. Eres exigente de la mejor de las maneras. Jill Angel, gracias por mantenerme coherente.

Reine, Brad, Marilyn, Gordon y Amy, gracias por animarme a seguir adelante en una etapa tan temprana. Katie, Yael y Tina, identificasteis los lugares que dolían con una pluma compasiva y vuestros comentarios me ayudaron a escribir lo que quería decir. Gracias por no dejarme salir a la calle sin pantalones. Gracias siempre a John Kaag, que estaba convencido de que tenía algo que decir incluso antes de que yo misma lo estuviera.

Lodly y Jenn, de pequeños intuíamos que quejarse es comunión y que reír + llorar = vida. JTLS, durante veinte años me has dejado enrollarme como las persianas antes de llegar a mis conclusiones. Eres endiabladamente inteligente.

A mi hijo de diez años, Santiago Emerson: eres muy observador y me inspiras a mirar atentamente a los demás, a mí misma y a nuestra sociedad. *Nunca dejes de abrazarme.*

A mi hijo de ocho años, Sebastián Pascal, *mi príncipe*, *mi tesoro*, *mi corazón*: verte jugar me recuerda que yo también soy un cuerpo. *Eres único en todo este mundo.*

A Alex, que dedicó un centenar de horas a consolarme y otras cien a leer borradores, capítulos, secciones, párrafos, oraciones, frases y palabras: tu amor funciona. *Te quiero tal y como eres.*

Todas las meteduras de pata restantes debes nombrarlas tú, querido lector, con el objetivo de crear un mundo mejor. Espero con impaciencia la obsolescencia de este libro, el momento en el que lloremos sin disculparnos. Gracias por tu interés.

# NOTAS

## INTRODUCCIÓN: DUDAR DE LA LUZ

1   La autora superventas Glennon Doyle inspiró este replanteamiento. En una publicación de Twitter, escribió: «Pregunta: G, ¿por qué lloras tan a menudo? Respuesta: Por la misma razón por la que río tan a menudo. Porque estoy prestando atención». Glennon Doyle, publicación de Twitter, noviembre de 2015, https://twitter.com/glennondoyle/status/661634542311223296?lang=en.

2   Jean-Paul Sartre, *No Exit and Three Other Plays*, trad. Stuart Gilbert, Nueva York, Vintage, 1989, p. 45 (hay versión española: *A puerta cerrada*, trad. Aurora Bernárdez, Buenos Aires, Losada, 1976, p. 55); y Søren Kierkegaard, *Søren Kierkegaard's Journals and Papers*, ed y trad. Howard V. Hong y Edna H. Hong, Bloomington, Indiana University Press, 1967, p. 6470 entrada 6837 (X.5 A 72, n. d., 1853).

3   Si te estás preguntando por qué elijo referirme como «filósofos» a estos pensadores a pesar de que algunos de ellos ni siquiera estudiaron para serlo, he aquí la razón. Sin contar con algunos filósofos de la antigua Grecia como Sócrates, Platón y Aristóteles, que existieron antes que los estudios de filosofía en sí, a lo largo de la historia ha habido innumerables hombres que han recibido este título sin haberlo obtenido. René Descartes, el famoso filósofo francés que dijo: «Pienso, luego existo», no era licenciado en Filosofía. Friedrich Nietzsche, a quien la mayoría de la gente calificaría de filósofo aun sin haberlo leído nunca, no se formó en filosofía ni tampoco la enseñó. Un ejemplo más contemporáneo es el del teórico británico Derek Parfit, que en la Wikipedia figura como filósofo a pesar de que estudió Historia. Estos ejemplos contrastan con el de la intelectual negra bell hooks, a quien Wikipedia etiqueta como «autora, profesora, feminista y activista social esta-

dounidense», o con el de la poeta negra Audre Lorde, «escritora, feminista, mujerista, bibliotecaria y activista por los derechos civiles estadounidense». Sus filosofías de la ira, que se exploran en el capítulo siguiente, pueden cambiar nuestra forma de pensar, pero la filosofía académica sigue manteniéndolas casi totalmente alejadas de las aulas. A lo largo de la historia, la puerta trasera de la filosofía profesional se ha abierto con facilidad para los hombres blancos, pero no tanto para las mujeres de color.

4 Wendell Berry, «To Know the Dark», en *New Collected Poems*, Berkeley, California, Counterpoint Press, 2012. Copyright © 1970, 2012 por Wendell Berry. Reimpreso con el permiso de The Permissions Company, LLC, en nombre de Counterpoint Press, counterpointpress.com. (No hay versión española, así que la traducción es mía, como ocurrirá siempre que no se indique la existencia de una traducción publicada. *N. de la t.*)

## CAPÍTULO I: SINCERARSE SOBRE LA IRA

1 Solo el veinte por ciento de los profesores universitarios de Filosofía son mujeres, y solo el tres por ciento son de una raza distinta a la blanca. De los 6.700 profesores universitarios a tiempo completo y parcial contabilizados en 2017, unos 1.400 eran mujeres. Solo doscientos eran hombres y mujeres de una raza distinta a la blanca. Justin Weinberg, «Facts and Figures about US Philosophy Departments», *Daily Nous*, 18 de mayo de 2020, https://daily nous.com/2020/05/18/facts-figures-philosophy-departments-uni ted-states/.

2 Carlos Alberto Sánchez, «Philosophy and the Post-Immigrant Fear», *Philosophy in the Contemporary World*, 18, n.º 1 (2011), p. 39.

3 Kristie Dotson, «How Is This Paper Philosophy?», *Comparative Philosophy*, 3, n.º 1 (2012), pp. 3-29. Para más información sobre la exclusión de las mujeres de color del mundo académico, véase Joy James, «Teaching Theory, Talking Community», en *Spirit, Space, and Survival: African American Women in (White) Academe*, Nueva York, Routledge, 1993, pp. 118-138.

4 Platón, *Phaedrus*, trad. Alexander Nehamas y Paul Woodruff, Indianápolis, Hackett, 1995, 253e. (Hay versión española: *Fedro*, pról. y trad. Emilio Lledó, Madrid, Gredos, 2014, 253e.)

5   Michael Potegal y Raymond W. Novaco, «A Brief History of Anger», en *International Handbook of Anger: Constituent and Concomitant Biological, Psychological, and Social Processes*, eds. Michael Potegal, Gerhard Stemmler y Charles Spielberger, Nueva York, Springer, 2010, pp. 9-24.

6   Séneca, *De la ira*, Libro Tercero, sección 12.

7   Epicteto, *The Handbook* (*The Enchiridion*), trad. Nicholas White, Indianápolis, Hackett Publishing Co., 1983, p. 13. (Hay versión española: *Enquiridión*, intr., trad. y notas José Manuel García de la Mora, ed. bilingüe, Barcelona, Anthropos, 2004, p. 19.)

8   Potegal y Novaco, «A Brief History of Anger», p. 16.

9   Marco Aurelio, *Meditations*, trad. Gregory Hays, Nueva York, Modern Library, 2003, p. 38. (Hay versión española: *Meditaciones*, intr. Carlos García Gual, trad. Ramón Bach Pellicer, Barcelona, Gredos, 2019, ed. electrónica.)

10  Ibídem, 17.

11  Pierre Hadot, *Philosophy as a Way of Life: Spiritual Exercises from Socrates to Foucault*, trad. Michael Chase, Malden, Blackwell, 1995, cap. 9.

12  «Imaginary Friends», episodio 1647 de *Mister Rogers' Neighborhood*, dir. Bob Walsh, emitido en PBS (WQED), el 25 de febrero de 1992.

13  Potegal y Novaco, «A Brief History of Anger», p. 15.

14  Ibídem, pp. 15-16.

15  Ibídem.

16  Mark Manson, *The Subtle Art of Not Giving a F\*ck: A Counterintuitive Approach to Living a Good Life*, Nueva York, HarperCollins, 2016. [La versión española citada en el texto es: *El sutil arte de que (casi todo) te importe una mi\*rda: un enfoque rompedor para alcanzar la felicidad y el éxito*, trad. Anna Roig, Madrid, HarperCollins, 2018.]

17  Mark Manson, «Why I Am Not a Stoic», Mark Manson: Life Advice That Doesn't Suck (blog), s. f., https://markmanson.net/why-i-am-not-a-stoic.

18  Gary John Bishop, *Stop Doing that Sh\*t: End Self-Sabotage and Demand Your Life Back*, San Francisco, HarperOne, 2019. (La versión española citada en el texto es: *Deja de hacer p\*ndejadas: Acaba con el autosabotaje y recupera tu vida*, HarperCollins, 2019.)

19  Su biógrafa Alexis De Veaux se refiere a Audre Lorde como «filósofa viviente», concepto que toma prestado de Joy James. Véase Alexis

De Veaux, *Warrior Poet: A Biography of Audre Lorde*, Nueva York, W. W. Norton and Co., 2004, p. 35; y Joy James, «African Philosophy, Theory, and "Living Thinkers"», en *Spirit, Space, and Survival: African American Women in (White) Academe*, eds. Joy James y Ruth Farmer, Nueva York, Routledge, 1993, pp. 31-46.

20   Audre Lorde, «The Uses of Anger: Women Responding to Racism», en Audre Lorde, *Sister Outsider: Essays and Speeches*, Nueva York, Random House/Crossing Press, 2007, p. 124. (Hay versión española: «Usos de la ira: Las mujeres responden al racismo», en *La hermana, la extranjera*, trad. María Corniero, Madrid, Horas y horas, 2003, p. 137.)

21   Ibídem, p. 127 (p. 141, en la versión española).

22   Ibídem, p. 129 (pp. 143-144 en la versión española).

23   Ibídem (p. 144 en la versión española).

24   Myisha Cherry, *The Case for Rage: Why Anger Is Essential to Anti-Racist Struggle*, Oxford, Oxford University Press, 2021.

25   Lorde, «The Uses of Anger», 127 (p. 142 en la versión española).

26   Ibídem, p. 125 (p. 138 en la versión española).

27   Ibídem.

28   Ibídem, p. 139 (p. 145 en la versión española).

29   Soraya Chemaly, *Rage Becomes Her: The Power of Women's Anger*, Nueva York, Atria Books, 2018, p. 51. (La versión española citada en el texto es: *Enfurecidas: reivindicar el poder de la ira femenina*, trads. Ana Pedrero y Antonio Francisco Rodríguez, Barcelona, Paidós, 2019, edición electrónica s. p.)

30   Ibídem, 51-52 (edición electrónica s. p. en la versión española).

31   Ibídem, 54 (edición electrónica s. p. en la versión española).

32   Lorde, «The Uses of Anger», p. 128 (p. 143 en la versión española).

33   Joseph P. Williams, «The US Capitol Riots and the Double Standard of Protest Policing», *U.S. News & World Report*, 12 de enero de 2021, https://www.usnews.com/news/national-news/articles/2021-01-12/the-us-capitol-riots-and-the-double-standard-of-protest-policing.

34   Jolie McCullough, «'We Would Have Been Shot': Texas Activists Shaken by Law Enforcement Reaction to Capitol Siege», *Texas Tribune*, 7 de enero de 2021, www.texastribune.org/2021/01/07/capitol-siege-police-response-difference/.

35 Madelyn Beck, «A BLM Protest Brought Thousands of National Guardsmen to DC in June. Where Were They Wednesday?», *Boise State Public Radio News*, 8 de enero de 2021, https://www.boises tatepublicradio.org/post/blm-protest-brought-thousands-natio nal-guardsmen-dc-june-where-were-they-wednesday#stream/0

36 Steve Inkseep King, de la NPR, entrevistó al presidente del Departamento de Estudios Afroamericanos de la Universidad de Princeton, Eddie Glaude, respecto a la diferencia en las respuestas al incidente del Capitolio y a las protestas de BLM. Véase Steve Inkseep King, «Comparing Police Responses To Pro-Trump Mob, Racial Justice Protests», NPR, 7 de enero de 2021, https://www. npr.org/2021/01/07/954324564/comparing-police-responses -to-pro-trump-mob-racial-justice-protests; véase también Nicole Chavez, «Rioters Breached US Capitol Security on Wednesday. This Was the Police Response When It Was Black Protesters on DC Streets Last Year», CNN, 10 de enero de 2021, https://www. cnn.com/2021/01/07/us/police-response-black-lives-matter-pro test-us-capitol/index.html.

37 Desde el inicio del movimiento por los derechos civiles hasta hoy, miles de personas han sido detenidas por sentarse donde no debían y, sin embargo, ninguno de los hombres armados con pistolas y cuchillos que rompieron cristales y aplastaron cuerpos fue detenido mientras cometía esos actos. Al no proteger el Capitolio con policías antidisturbios ni permitir que los miembros de la Guardia Nacional portaran armas, el gobierno de Washington D. C. concedió públicamente el beneficio de la duda a los amotinados después de no habérselo concedido a los manifestantes del Black Lives Matter. Diez mil manifestantes no violentos de BLM fueron arrestados a lo largo y ancho de todo el país, entre ellos 316 en Washington D. C. en una sola noche. Véase Michael Sainato, «"They Set Us Up": US Police Arrested over 10,000 Protesters, Many Non-violent», *Guardian*, 8 de junio de 2020, https://www.theguardian.com/ us-news/2020/jun/08/george-floyd-killing-police-arrest-non-vio lent-protesters; véase también Eliott C. McLaughlin, «On These 9 Days, Police in DC Arrested More People than They Did during the Capitol Siege», CNN, 12 de enero de 2021, https://www.cnn. com/2021/01/11/us/dc-police-previous-protests-capitol/index. html. McLaughlin escribe: «En dos fechas distintas de julio, la

policía del Capitolio le confirmó a CNN que los agentes habían detenido a 80 y luego a 155 manifestantes que habían irrumpido en los pasillos del Congreso para participar en protestas pacíficas: sentadas, cánticos, tumbarse en el suelo y cosas por el estilo». Véase también Vince Dixon, «How Arrests in the Capitol Riot Compare to That of Black Lives Matter Protests», *Boston Globe*, 7 de enero de 2021, https://www.bostonglobe.com/2021/01/07/nation/how-arrests-capitol-riot-wednesday-compare-that-black lives-matter-protests/.

38  Jay Reeves, Lisa Mascaro y Calvin Woodward, «Capitol Assault a More Sinister Attack than First Appeared», Associated Press, 11 de enero de 2021, https://apnews.com/article/us-capitol-at tack-14c73ee280c256ab4ec193ac0f49ad54.

39  Ibídem; véase también Julie Gerstein, «Officers Calmly Posed for Selfies and Appeared to Open Gates for Protesters during the Madness of the Capitol Building Insurrection», *Business Insider*, 7 de enero de 2021, https://www.businessinsider.com/capitol-buil ding-officers-posed-for-selfies-helped-protesters-2021-1.

40  Tuvo que pasar un tiempo excesivamente largo para que las personas cuyo trabajo consistía en sofocar los disturbios percibieran a este grupo de hombres blancos enfurecidos como violentos y peligrosos. Véase Lauren Giella, «Fact Check: ¿Did Trump Call in the National Guard after Rioters Stormed the Capitol?», *Newsweek*, 8 de enero de 2021, https://www.newsweek.com/fact-check-did-trump-call-national-guard-after-rioters-stormed-capi tol-1560186.

41  Abby Llorico, «2 St. Louis Area Men Charged in Connection with Capitol Riots», Fox43, 5 de febrero de 2021, https://www.fox43.com/article/news/crime/two-st-louis-area-men-charged-capitol-riots/63-06b8a7c5-bd64-40a4-8ead-b81293bf 4484.

42  bell hooks, *Killing Rage: Ending Racism*, Nueva York, Henry Holt and Co., 1995, p. 12.

43  Ibídem.

44  Ibídem.

45  María Lugones, *Pilgrimages/Peregrinajes: Theorizing Coalition against Multiple Oppressions*, Lanham, MD, Rowman and Littlefield, 2003, cap. 5. (Hay versión española: *Peregrinajes: Teorizar una coalición contra múltiples opresiones*, trad. Camilo Porta Massuco, Buenos

Aires, Ediciones del Signo, 2021, cap. 5; no obstante, me ha sido imposible acceder a una copia de esta versión en español, así que las traducciones de las citas son mías. *N. de la t.*)

46  Lugones, *Pilgrimages/Peregrinajes*, 19.
47  Oficina del capellán de Carleton, «Farewells: Maria Lugones», 16 de julio de 2020, https://www.carleton.edu/farewells/maria-lugo nes/; véase también Jennifer Micale, «Thought and Practice: María Lugones Leaves a Global Legacy», *BingUNews*, 7 de agosto de 2020, https://www.binghamton.edu/news/story/2580/thought-and -practice-maria-lugones-leaves-a-global-legacy.
48  Lugones, *Pilgrimages/Peregrinajes*, 106.
49  Ibídem.
50  Potegal and Novaco, «A Brief History of Anger», p. 18.
51  Ibídem, pp. 13-14.
52  Ibídem, p. 14.
53  Lugones, *Pilgrimages/Peregrinajes*, 107.
54  Ibídem.
55  Ibídem, p. 117.
56  Ibídem.
57  Ibídem, p. 105.
58  Ibídem, p. 111.
59  Myisha Cherry observa que muchas de las llamadas técnicas de control de la ira en realidad no se han empleado tanto para que sirvan a fin de ser un buen gestor de la ira como «simplemente para despedir a empleados indisciplinados». Cherry, *The Case for Rage*, p. 139.
60  Chemaly, *Rage Becomes Her*, p. 260. (*Enfurecidas: reivindicar el poder de la ira femenina*, edición electrónica s. p.)
61  Miranda Fricker, *Epistemic Injustice: Power and the Ethics of Knowing*, Oxford, Oxford University Press, 2007. (Hay versión española: *Injusticia epistémica: El poder y la ética del conocimiento*, trad. Ricardo García Pérez, Barcelona, Herder, 2017.)
62  Lugones, *Pilgrimages/Peregrinajes*, p. 105
63  Lama Rod Owens, *Love and Rage: The Path of Liberation through Anger*, Berkeley, California, North Atlantic Books, 2020.
64  Howard Thurman, *Jesus and the Disinherited*, Nashville, Abingdon-Cokesbury Press, 1949.

CAPÍTULO 2: SUFRO, LUEGO EXISTO

1    Véase Jerome Wakefield y Allan V. Horwitz, *The Loss of Sadness: How Psychiatry Transformed Normal Sorrow into Depressive Disorder*, Oxford, Oxford University Press, 2007.

2    Epicuro lo llama «tempestad del ánimo». Véase «Letter to Menoeceus», en Diogenes Laertius, *Lives of Eminent Philosophers*, vol. II, trad. R. D. Hicks, Cambridge, Massachusetts, Harvard University Press, 1995, p. 655. (Hay versión española de la que se extrae la cita: «Epicuro a Meneceo», en *Los diez libros de Diógenes Laercio. Sobre las vidas, opiniones y sentencias de los filósofos más ilustres*, tomo II, trad. José Ortiz y Sanz, Madrid, imprenta real, 1792, p. 371.)

3    En su «Letter to Menoeceus» («Epicuro a Meneceo» en la versión española), el filósofo sugiere una «cura en cuatro partes» para remediar la tempestad del ánimo: «Porque ¿quién crees que puede aventajarse a aquel que opina santamente de los Dioses, nunca teme la muerte? [...] ¿Pone el término de los bienes en cosas fáciles de juntar y prevenir copiosamente; y el de los males en tener por breves su duración y su molestia?». También intentó ayudarnos mediante la distinción entre distintos tipos de deseos —naturales frente a antinaturales y necesarios frente a innecesarios— y afirmó que nuestros mejores deseos son los que son naturales y necesarios a la vez. Los deseos más peligrosos para nosotros son los antinaturales e innecesarios, ya que serán los más difíciles de conseguir y probablemente nos provoquen desdicha. Si fuéramos capaces de diferenciar qué deseos son de cada tipo y de desear solo los que podemos obtener con facilidad, seríamos más felices.

4    Epicuro, «Letter to Menoeceus» («Epicuro a Meneceo»).

5    Diane Alber, *A Little Spot of Sadness: A Story about Empathy and Compassion*, Gilbert, Arizona, Diane Alber Art LLC, 2019.

6    Para saber más sobre la historia de Jody, véase Martin Seligman, Karen Reivich, Lisa Jaycox y Jane Gillham, *The Optimistic Child: A Proven Program to Safeguard Children against Depression and Build Lifelong Resilience*, Boston, Houghton Mifflin, 1995, pp. 100-102. (Hay versión española: *Niños optimistas*, trad. Francisco Ramos, Barcelona, Debolsillo, 2011, pp. 161-164.)

7    Ibídem, p. 100 (p. 163 en la versión española).

8   Ibídem, p. 101 (pp. 163-164 en la versión española); énfasis en el original.

9   Ibídem (p. 164 en la versión española).

10  Ibídem; énfasis en el original.

11  Ibídem, p. 102 (pp. 164-165 en la versión española).

12  Ibídem, p. 144 (p. 219 en la versión española).

13  En *Del sentimiento trágico de la vida*, Unamuno se pregunta por qué Descartes no utilizó el formal «Siento, luego soy». Dado que el libro gira en torno al sufrimiento, interpreto que la pregunta de Unamuno no se refiere al sentir en general, sino al sentir *dolor* en particular. Miguel de Unamuno, *Del sentimiento trágico de la vida en los hombres y en los pueblos y Tratado del amor de Dios*, ed. Nelson Orringer, Madrid, Editorial Tecnos, 2005, p. 141; véase también *The Tragic Sense of Life in Men and Nations*, trad. Anthony Kerrigan, Princeton, Nueva Jersey, Princeton University Press, 1972, p. 41.

14  Tres meses antes del comienzo de la guerra hispano-estadounidense, Unamuno, que por aquel entonces tenía treinta y cuatro años, le dijo a un amigo: «Mi vida es una constante *meditatio mortis*». Véase Hernán Benítez, *El drama religioso de Unamuno*, Buenos Aires, Universidad de Buenos Aires, Instituto de Publicaciones, 1949, pp. 255-263.

15  Miguel de Unamuno, *Mi religión y otros ensayos breves*, Madrid, Espasa Calpe, 1968, p. 12.

16  La traducción citada está extraída de: Miguel de Unamuno, *Vida de Don Quijote y Sancho*, Alicante, Biblioteca Virtual Miguel de Cervantes, 2017, https://www.cervantesvirtual.com/nd/ark:/59851/bmcgj1k3; la cita que la autora incluye en el original proviene de Miguel de Unamuno, *Our Lord Don Quixote: The Life of Don Quixote and Sancho, with Related Essays*, Princeton, Nueva Jersey, Princeton University Press, 1967, p. 305.

17  Lorde, «The Uses of Anger», p. 127 (p. 141 en la versión española).

18  A partir de aquí, las citas de esta obra de Unamuno están extraídas de *Del sentimiento trágico de la vida*, Barcelona, Altaya, 1999, en este caso, de las pp. 136-137. En el original, la autora cita de la versión traducida al inglés: *The Tragic Sense of life*, p. 149.

19  Unamuno, *Mi religión y otros ensayos breves*, p. 13. La autora ha extraído la cita en inglés de «My Religion», en *Perplexities and Paradoxes*, p. 6.

20  Esta frase la utiliza la psicóloga Barbara Held para señalar los mensajes culturales que recibimos para «mirar el lado bueno» de las situaciones negativas. Held, «The Tyranny of the Positive Attitude in America: Observation and Speculation», *Journal of Clinical Psychology*, 58, n.º 9 (septiembre de 2002), pp. 965-991.

21  Según se cuenta, Unamuno se refirió a sí mismo como el «sumo sacerdote» del «templo de la inteligencia» y dijo que, aunque los franquistas bien podrían vencer, jamás convencerían. Pese a que es probable que no pronunciara esas palabras exactas, lo que dijera debió de ser furibundo, porque lo destituyeron de su rectorado por segunda vez muy rápidamente. La convincente investigación histórica de Severiano Delgado sugiere que Luis Portillo puso esas poéticas palabras en boca de Unamuno para su artículo «El último discurso de Unamuno», publicado en *Horizon* en 1941. Véase Sam Jones, «Spanish Civil War Speech Invented by Father of Michael Portillo, Says Historian», *Guardian*, 11 de mayo de 2018, https:// www.theguardian.com/world/2018/may/11/famous-spanish-ci vil-war-speech-may-be-invented-says-historian

22  Una vez, una alumna mía, bilingüe, se opuso a la traducción del término «compasión» que emplea Unamuno como *'pity'* en la edición inglesa más asequible del texto. Argumentó que esa «lástima» no es compasión, y que era imposible que Unamuno creyera que «todo el mundo quiere que le tengan lástima». Esta alumna suponía que en realidad hay pocas personas que deseen esa lástima, pero que, en cambio, hay muchísimas que buscan compasión, simpatía o empatía. Dado que, desde el punto de vista lingüístico, estos términos se salpican y se solapan unos con otros, podemos adoptar algunas distinciones específicas. Si la lástima dice: «Me das pena», y la empatía: «Siento tu dolor», la compasión se atreve a decir: «Te siento sentir tu dolor y lo siento contigo». Si estamos de acuerdo con mi alumna en cuanto a que lo más seguro es que Unamuno no quisiera decir que la gente desea que le tengan lástima, entonces podemos convenir en que la compasión es un buen objetivo. El autor español creía que queremos ser comprendidos en nuestro dolor, física y/o emocionalmente. Como Jody, queremos que nos tiendan la mano. Eso es lo que hace la compasión. Se acerca al individuo que sufre, en lugar de alejarse de él. Unamuno, *Del sentimiento trágico de la vida*, p. 140. La cita del original es de la versión traducida al inglés: *The Tragic Sense of life*, p. 153.

23 Ibídem, p. 137 (p. 150 en la versión inglesa).

24 Ibídem, pp. 135-137 (pp. 147-149 en la versión inglesa).

25 *Mi cena con André* es una película de 1981 en la que André Gregory y Wallace Shawn mantienen una conversación existencial acerca del sufrimiento, el miedo, el sentido de la vida, la felicidad, etcétera. En una escena concreta, Gregory relata la experiencia de que siete u ocho personas le dijeran que «¡estaba estupendo!». Solo una mujer le dijo que «tenía una pinta horrible». Gregory empezó a contarle a esa mujer algunos de los problemas que tenía, momento en el que ella rompió a llorar y, a su vez, le contó que su tía estaba en el hospital. Ella fue la única persona que lo vio de verdad, asegura el actor, aunque «no sabía nada de por lo que estoy pasando». André Gregory opina que «como a ella le había ocurrido muy muy recientemente, me veía con total claridad. Los demás, lo que veían, era el bronceado, o la camisa, o el hecho de que la camisa va bien con el bronceado». Aquí, Gregory refuerza la idea de Unamuno en cuanto a que las personas que sufren son capaces de ver a otras personas que sufren. Véase Wallace Shawn y André Gregory, *My Dinner with André: A Screenplay for the Film by Louis Malle*, Nueva York, Grove Press, 1994, 60-61, https://fliphtml5.com/dyfu/uedt/basic; para esta escena de la película, véase *Mi cena con André* (1981), minuto 50:55, https://www.youtube.com/watch?v=O4lvOjiHFw0

26 Unamuno, *Mi religión y otros ensayos breves*, p. 13. La autora ha extraído la cita en inglés de «My Religion», en *Perplexities and Paradoxes*, p. 6.

27 Ibídem.

## CAPÍTULO 3: AFERRARSE AL DUELO

1 Leeat Granek, «Grief as Pathology: The Evolution of Grief Theory in Psychology from Freud to the Present», *History of Psychology* 13, n.º 1 (2010), p. 48.

2 Katherine May, *Wintering: The Power of Rest and Retreat in Difficult Times*, Londres, Ebury Publishing, 2020. (Hay versión española: *Invernando: El poder del descanso y del refugio en tiempos difíciles*, trad. Ana Momplet, Barcelona, Roca Editorial, 2021.)

3 Séneca, «Consolation to Marcia», en *Dialogues and Essays*, trad. John Davie, Oxford, Oxford University Press, 2008, pp. 55-56. (Hay versión española: *Consolación a Marcia*, trad. Francisco Navarro y Calvo, Alicante, Biblioteca Virtual Miguel de Cervantes, 1999, s. p.)

4 Ibídem, 54 (s. p. en la versión española).

5 Ibídem, 60 (s. p. en la versión española).

6 Ibídem, 57 (s. p. en la versión española).

7 Ibídem, 63 (s. p. en la versión española).

8 Séneca escribió: «No es posible ya tratar con suavidad y timidez tan inveterado dolor: es necesario operar con energía», ibídem, p. 55 (s. p. en la versión española). Véase también «Consolation to Helvia», *Dialogues and Essays*, p. 165. (Hay versión española: «Consolación a Helvia», Alicante, Biblioteca Virtual Miguel de Cervantes, 1999, s. p.)

9 Ibídem, 164 (s. p. en la versión española).

10 Séneca, «Consolation to Marcia», p. 70 (s. p. en la versión española).

11 Séneca, «Consolation to Helvia», p. 161 (s. p. en la versión española).

12 Séneca, «Consolation to Marcia», p. 57 (s. p. en la versión española).

13 Cicerón, *Cicero on the Emotions: Tusculan Disputations 3 and 4*, ed. y trad. Margaret Graver, Chicago, University of Chicago Press, 2002, pp. 28, 111, 114. (Hay versión española: *Disputaciones tusculanas*, intr., notas y trad. Alberto Medina González, Madrid, Gredos, 2016, pp. 271, 307, 368.)

14 Ibídem, 31 (p. 314 en la versión española).

15 Epicteto, *The Handbook*, p. 12. (*Enquiridión*, p. 15.)

16 Ibídem.

17 Orígenes, *Contra Celsus*, Book VII, Early Christian Writings, http://www.earlychristianwritings.com/text/origen167.html. (Hay versión

española: Orígenes, *Contra Celso*, intr., versión y notas Daniel Ruiz Bueno, Madrid, Biblioteca de Autores Cristianos, 1968, p. 506.)

18    Séneca, *Letters from a Stoic*, Londres, Penguin Books, 2004, pp. 87, 212. (Hay versión española: *Epístolas morales a Lucilio*, intr., trad. y notas Ismael Roca Meliá, Madrid, Gredos, 1986, vol. 1, p. 258 y vol. 2, p. 310.)

19    Montaigne tenía cuarenta y siete años cuando se publicaron sus ensayos. Véase Montaigne, «On Affectionate Relationships», en *The Complete Essays*, Londres, Penguin Books, 1993, pp. 205-219. [Hay versión española: «La amistad», en *Los ensayos (según la edición de 1595 de Marie de Gournay)*, pról. Antonie Compagnon, ed. y trad. J. Bayod Brau, Barcelona, Acantilado, 2007, pp. 259.]

20    Para un relato de los últimos días de la vida de La Boétie, véase Sarah Blakewell, *How to Live, or A Life of Montaigne in One Question and Twenty Attempts at an Answer*, Londres, Chatto & Windus, 2010, pp. 90-108.

21    Montaigne, «On Affectionate Relationships», p. 212 (p. 250 en la versión española).

22    Ibídem, p. 217 (p. 260 en la versión española).

23    Ibídem, p. 218 (p. 260 en la versión española).

24    Ibídem (p. 261 en la versión española).

25    Para saber cómo transportan los chimpancés a sus muertos, véase Marc Bekoff, *The Emotional Lives of Animals: A Leading Scientist Explores Animal Joy, Sorrow, and Empathy... and Why They Matter*, Novato, California, New World Library, 2008. (Hay versión española: *La vida emocional de los animales: Un destacado científico explora la alegría, el dolor y la empatía en los animales y el por qué importan*, Barcelona, Altarriba, 2008.)

26    American Psychiatric Association, *Diagnostic and Statistical Manual of Mental Disorders*, 5th ed., (DSM-5), Arlington, Virginia, American Psychiatric Association, 2013, sect. III. (Hay versión española: *Manual diagnóstico y estadístico de los trastornos mentales*, 5.ª ed., *[DSM-5]*, Madrid, Editorial Médica Panamericana, 2014, secc. III.

27    El *DSM-5* dice: «No se pretende que estos conjuntos de criterios propuestos sean de uso clínico; solo los conjuntos de criterios y trastornos que aparecen en la Sección II del *DSM-5* están reco-

nocidos oficialmente y se pueden utilizar con propósitos clínicos».
Ibídem, p. 783 (en ambas versiones).

28 Véase American Psychiatric Association, «What Is Mental Illness?», https://www.psychiatry.org/patients-families/what-is-mental-illness.

29 Véase ClinicalTrials.gov, «A Study of Medication with or without Psychotherapy for Complicated Grief (HEAL)», US National Library of Medicine, https://www.clinicaltrials.gov/ct2/show/NCT01179568.

30 Massimo Pigliucci, «Cicero's Tusculan Disputations: III. On Grief of Mind», *How to Be a Stoic*, 27 de abril de 2017, https://howtobeastoic.wordpress.com/2017/04/27/ciceros-tusculan-disputations-iii-on-grief-of-mind/.

31 *Cicero on the Emotions: Tusculan Disputations 3 and 4*, ed. y trad. Margaret Graver, Chicago, University of Chicago Press, 2002, p. 11 (p. 276 en la versión española).

32 Ibídem, p. 12 (p. 279 en la versión española).

33 Cicerón continuó: «La aflicción del alma es muy semejante a la condición de los cuerpos enfermos, pero el deseo sexual no es semejante a la enfermedad, ni tampoco la alegría desbordante, que es un placer desenfrenado y delirante del alma. El miedo tampoco es de suyo completamente semejante a la enfermedad, aunque está próximo a la aflicción, pero, hablando con propiedad, tanto la enfermedad del cuerpo como la aflicción del alma tienen una denominación no escindible del dolor». Ibídem, p. 13 (p. 279 en la versión española).

34 Ibídem, p. 14 (p. 283 en la versión española).

35 Kathleen Evans, «"Interrupted by Fits of Weeping": Cicero's Major Depressive Disorder and the Death of Tullia», en *History of Psychiatry* 18, n.º 1 (2007), p. 86.

36 Cicerón se identificaba como estoico, pero el estoicismo no pareció resultarle de gran utilidad durante su exilio; de hecho, sufrió una tristeza y un abatimiento extraordinarios que se juzgaron como tanto más notables en un hombre que se describía como filósofo. Véase *Plutarch's Lives VII: Cicero*, p. 32. (Hay versión española: Plutarco, *Vidas paralelas, vol. VIII, Cicerón*, 275.) Tras la muerte de Tulia, algunos compañeros estoicos como Bruto vilipendiaron a Cicerón por su inmoderado, indecoroso y nada estoico duelo. No obstante,

Cicerón practicaba el estoicismo lo bastante bien como para investigar y escribir «furiosamente» sobre temas filosóficos para distraer su atención de su sufrimiento. Véase Evans, «Interrupted by Fits of Weeping», p. 95.

37 Evans, «Interrupted by Fits of Weeping», p. 86.

38 Cicerón, *Tusculan Disputations* (Graver), p. 8 (p. 271 en la versión española).

39 Esto resulta asombrosamente similar a la manera en la que Andrew Solomon habla de su depresión, que había crecido en él como una «enredadera» en un viejo roble, que «había sido una especie de ente horrible y más vivo que yo que me había envuelto y absorbido, algo que había adquirido vida propia y que, día tras día, había ido asfixiándome y despojándome de mi vida». Véase Andrew Solomon, *The Noonday Demon: An Atlas of Depression*, Nueva York, Scribner, 2001, p. 18. (Hay versión española: *El demonio de la depresión: Un atlas de la enfermedad*, trads. Fernando Mateo y Francisco Ramos, Barcelona, Debate, 2015, edición electrónica, s. p.)

40 En sus «Comentarios» a *Cicero on the Emotions: Tusculan Disputations 3 and 4*, p. 73, Graver escribió: «La mente, como el cuerpo, sufre de trastornos, pero la ciencia médica que podría curarlos está poco cultivada. El origen de nuestros problemas se halla en las falsas creencias que nuestra familia, la poesía y la sociedad en general nos ha inculcado desde pequeños: todos ellos nos enseñan a valorar el poder, la popularidad, la riqueza y el placer por encima de hacer lo correcto. Tales valores provocan que la gente se comporte mal, pero también que viva emocionalmente agitada. La cura para esta enfermedad debe buscarse en la filosofía, que nos permite convertirnos en nuestro propio médico». (La traducción es mía. *N. de la t.*)

41 Evans, «Interrupted by Fits of Weeping». En una página web ahora eliminada, la Organización Mundial de la Salud afirmaba que «la depresión no es solo el problema de salud mental femenino más común, sino que además puede ser más persistente en las mujeres que en los hombres». En cuanto al sesgo de género, la OMS también confirmaba que «es más probable que los médicos diagnostiquen depresión a las mujeres en que a los hombres, incluso cuando obtienen puntuaciones similares en medidas estandarizadas de depresión o presentan síntomas idénticos». La Clínica Mayo coincide en que «las mujeres tienen casi el doble de probabilidades que los hombres

de recibir un diagnóstico de depresión». Clínica Mayo, «Depression in Women: Understanding the Gender Gap», https://www.mayoclinic.org/diseases-conditions/depression/in-depth/depression/art-20047725.

42   Robert Burton, *The Anatomy of Melancholy*, 1621-1652, publicado en 2009 por el Ex-Classics Project, https://www.exclassics.com/anatomy/anatint.htm. (Hay versión española: *Anatomía de la melancolía*, pref. Jean Starobinski, trad. Ana Sáez Hidalgo, Madrid, Asociación Española de Neuropsiquiatría, 1997.

43   Sigmund Freud, «Mourning and Melancholia», en *On the History of the Psycho-Analytic Movement*, trad. A. A. Brill, Londres, Hogarth Press, 1914, pp. 243-244.

44   Leeat Granek señala que «Freud [...] en concreto tenía claro que el duelo no debía considerarse un trastorno y que intervenir en el proceso de un doliente podría incluso provocar daños psicológicos», Granek, *Grief as Pathology*, p. 66.

45   Ibídem, pp. 54-55; y Emil Kraepelin, *Clinical Psychiatry: A Textbook for Students and Physicians*, Londres, Macmillan, 1921, p. 115. (Hay versión española: *Introducción a la clínica psiquiátrica*, pról. Carlos Castilla del Pino, Madrid, Nieva, 1988.)

46   Véase James Gang, James Kocsis, Jonathan Avery, Paul K. Maciejewski y Holly G. Prigerson, «Naltrexone Treatment for Prolonged Grief Disorder: Study Protocol for a Randomized, Triple-Blinded, Placebo-Controlled Trial», *Trials* 22, n.º 110 (2021), https://doi.org/10.1186/s13063-021-05044-8.

47   Debido a la fusión del duelo agudo (menos de un año) con el trastorno depresivo mayor, algunos críticos como Jerome Wakefield y Allan Horwitz acusan a la psiquiatría profesional de intentar patologizar un sentimiento perfectamente normal, el duelo, en el que una persona no disfuncional muestra síntomas depresivos durante más de dos semanas. Véase Wakefield y Horwitz, *The Loss of Sadness*.

48   Sidney Zisook era consciente de que el sobrediagnóstico era un riesgo, pero, aun así, no quería eliminar la exclusión. Roger Peele fue el miembro del grupo de trabajo del *DSM-5* que quiso que todo el mundo dejara de preocuparse porque el *DSM-5* insinuara que todo el mundo padece o padecerá una enfermedad mental. Dijo que todos sufrimos reveses psicológicos. El estudio del Midtown de Manhattan demostró que el 85 por ciento de los habitantes de

Manhattan sufrían a causa de la vida. Hoy, podría mostrar que el 100 por ciento de la gente se enfrenta a reveses y podría beneficiarse de algo de terapia. Pero Peele también dijo que eso es muy distinto a decir que todo el mundo está mentalmente enfermo. Ronald Pies apoyó la supresión de la exclusión del duelo: «En mi opinión, el término *medicalización* se ha convertido en una especie de test de Rorschach retórico: evoca cualquier posición política, social o filosófica que el lector sostenga o quiera defender». Pero incluso Pies rechazó la regla de las dos semanas. Véase Sidney Zisook *et al.*, «The Bereavement Exclusion and DSM-5», *Depression and Anxiety* 29 (2012), pp. 425-443; Kristy Lamb, Ronald Pies y Sidney Zisook, «The Bereavement Exclusion for the Diagnosis of Major Depression: To Be, or Not to Be», *Psychiatry* 7 n.º 7 (2010); y Gary Greenberg, *Manufacturing Depression: The Secret History of a Modern Disease*, Nueva York, Simon & Schuster, 2010, p. 175.

49 En 2007, Horwitz y Wakefield, con el fin de criticar los criterios del *DSM* para la depresión en su libro *La pérdida de la tristeza*, argumentaron que la pérdida de una extremidad podría compararse a la de un ser querido. En términos más generales, argüían que la tristeza está patologizada en nuestra sociedad; nos sentimos tan incómodos con la tristeza que recetamos demasiados fármacos diseñados para hacernos sentir menos tristes. Aunque ambos autores se mostraron contrarios a eliminar la exclusión por duelo alegando que el dolor generado por la pérdida de un ser querido no es una enfermedad mental, también creían que había más tristezas que se estaban medicalizando y tratando con demasiada rapidez en lugar de permitir que siguieran su curso. Si acaso, habrían sugerido añadir más exclusiones. Lo que sucedió a continuación fue irónico: su argumento sobre el duelo se utilizó para defender la eliminación de la exclusión. El argumento era algo así: si la pérdida es la pérdida, ¿por qué discriminar? Véase también Jerome Wakefield, Mark F. Schmitz, Michael B. First y Allan V. Horwitz, «Extending the Bereavement Exclusion for Major Depression to Other Losses: Evidence from the National Comorbidity Survey», *Archives of General Psychiatry* 64 (abril de 2007), pp. 433-440.

50 Andrew Solomon, autor de *The Noonday Demon* (*El demonio de la depresión*), diferencia entre el trastorno depresivo mayor y el duelo estableciendo un plazo más largo, de seis meses, tras una «pérdida

catastrófica». Véase Andrew Solomon, «Depression, the secret we share», TEDxMet, octubre de 2013, https://www.ted.com/talks/andrew_solomon_depression_the_secret_we_share/transcript?language=en.

Véase Stephen E. Gilman, Joshua Breslau, Nhi-Ha Trinh, Maurizio Fava, Jane M. Murphy y Jordan W. Smoller, «Bereavement and the Diagnosis of Major Depressive Episode in the National Epidemiologic Survey on Alcohol and Related Conditions», *Journal of Clinical Psychiatry* 73, n.º 2 (2012), pp. 208-215.

52 C. S. Lewis, *A Grief Observed*, San Francisco, Harper & Row, 1961, pp. 37, 39. (Hay versión española: *Una pena en observación*, versión de Carmen Martín Gaite, Barcelona, Anagrama, 2002, pp. 55, 57.)

53 Ibídem, p. 40 (p. 59-60 en la versión española).

54 Ibídem, pp. 29-30 (pp. 46, 57 en la versión española).

55 Ibídem, p. 37 (p. 56 en la versión española).

56 Ibídem, p. 39 (p. 67 en la versión española).

57 Ibídem, p. 25 (p. 39 en la versión española).

58 Ibídem, p. 26 (p. 40 en la versión española).

59 Ibídem, p. 10 (p. 18 en la versión española).

60 Ibídem, p. 36 (p. 54 en la versión española).

61 George Sayer, Jack: *A Life of C. S. Lewis*, Wheaton, Illinois, Crossway, 2005, p. 174.

62 Lewis, *A Grief Observed*, p. 9 (p. 16 en la versión española).

63 Ibídem, xxv. (La edición española no incluye esta introducción, así que la traducción es mía. *N. de la t.*)

64 Ibídem, p. 9 (p. 16-17 en la versión española).

65 Ibídem, xxvi.

66 Han N. Baltussen, «A Grief Observed: Cicero on Remembering Tullia», *Mortality* 14, n.º 4 (2019), p. 355. Baltussen extrae el comentario del arzobispo de A. N. Wilson, *C. S. Lewis: A Biography*, Londres, Collins, 1990, p. 286.

67 Véase Baltussen, «A Grief Observed», p. 355; y Wilson, *C. S. Lewis*, p. 285.

68 Wilson, *C. S. Lewis*, p. 285.

69 Véase Megan Devine, *It's OK That You're Not OK: Meeting Grief and Loss in a Culture That Doesn't Understand*, Boulder, Colorado, Sounds True, 2017, p. 20. (Hay versión española: *Está bien que no estés bien: Afrontar el duelo y la pérdida en una cultura que no los com-*

VISIÓN NOCTURNA

*prende*, trad. Pilar Guerrero Jiménez, Barcelona, Obelisco, 2019, p. 42.)

70 Megan Devine, «How Do You Help a Grieving Friend?», YouTube, 18 de julio de 2018, https://www.youtube.com/watch?v=l2zLC-CRT-nE.

71 Devine, *It's OK That You're Not OK*, p. 20 (p. 43 en la versión española).

72 Ibídem, p. 24 (p. 47 en la versión española).

73 Lewis escribe: «Casi prefiero los ratos de agonía, que son por lo menos limpios y decentes. Pero el asqueroso, dulzarrón y pringoso placer de ceder a revolcarse en un baño de autocompasión, eso es algo que me nausea». Lewis, A Grief Observed, p. 6 (p. 10 en la versión española).

74 Wilson, *C. S. Lewis*, p. 286.

75 Elisabeth Kübler-Ross y David Kessler, *On Grief and Grieving: Finding the Meaning of Grief through the Five Stages of Loss*, Nueva York, Scribner, 2005, p. 47. (Hay versión Española: *Sobre el duelo y el dolor*, trad. Silvia Guiu, Barcelona, Ediciones Luciérnaga, 2023, p. 60.)

76 Fred Rogers, *The World According to Mister Rogers: Important Things to Remember*, Nueva York, Hyperion, 2003, p. 58.

77 Véase Jean-Charles Nault, *OSB, The Noonday Devil: Acedia, the Unnamed Evil of Our Times*, San Francisco, Ignatius Press, 2013. (Hay versión española: *El demonio del mediodía. La acedia, el oscuro mal de nuestro tiempo*, trad. Julián Presa Prieto, Biblioteca de Autores Cristianos, 2023.) Para un punto de vista de primera mano, así como para un análisis magistral de la depresión, léase el libro de Andrew Solomon *The Noonday Demon: An Atlas of Depression*, Nueva York, Scribner, 2002. (Hay versión española: *El demonio de la depresión. Un atlas de la enfermedad*, trads. Fernando Mateo y Francisco Ramos, Barcelona, Debate, 2015.) Para los escritos más maduros de Gloria Anzaldúa sobre su depresión, véase «Now Let Us Shift... Conocimiento... Inner Work, Public Acts», reeditado como capítulo 6 de lo que iba a ser su tesis doctoral, Light in the Dark/Luz en lo Oscuro, ed. AnaLouise Keating, Durham, Carolina del Norte, Duke University Press, 2015.

## CAPÍTULO 4: CAMBIAR EL COLOR DE LA DEPRESIÓN

1   En 1990, un millar de activistas por los derechos de los discapaci-
    tados protestó ante el Capitolio intentando subir las escaleras sin
    sillas de ruedas, bastones ni muletas. Lo que ahora se conoce como
    el «Capitol Crawl» («la trepa del Capitolio») dio lugar a que el pre-
    sidente George H. W. Bush firmara la Ley de Estadounidenses con
    Discapacidades. Véase Becky Little, «History Stories: When the
    "Capitol Crawl" Dramatized the Need for Americans with Disabi-
    lities Act», *History*, 24 de julio de 2020, https://www.history.com/
    news/americans-with-disabilities-act-1990-capitol-crawl (consul-
    tado el 16 de marzo de 2022).
2   Andrew Solomon, «Anatomy of Melancholy», *New Yorker*, 12 de
    enero de 1998, pp. 44-61.
3   Andrew Solomon, «Depression, the Secret We Share», TEDxMet,
    octubre de 2013, https://www.ted.com/talks/andrew_solomon_de
    pression_the_secret_we_share?language=yi.
4   American Psychological Association, «Depression», https://www.
    apa.org/topics/depression (consultado el 28 de febrero de 2022).
5   Solomon, «The Secret We Share».
6   Lou Marinoff, *Plato, Not Prozac! Applying Eternal Wisdom to Every-
    day Problems*, Nueva York, HarperCollins, 1999. (Hay versión es-
    pañola: *Más Platón y menos Prozac*, trad. Francesc Borja Folch,
    Barcelona, Ediciones B, 2010.)
7   Cara Murez, «1 in 3 College Freshmen Has Depression, Anxiety»,
    *Health Day News*, 6 de diciembre de 2021, https://www.usnews.
    com/news/health-news/articles/2021-12-06/1-in-3-college-fresh-
    men-has-depression-anxiety (consultado el 28 de febrero de 2022).
8   En 1966, una empresa farmacéutica encargó a Radio Corporation
    of America (RCA) que creara el álbum *Symposium in Blues* con can-
    ciones de Louis Armstrong, Leadbelly y Ethel Waters. El álbum se
    categorizó como una «promo» y en la nota se leía: «Un álbum
    de presentación de Merck Sharp & Dohme. Incluye un prospecto
    de Elavil (amitriptilina)». Véase Gary Greenberg, *Manufacturing
    Depression: The Secret History of a Modern Disease*, Nueva York, Si-
    mon & Schuster, 2010, p. 23; y *Symposium in Blues*, RCA, 1966,
    https://www.discogs.com/release/1630999-Various-Symposium-In
    -Blues.

9   Peter Kramer, *Against Depression*, Nueva York, Viking Penguin, 2005. (Hay versión española: *Contra la depresión*, trad. Francisco Lacruz Muntadas, Barcelona, Seix Barral, 2006.)

10  En México, prieto se utiliza para referirse a las personas de «piel morena». También era el apodo familiar que la madre de Anzaldúa le había puesto a su hija y que ella misma utilizaba en sus escritos.

11  Ann E. Reuman, «Coming into Play: An Interview with Gloria Anzaldúa», *MELUS* 25, n.º 2 (2000), p. 31.

12  Gloria Anzaldúa, «On the Process of Writing Borderlands/La Frontera», en *The Gloria Anzaldúa Reader*, ed. AnaLouise Keating, Durham, Carolina del Norte, Duke University Press, 2009, p. 187.

13  Gloria Anzaldúa, «La Literatura: Contemporary Latino/Latina Writing», ponencia pronunciada en la Twenty-Fourth Annual UND Writers Conference, 24 de marzo de 1993, Universidad de Dakota del Norte, https://commons.und.edu/writers-conferen ce/1993/day2/3/.

14  Gloria Anzaldúa, *Interviews/Entrevistas*, ed. AnaLouise Keating, Nueva York, Routledge, 2021, pp. 78, 87, 93. Véase también Gloria Anzaldúa, «La Prieta», en *This Bridge Called My Back: Writings by Radical Women of Color*, Nueva York, Kitchen Table/Women of Color Press, 1983, pp. 199-201.

15  Anzaldúa, *Interviews/Entrevistas*, p. 169.

16  Anzaldúa, «La Prieta», p. 199.

17  Anzaldúa, *Interviews/Entrevistas*, p. 31.

18  Gloria Anzaldúa, *Light in the Dark/Luz en lo Oscuro*, ed. AnaLouise Keating, Durham, Carolina del Norte, Duke University Press, 2015, p. 174. (Hay una versión española a la que no he podido acceder: *Luz en lo oscuro = Light in the Dark: Reescribir identidad, espiritualidad, realidad*, trads. Valeria Kierbel y Violeta Benialgo, Buenos Aires, Hekht, 2021. *N. de la t.*)

19  Anzaldúa, *Interviews/Entrevistas*, p. 93.

20  Anzaldúa, «La Prieta», p. 199.

21  Anzaldúa, *Interviews/Entrevistas*, pp. 83-86.

22  Ibídem, p. 86.

23  Sobre su madre, Anzaldúa añade: «Sin embargo, aunque intentaba corregir mis actitudes más agresivas, mi madre estaba secretamente orgullosa de mi "rebeldía". (Algo que jamás reconocerá.) Orgullosa de que hubiera trabajado para pagarme los estudios. Secretamen-

te orgullosa de mis cuadros, de mis escritos, aunque sin dejar de quejarse porque no ganaba dinero con ellos». Véase Anzaldúa, *This Bridge Call My Back*, p. 201.

24  Anzaldúa, *Interviews/Entrevistas*, p. 85.

25  Ibídem, p. 94. En otra entrevista, Anzaldúa dijo: «Me llamaban egoísta. Estaba leyendo y escribiendo. No estaba haciendo las tareas domésticas, no estaba ayudando. No estaba socializando. Era egoísta». Ibídem, p. 227.

26  Gloria Anzaldúa, «Memoir-My Calling: Or Notes for "How Prieta Came to Write"», en *The Gloria Anzaldúa Reader*, ed. AnaLouise Keating, Durham, Carolina del Norte, Duke University Press, 2009, p. 235.

27  Søren Kierkegaard, *Søren Kierkegaard's Journals and Papers*, ed. y trad. Howard V. Hong y Edna H. Hong, Bloomington, Indiana University Press, 1967, 5.556, entrada 1793 (VIII.1 A 640); y Søren Kierkegaard, «¿Guilty/Not Guilty? A Story of Suffering an Imaginary Psychological Construction», en Søren Kierkegaard, *Stages on Life's Way*, Princeton, Nueva Jersey, Princeton University Press, 1988, pp. 188-189. (Hay versión española: «¿Culpable o inocente?», en *Etapas en el camino de la vida*, trad. Eivor Jordà Mathiasen, Madrid, Editorial Trotta, 2023.)

28  Gloria Anzaldúa, *This Bridge We Call Home: Radical Visions for Transformation*, eds. Gloria Anzaldúa y AnaLouise Keating, Nueva York, Routledge, 2002, p. 551; Anzaldúa, *Interviews/Entrevistas*, p. 38.

29  Anzaldúa, *Interviews/Entrevistas*, p. 189.

30  Anzaldúa, *Light in the Dark/Luz en lo oscuro*, p. 174.

31  Ibídem, p. xvii.

32  El ensayo «Now Let Us Shift» tendría que haberse entregado a la editorial en 2000. Anzaldúa empezó a trabajar en él en 1999 y lo terminó en 2001. «Como coeditoras —dice Keating—, pudimos negociar una prórroga con Routledge y ganar espacio para que su ensayo fuera más largo.» Anzaldúa, *Light in the Dark/Luz en lo Oscuro*, p. 199. Anzaldúa publicó «Now Let Us Shift» por primera vez en *This Bridge We Call Home* en 2002, y también lo destinó a su tesis. Se reimprimió en *Light in the Dark/Luz en lo Oscuro* en 2015.

33  Anzaldúa, *The Gloria Anzaldúa Reader*, p. 3.

34  Anzaldúa, *Interviews/Entrevistas*, p. 249.

35  Ibídem, p. 289.

36  Ibídem.
37  Gloria Anzaldúa, «Healing Wounds», en *The Gloria Anzaldúa Reader*, ed. AnaLouise Keating, Durham, Carolina del Norte, Duke University Press, 2009, p. 249. Copyright 2009, The Gloria E. Anzaldúa Literary Trust y AnaLouise Keating. Todos los derechos reservados. Reeditado con permiso del titular de los derechos de autor y de la editorial (www.dukeupress.edu). (La traducción es mía. *N. de la t.*)
38  Susan Cain, *Quiet: The Power of Introverts in a World That Can't Stop Talking*, Nueva York, Crown, 2012. (Hay versión española: *El poder de los introvertidos en un mundo incapaz de callarse*, trad. David León Gómez, Barcelona, RBA, 2012.)
39  Anzaldúa, «La Prieta», p. 209.
40  Gloria Anzaldúa, *Borderlands/La Frontera: The New Mestiza*, San Francisco, Aunt Lute Books, 2012, p. 60. (Hay versión española: *Borderlands/La frontera: La nueva mestiza*, trad. Carmen Valle, Madrid, Capitán Swing, 2016, edición electrónica, s. p.)
41  Gloria Anzaldúa, «Letter to Third World Women's Writers», en *This Bridge We Call Home: Radical Visions for Transformation*, eds. Gloria Anzaldúa y AnaLouise Keating, Nueva York, Routledge, 2002, p. 166.
42  Anzaldúa, *Borderlands/La Frontera*, p. 71 (s. p. en la versión española).
43  Ibídem.
44  En sus notas, Anzaldúa comparó una vez la caverna de Platón con un armario del que emergen los individuos *queer* que se han liberado de las cadenas del silencio. Véase G. Anzaldúa, fecha desconocida, [Platón], Papeles de Gloria Evangelina Anzaldúa, caja 227, carpeta 2, Benson Latin American Collection, University of Texas Libraries, Copyright © Gloria E. Anzaldúa. Reimpreso con permiso de The Gloria E. Anzaldúa Trust. Todos los derechos reservados.
45  Anzaldúa, *Borderlands/La Frontera*, p. 71 (s. p. en la versión española).
46  Véase Jean-Charles Nault, *OSB, The Noonday Devil: Acedia, the Unnamed Evil of Our Times*, San Francisco, Ignatius Press, 2013, pp. 22-25. (Hay versión española: *El demonio del mediodía. La acedia, el oscuro mal de nuestro tiempo*, trad. Julián Presa Prieto, Biblioteca de Autores Cristianos, 2023.)

47 Anzaldúa, *Light in the Dark/Luz en lo Oscuro*, p. xxi.
48 «Mientras el día se engulle a sí mismo —escribe Anzaldúa—, la luna se eleva, se eleva, y me guía hasta casa; ella es mi tercer ojo. Su luz es mi medicina.» Ibídem, p. 22.
49 Ibídem, p. xxi.
50 Anzaldúa, *Borderlands/La Frontera*, p. 68 (s. p. en la versión española).
51 Anzaldúa, *Interviews/Entrevistas*, p. 241.
52 Anzaldúa, *Borderlands/La Frontera*, p 69 (s. p. en la versión española).
53 Anzaldúa, *Light in the Dark/Luz en lo Oscuro*, pp. 171-172.
54 Anzaldúa, *Borderlands/La Frontera*, p. 71 (s. p. en la versión española).
55 Ibídem.
56 Ibídem, p. 67 (s. p. en la versión española).
57 Ibídem, p. 71 (s. p. en la versión española).
58 Ibídem, p. 68 (s. p. en la versión española).
59 Platón, *Teeteto*, 150a.
60 Anzaldúa, *Borderlands/La Frontera*, p. 71 (s. p. en la versión española).
61 Anzaldúa, *Interviews/Entrevistas*, p. 225
62 Anzaldúa, *Light in the Dark/Luz en lo Oscuro*, p. 111.
63 Anzaldúa, *Borderlands/La Frontera*, p. 71 (s. p. en la versión española).
64 Anzaldúa, Light in the Dark/Luz en lo Oscuro, pp. 122-123.
65 Ibídem, p. 119.
66 Anzaldúa, *Interviews/Entrevistas*, p. 248.
67 AnaLouise Keating, «Editor's Introduction», en Gloria Anzaldúa, *Light in the Dark/Luz en lo Oscuro*, ed. AnaLouise Keating, Durham, Carolina del Norte, Duke University Press, 2015, p. xxi.
68 Anzaldúa, *Borderlands/La Frontera*, p. 60 (s. p. en la versión española).
69 Anzaldúa, *Light in the Dark/Luz en lo Oscuro*, p. 91.
70 Solomon, *The Noonday Demon*, p. 365 (s. p. en la versión española).
71 «Para hacer cualquier tipo de cambio —escribió Anzaldúa—, tienes que encontrarte en este tipo de espacio de conflicto. No hay forma de mejorar en nada salvo que atravieses el conflicto. Tienen que zarandearte de veras hasta sacarte de tu espacio habitual.» Anzaldúa, *Light in the Dark/Luz en lo Oscuro*, p. 153.

72 Ibídem, p. 91.

73 En 2002, Anzaldúa escribió sobre sus planes de acudir a acupuntu-ra y terapia, pero cada sesión costaba entre 80 y 105 dólares, y ya estaba viendo a «demasiados médicos». Ibídem, p. 173.

74 Ibídem, p. 172. (La traducción es mía. *N. de la t.*)

75 Ibídem.

76 Ibídem.

77 Jerome Wakefield y Allan V. Horwitz, *The Loss of Sadness: How Psychiatry Transformed Normal Sorrow into Depressive Disorder*, Oxford, Oxford University Press, 2007, pp. 12-14.

78 Dena M. Bravata, Sharon A. Watts, Autumn L. Keefer, *et al.*, «Prevalence, Predictors, and Treatment of Impostor Syndrome: A Systematic Review», *Journal of General Internal Medicine* 35, n.º 4 (abril de 2020), pp. 1252-1275.

79 *Susto* es un viaje dantesco a los infiernos —Mictlán— y requiere enfrentarse cara a cara con Coatlicue. Anzaldúa escribe: «Tras la máscara de hielo veo mis propios ojos. No desean mirarme. Miro que estoy encabronada, miro la resistencia —me resisto a saber, a dejarme ir, a ese océano profundo donde una vez me sumergí en la muerte—. Me da miedo ahogarme. La resistencia al sexo, al contacto íntimo, a abrirme al otro extraño donde me encuentro fuera de control, no de vigilancia. El resultado [...] caer trescientos metros hasta el fondo». Anzaldúa, *Borderlands/La Frontera*, p. 70 (s. p. en la versión española).

80 «Andrew Solomon: The Stories of Who We Are», transcripción de una entrevista con Kate Bowler, Everything Happens (pódcast), 30 de julio de 2019, https://katebowler.com/podcasts/andrew-solomon-the-stories-of-who-we-are/.

1   Emily Tate, «Anxiety on the Rise», *Inside Higher Ed*, 29 de marzo de 2017, https://www.insidehighered.com/news/2017/03/29/anxie ty-and-depression-are-primary-concerns-students-seeking-coun seling-services.

2   Un estudio muestra que, «entre los adolescentes afectados, el 50 por ciento de los trastornos tuvieron su inicio antes de los seis años en el caso de los trastornos de ansiedad». Véase Katja Beesdo, Susanne Knappe y Daniel S. Pine, «Anxiety and Anxiety Disorders in Children and Adolescents: Developmental Issues and Implications for DSM-V», *Psychiatric Clinics of North America* 32 n.º 3 (2009), pp. 483-524. https://doi.org/10.1016/j.psc.2009. 06.002.

3   El psiquiatra Marc-Antoine Crocq señala que el enfoque actual en la atención plena también se hace eco de lo que predicaban los estoicos. Véase Crocq, «A History of Anxiety: From Hipocrates to DSM», *Dialogues of Clinical Neuroscience* 17, n.º 3 (2015), p. 320. doi: 10.31887/DCNS.2015.17.3/macrocq.

4   Arlin Cuncic, «Therapy for Anxiety Disorders», VeryWellMind, 30 de junio de 2020, https://www.verywellmind.com/anxiety-therapy-4692759. (La traducción es mía. *N. de la t.*)

5   Un estudio demostró que «incluso después del tratamiento con TCC, hasta el 50 por ciento de los niños siguen mostrando síntomas, y muchos siguen cumpliendo los criterios diagnósticos». Véase Eli R. Lebowitz, Carla Marin, Alyssa Martino, Yaara Shimshoni y Wendy K. Silverman, «Parent-Based Treatment as Efficacious as Cognitive-Behavioral Therapy for Childhood Anxiety: A Randomized Noninferiority Study of Supportive Parenting for Anxious Childhood Emotions», *Journal of American Academic Child Adolescent Psychiatry* 59, n.º 3 (marzo de 2020), pp. 362-372, doi: 10.1016/j. jaac.2019.02.014.

6   Por ejemplo, Patricia Pearson escribe: «No hubo conciencia de la ansiedad como una categoría de enfermedad —en oposición a la situación normal— antes de que surgiese la psiquiatría clínica, en el siglo xx». Pearson, *A Brief History of Anxiety... Yours and Mine*, Nueva York, Bloomsbury USA, 2008, p. 4. [Hay versión española: *Una breve historia de la ansiedad (la tuya y la mía)*, trad. Victoria

Schussheim, México D. F., Océano, 2010, p. 45.) Véase también Crocq, «A History of Anxiety», p. 320.

7   Crocq, «A History of Anxiety», p. 320.

8   Ibídem.

9   Christopher Gill, «Philosophical Psychological Therapy: Didi It Have Any Impact on Medical Practice?», en Chiara Thumiger y Peter N. Singer, *Mental Illness in Ancient Medicine: From Celsus to Paul of Aegina*, Boston, Brill, 2018, p. 370.

10  Sigmund Freud, *The Question of Lay Analysis*, Nueva York, Brentano, 1926, pp. 62, 63. (Hay versión española: «El análisis profano», en *Obras completas del profesor Sigmund Freud*, vol. XII, trad. Luis López-Ballesteros y de Torres, Madrid, Biblioteca Nueva, 1928, pp. 66.

11  David A. Clark y Aaron T. Beck, *Cognitive Therapy of Anxiety Disorders*, Nueva York, Guilford Press, 2010, p. 11. (Hay versión española: *Terapia cognitiva para trastornos de ansiedad*, trad. Jasone Aldekoa, Bilbao, Editorial Desclée de Brouwer, 2012, p. 32.

12  Véase Joseph E. Davis, «Let's Avoid Talk of "Chemical Imbalance": It's People in Distress», *Aeon*, 14 de julio de 2020, https://psyche.co/ideas/lets-avoid-talk-of-chemical-imbalance-its-people-in-distress; y Ashok Malla, Ridha Jooper y Amparo García, «"Mental Illness Is Like Any Other Medical Illness": A Critical Examination of the Statement and Its Impact on Patient Care and Society», *Journal of Psychiatry and Neuroscience* 40, n.º 3 (2015), pp. 147-150, doi:10.1503/jpn.150099.

13  American Psychiatric Association, «What Are Anxiety Disorders», https://www.psychiatry.org/patients-families/anxiety-disorders/what-are-anxiety-disorders. (La traducción es mía. *N. de la t.*)

14  Cuncic, «Therapy for Anxiety Disorders».

15  Hayden Shelby, «Therapy Is Great, but I Still Need Medication», *Slate*, 1 de noviembre de 2017, https://slate.com/technology/2017/11/cognitive-behavioral-therapy-doesnt-fix-everything for-everyone.html.

16  La psicóloga Sheryl Paul sostiene en su libro de 2019, *The Wisdom of Anxiety*, que incluso los casos de ansiedad más graves siguen sin ser trastornos. Sheryl Paul, *The Wisdom of Anxiety*, Boulder, Colorado, Sounds True, 2019.

17 Kierkegaard, *Journals and Papers*, 5158 entrada 5480 (cartas, n.º 21, s. f.).

18 Ibídem, 5 232 entrada 5662 (IV B 141, s. f., 1843).

19 «Cinco de los hermanos y hermanas de Kierkegaard habían muerto entre 1819 y 1834. Las dos hermanas mayores murieron a la edad de treinta y tres y treinta y cuatro años, respectivamente. El padre de Kierkegaard pensaba que ninguno de sus hijos sobreviviría a los treinta y cuatro años.» Véase ibídem, 1511, nota 164.

20 Ibídem, 6.17 (IX A 99, s. f., 1848).

21 Søren Kierkegaard, *Practice in Christianity*, ed. y trad. Howard V. Hong y Edna H. Hong, Princeton, Nueva Jersey, Princeton University Press, 1992), pp. 174-175. (Hay versión española: *Ejercitación del cristianismo*, pról. y trad. Demetrio Gutiérrez Rivero, Madrid, Trotta, 2009, pp. 180-181.)

22 Ibídem (p. 181 en la versión española).

23 Kierkegaard, *Journals and Papers*, 6.72 (IX A 411, s. f. 1848).

24 Ibídem.

25 Ibídem, 5180 (III A 172, s. f., 1841).

26 Aviso para los kierkegaardianos: baso esta afirmación en el hecho de que gran parte de lo que escribe en *El concepto de la angustia* está extraído de sus diarios. Este seudónimo parece más cercano al verdadero Kierkegaard que otros de los que utilizó.

27 Ed Yong, «Meet the Woman without Fear», *Discover*, 16 de diciembre de 2010, https://www.discovermagazine.com/mind/meet-the-woman-without-fear.

28 Kierkegaard, *Journals and Papers*, 1.39 entrada 97 (V B 53:23, s. f., 1844).

29 Ibídem.

30 Kierkegaard, *The Concept of Anxiety*, p. 45. (Hay versión española: *El concepto de la angustia*, trad. Demetrio Gutiérrez Rivero, Barcelona, Orbis, 1984, p. 63.)

31 Maria Russo, «9 Books to Help Calm an Anxious Toddler», *The New York Times*, 18 de enero de 2020, https://www.nytimes.com/2020/01/18/books/childrens-books-anxiety.html.

32 Aquí me viene a la memoria el concepto de «historia única» de Chimamanda Adichie. En una historia única, la ansiedad es terrible. Pero, en una historia compleja como la de Kierkegaard, también es emocionante y puede ser productiva. Véase Chimamanda Adi-

chie, «The Danger of a Single Story», TEDGlobal, julio de 2009, https://www.ted.com/talks/chimamanda_ngozi_adichie_the_danger_of_a_single_story?language=en.

33  Kierkegaard, *The Concept of Anxiety*, pp. 44-45 (p. 62-63 en la versión española).

34  Ibídem, p. 44 (p. 62 en la versión española).

35  Ibídem, p. 45 (p. 63 en la versión española).

36  Ibídem, p. 61 (p. 10 en la versión española).

37  Ibídem (p. 80 en la versión española); Gordon Marino, *The Existentialist's Survival Guide: How to Live Authentically in an Inauthentic Age*, San Francisco, HarperOne, 2018, p. 44.

38  Kierkegaard habla de ser «educado» por la ansiedad. Kierkegaard, *The Concept of Anxiety*, 121 (p. 182 en la versión Española); véase también Rollo May, *The Meaning of Anxiety*, Nueva York, Washington Square Press, 1977, p. 341.

39  Kierkegaard, *The Concept of Anxiety*, p. 121 (p. 146 en la versión española).

40  Anzaldúa, *Borderlands/La Frontera*, p. 60 (s. p. en la versión española).

41  Kierkegaard escribe: «El objeto de la angustia es una nada». Kierkegaard, *The Concept of Anxiety*, p. 77 (p. 97 en la versión española).

42  Véase Arlin Cuncic, «6 Tips to Change Negative Thinking», *VeryWellMind*, 29 de junio de 2020, https://www.verywellmind.com/how-to-change-negative-thinking-3024843; y Arlin Cuncic, «Overcome Negative Thinking When You Have Social Anxiety Disorder», *VeryWellMind*, 30 de abril de 2021, https://www.verywellmind.com/how-to-stop-thinking-negatively-3024830.

43  Irving Yalom, *Staring at the Sun: Overcoming the Terror of Death*, San Francisco, Jossey Bass, 2009, p. 201. (Hay versión española: *Mirar al sol. Superar el miedo a la muerte para vivir con plenitud el presente*, trad. Agustín Pico Estrada, Barcelona, Destino, 2021, p. 222.)

44  Ibídem, p. 117 (p. 134 en la versión española).

45  Anzaldúa, *Borderlands/La Frontera*, p. 60 (s. p. en la versión española).

46  Glennon Doyle, *Untamed*, Nueva York, Dial Press, 2020, p. 50. (Hay versión española: *Indomable*, trad. Victoria Simó Perales, Madrid, Urano, 2021, edición electrónica, s. p.)

47 Glennon Doyle, Carry on, Warrior: *The Power of Embracing Your Messy, Beautiful Life*, Nueva York, Scribner, 2014, p. 28.

48 Doyle, *Indomable*, p. 89 (s. p. en la versión española).

49 Kierkegaard, *Journals and Papers*, 5258 entrada 5743 (V A 71, s. f., 1843).

50 Ibídem, 2360 entrada 1919 (X5 A 44, s.f., 1852).

51 Marino, *The Existentialist's Survival Guide*, p. 53; Kierkegaard, The Concept of Anxiety, p. 155 (p. 181 en la versión española).

52 Yalom, *Staring at the Sun*, p. 277 (p. 303 en la versión española).

53 Véase Paul, *The Wisdom of Anxiety*.

## CONCLUSIÓN: PRACTICAR LA VISIÓN NOCTURNA

1 Incluso en los casos en que es cierto que no podemos cambiar lo que la vida nos depara, ¿a qué viene la prohibición de enfadarse por ello?

2 Lorde, «The Uses of Anger», p. 127 (p. 141 en la versión española).

3 Anzaldúa, *Borderlands/La Frontera*, p. 101 (s. p. en la versión española); Henry David Thoreau, «Walking», en *The Portable Thoreau*, ed. Jeffrey S. Cramer, Nueva York, Penguin, 2012, p. 402. (Hay versión española: *Caminar*, trad. David León Gómez, Barcelona, Alma, 2023, p. 39.)

# ÍNDICE ANALÍTICO